NEWSPAPER INDUSTRY BREAKTHROUGH

中国报业突围

徐正龙　苏家翔　文之强◎著

廣東省出版集團
广东人民出版社
·广　州·

图书在版编目（CIP）数据

中国报业突围 / 徐正龙，苏家翔，文之强著. —广州：广东人民出版社，2013. 12
ISBN 978 - 7 - 218 - 09230 - 0

Ⅰ. ①中… Ⅱ. ①徐… ②苏… ③文… Ⅲ. ①报业—研究—中国 Ⅳ. ①G219. 2

中国版本图书馆 CIP 数据核字（2013）第 306748 号

ZHONGGUO BAOYE TUWEI
中国报业突围

出版人：曾 莹

出版策划：群洲文化
责任编辑：钟 菱 王巧颖
封面设计：红杉林文化
责任技编：周 杰 黎碧霞

出版发行：广东人民出版社
地 址：广州市大沙头四马路 10 号（邮政编码：510102）
电 话：（020）83798714（总编室）
传 真：（020）83780199
网 址：http：//www. gdpph. com
印 刷：广州佳达彩印有限公司
书 号：ISBN 978 - 7 - 218 - 09230 - 0
开 本：787 mm × 1092 mm 1/16
印 张：20 字数：297 千
版 次：2013 年 12 月第 1 版 2013 年 12 月第 1 次印刷
定 价：48. 00 元

如发现印装质量问题，影响阅读，请与出版社（020 - 83795749）联系调换。
售书热线：（020）83790604 83791487 邮 购：（020）83781421

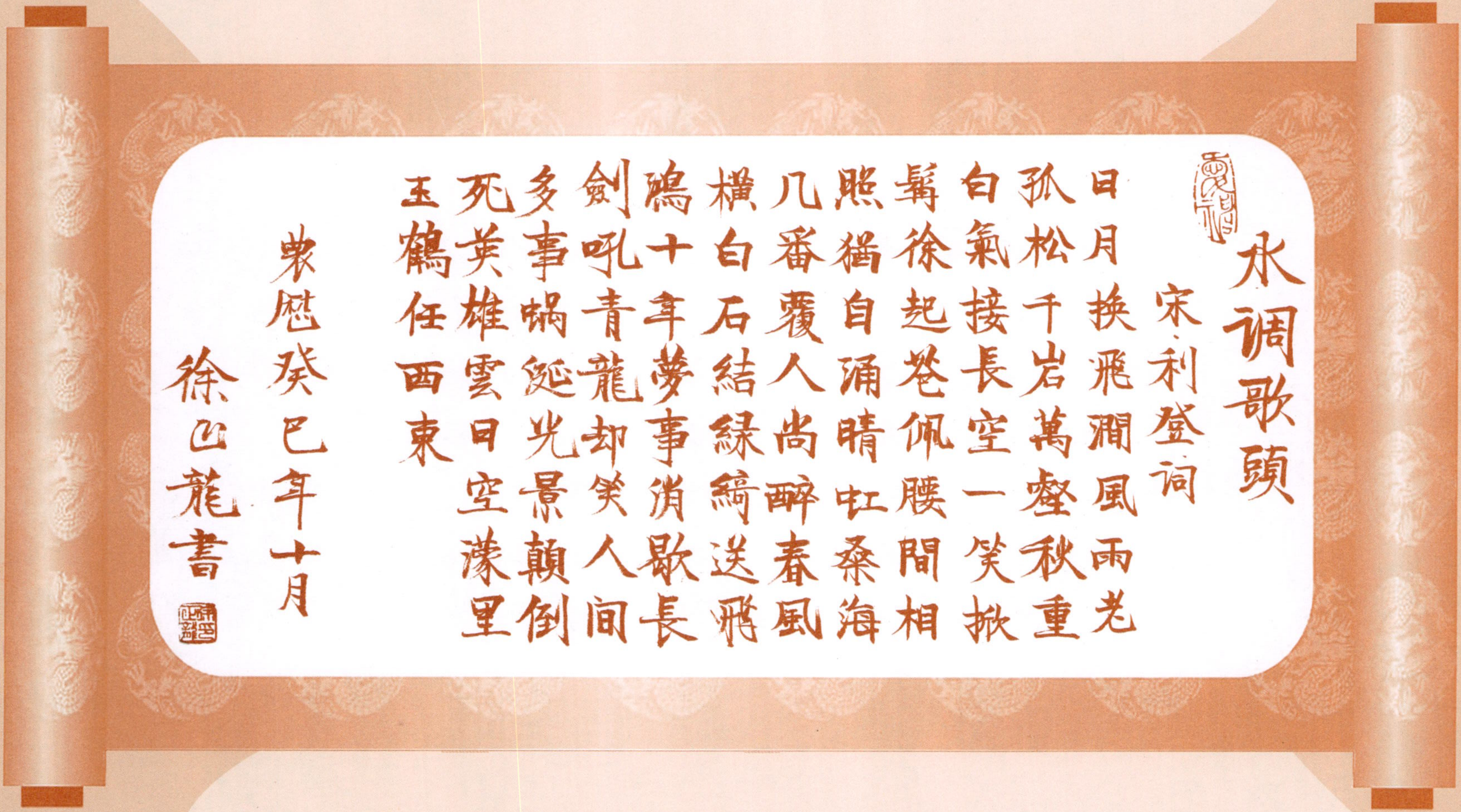
水调歌頭
宋·利登词
日月换飛潤風雨光
孤松千岩萬壑秋重
白氣接長空一笑掀
鬚徐起巻佩腰間相
照猶自涌晴虹桑海
几番覆人尚醉春風
横白石結緑綺送飛
鴻十年夢事消歇長
劍吼青龍却笑人间
多事蝸涎光景顛倒
死英雄雲日空濛里
玉鶴任西東
衆慰癸巳年十月
徐山龍書

序 一

范以锦

最初拿到《中国报业突围》样稿时，觉得这个题材有点新，但也有点疑问：中国报业能否因此找到“突围”之路?

读完此书之后，尽管我还未完全释疑，也未必完全赞同书中的观点，但我还是非常赞赏作者的良苦用心和探索精神。

党的十一届三中全会以来，中国报业经历了两次重大转型：第一次是往市场化转型，第二次是当今的往全媒体转型。第一次转型时，各类报纸在发行中各出奇招，把纸媒推向市场。《中国报业突围》一书有比较翔实的材料和数据，有良好的经验总结和具体做法的展示，也有对发行中存在的深层次问题的披露和分析。我对作者的许多表述和看法比较认同，因为我曾是一家报业的管理者、经营者，其中的“门道”还是清楚的。本书作者也有自己的实践，且做了大量调研，掌握了充分的数据。书中涉及的实践和经验，也许有的已成为历史，但对今后纸媒的发行有警示作用；而有的经验和做法，至今依然适用。在纸媒发行越来越困难的今天，这本书有较强的针对性和实用价值。

报业的第二次转型是往全媒体转型。在这次转型中，既要坚守纸质媒体的发行，又要介入互联网发行电子产品。纸质版的发行有什么新情况？如何审时度势应对？报业生产的新媒体产品有何特点，应如何推上市场？这些都是传媒业界和学界经常探讨的问题。我个人认为，目前尚未有非常成熟的看法和做法。无论如何，务必要有人去研究和探索。从这个角度来看，我非常赞赏《中国报业突围》作者的探索的勇气。路是要有人走的，也许开始时会有各种各样的看法和争议，但一旦经实践证明是“可行之路”时，也就会被认同并跟着做。当年《广州日报》自办发行时不少人对他们的做法表示质疑，但最终得到认可，并跟着《广州日报》也搞了自办发行。

有人认为纸媒“进入了漫长的严冬”，形成了一去不复返的“抛物线”下滑；有人认为纸媒虽进入寒冬，但只是经历一个时起时伏的过程，改革创新能力强的还是有生存发展的希望。看法虽然不尽相同，但传统纸媒生存环境的恶化已是公认的事实。在这种情况下，报业人士自然会在坚守纸媒的同时，积极寻找突围之路。国内报业积极进行了互联网方面的探索，办网站、手机报，开通官方微博、微信，开发APP软件等。这些探索在争取年轻读者群、扩大报社的影响力上，都有不小的收获，但目前都尚未解决一个最为迫切的问题——报业向互联网转型后的市场模式、盈利模式问题。没有良好的经济效益是很难坚守和持续发展的。国内一些报业也尝试学习西方报业网站采取“付费墙”制度，但绝大多数都无果而终，这说明现阶段“付费墙”制度在我国要让受众接受尚需时日。于是，关于报业转型的模式问题尤其是市场模式、盈利模式问题，成了研究者和实践者都十分关注的问题。《中国报业突围》这本书，基于解决报业的互联网转型和实现经济效益的目的，通过直白活泼的语言，毫不掩饰地指出了我国报业所处的环境、存在的问题，然后通过分析，指出“云发行”就是我国报业的突围之路。为了让读者进一步明白什么是云发行，作者用一个模拟案例，呈现出一个云发行实践的“图景”。当然，作者在文中所说的“云Pad”和相关的一些观点、做法仍需论证和实践去证明。作者在书中阐述了报业创新、整合和营销的思路，以及其他方面的一些亮点，可以打开人们探讨的思路。

这本书所讲的“云发行”，就是报业从传统纸媒向新媒体转型的一个思路。书中有不少真知灼见，无论其是否切实可行，或者是不是唯一可行，都需要去探讨和实践。我期待，无论学界还是业界，能有更多的人加入探讨并付诸实践，以推动报业转型。

（作者系暨南大学新闻与传播学院院长、教授、博士生导师）

序 二

王 楠

本书的作者之一徐正龙先生是一位具有20多年报刊发行经验的媒体人。他以直白、犀利的语言向我们描述了中国传统报媒发行过程中真实的一面，对我们认识和理解传统报媒运作中的一些关键问题很有帮助。作者认为，当今传统报业的行业危机不仅源于互联网技术革命的巨大冲击和国际经济大环境的不景气，而且来源于报业内部体制、模式以及风气的不适宜，传统报业向三网融合的新媒体转型已经成为报媒发展的大趋势。在这个转型的大潮中，传统报业首先应该明确的是"什么应该坚守"和"什么应该变革"。

现在，已经基本没有人怀疑报社上网的必要性。但是，关于报社上网以后怎么办报，盈利模式是什么，仍然没有一个清晰的结论。大家都在探索，而且是失败的多，成功的少。本书以"云发行"为主题，正中当前报业由传统媒体向新媒体转型的要害和软肋；同时以真挚和积极的态度探索报业突破行业危机的有效途径。相信本书对那些仍处在迷茫的报业同仁们有很多启迪。

由于互联网本身连着千家万户，很多报业人士误认为报社网上的业务不需要像传统报业那样的“发行渠道”，只要做好本网站内容，吸引网民来就行了。基于这种认识，很多报社上网办报是重“内容”而轻“发行”，殊不知“发行”在网上也很重要，只是它必须通过行业门户、搜索引擎、微博等大的传播平台来完成。三网融合的后互联网时代是一个深度社会化大分工的时代。“专业的人做专业的事”是这个环境中重要的生存法则。单打独斗惯了的报社很不情愿地把自己的业务嫁接到别人的平台上，而自身又无法承担自建“发行渠道”的巨大成本。这是很多报业媒体做不好网上业务的一个重要原因。解决网上“发行”问题最有效的方法就是接受“云”的概念和业务模式，以最小的成本快速地获取最大的效益。这是本书“云发行”的第一层意义。

按平常人的理解，“云发行”主要是解决一个网上发行通路和成本的问题。但是，本书所描述的虚拟示例告诉我们，“云发行”的实质实际上仍然是个“落地”的问题，即如何选择云载体进行营销来锁定区域性客户的问题。由于互联网本身没有边界，大多数互联网应用和网站都是跨地域经营，是没有地域性的。报社上网或者其业务“云化”以后，最容易“飘”起来，即放弃了原有经营的地域性，仅凭内容来吸引人气，然后靠人气来做广告。事实上，内容作为细分客户唯一标准的作用非常有限，一个没有地区特征的网站人气再高，对那些目标客户群是地区性受众的广告主来说，没有什么吸引力，而传统报业的广告主客户绝大部分都是地区性经营的广告主。丧失了原有的地区性客户群，从而丧失了广告主客户，是众多报社进军互联网惨败的主要原因。本书以推广“云Pad”的虚拟案例向人们说明了一个辩证的道理：“云发行”也必须“落地”。

“云发行”，听起来完全是一个技术概念。但是，作者在书中所传递的信息和论述的核心观点远远超出这个范畴。报社上网容易走入的另一个误区就是盲目效仿互联网公司的做法。互联网公司建门户网站，报社也建门户网站；互联网公司办手机报，报社也办手机报；互联网搞碎片化阅读，报社也搞碎片化阅读；互联网公司到处拼凑内容，报社也拼凑内容，等等。这类模仿出来的所谓报社新媒体无异于是本书中描述的“丢了魂的报”。报魂是云发行的基础。如何坚守和发扬报魂，相信读者可以从本书的相应章节中得到一些启示。

本书作者在论述营销时，也不满足停留在“术”的层面，而是把它上升到“道”的层面，从“想到、说到、做到”三方面入手，深入浅出地诠释了“云发行”如何打“赢”的法则。实际上，本书就是一个“说道”的最好示例。本书不仅对媒体人有帮助，对任何从事营销相关工作的人都大有裨益。

（作者系江苏联著实业有限公司董事长、留美博士，联想集团有限公司董事局主席柳传志的前特别助理）

前言

我正酝酿着这本书的时候，广州几家报社的发行老总正坐在一起酝酿报纸提价。作为在行业内浸淫多年的我这杆“老枪”，灵敏地嗅到南中国报业之危机，之所以称为“危机”，而非“战火重燃”，是因为，这是各自的保命之战，而非相互较量。面对呼啸而来的“刺骨寒风”，各位报界老大们唯一能做的，就是摒弃前嫌，抱团过冬。就如同几位武林高手在海边争锋，突然起了海啸，高手们是海上弄潮，继续厮杀还是率先逃命？

无疑，近年报业的日子，一年紧过一年。报业的衰落，不是新闻的衰落，实则是载体和营销上的落后。根本原因是思维的落伍。一个行业的消逝无法抗拒，但一个企业的消失必定是人祸！曾经的电报、传呼机、照相胶卷、VCD等都被科技大潮推进历史洪流，并渐渐远去，但某些公司本身的消失却是个悲哀。为什么？是营销的问题——一个企业看不到行业的大趋势是悲哀！看到大趋势而不去变革是悲哀！变革行不通而不去转变战略方向更是悲哀！因此，一家企业，无论什么性质，唯有视营销为生命，才可以基业长青。科技的大潮，很快就会将报纸、印刷机器一起推入历史洪流，我们是选择葬身洪流，还是选择乘风破浪？

当人们正批判郭敬明的《小时代》时，我在思考着云媒体的大时代。而我也清楚地看到并坚信云媒体即将以火山喷发一样到来。温柔乡是英雄冢，作为媒体人，不能再徜徉于传统媒体的温和体制中。信息的时代，也常常让机会稍纵即逝，一不留神，“轻舟已过万重山”，唯留尔等去哀叹！正如有人说现代商业已进入“打劫的年代”，跨行业打劫，往往让我们还没反应过来就已成冤魂，报业的转型何尝不面临同样问题？那些醒来太晚的报业，也许就不用再醒来了，会被移动互联网直接推进火葬场。

当今报媒的诸多痼疾，源于大环境问题，这是我国的现实。但是当我们的报媒、我们的发行出现了问题，甚至生死攸关，我们是坐以待毙，抱怨体制，还是奋起革命？这不仅仅是态度问题，更是我们对这个职业的忠诚度问题。体制当然是现实存在的，但是正如专栏作家连岳所说：“你忘了，我们自己就是体制的一部分。”其实多数时候，是我们不作为，或只是找了一个能蒙蔽所有人的借口而已。我们对得起自己的职业良心吗？我们的发行领路人、我们的报媒负责人，还有当年创办自办发行、创办报业集团的革命精神吗？还有投身于报业革命，担起重任，勇于开拓新时代的精神吗？

在“专家”横飞、博士遍野的当代，绝不缺少像李一、王林之类的“大师”，也不缺少制造大师的“商学院”；不缺少成功的企业家，更不缺少批量生产“成功人士”的成功学；不缺少管理完善的企业，更不缺少研究企业管理的“企业巫医”。然而，直到现在，中国也没出现个“张布斯”、“李盖茨”。中国缺少的是具有创新精神的领袖。为什么？世界近现代史上的数次技术革命，中国都是“学习者”，中国在“学习”中，尝到了太多的甜头，以致过于依赖“学习”，不幸地患上了“学习依赖症”。所谓的“学习”只是文雅的说法，实则是跟风和模仿。真正的学习，是同创新和革命联系在一起的，而不是“书呆子”般的死学。

致富靠广告，生存靠发行，所以在报业生死攸关的时刻，首要解决的是生存问题，而非其他问题。报业运营的规律就是“两次销售”的相互作用。没有发行的“第一次销售”，“第二次销售”的广告就无从谈起。当年自办发行的出现，造就了我国报业的市场化转型，报业的二次转型，也必然首先在发行上有所突破。“云发行”，就是“云媒体发行”，是通过云技术手段和电子载体向受众传播新闻资讯的过程。而如今，我们再也不能就发行论发行，必须站在报业经营的高度，从报业盈利模式上思考，在发行载体上开刀，让发行、广告和采编在烈火中重生，才能最终实现报业的涅槃。

关于学习。一部分人已经停止了学习。人类已经进入了后互联网时代，我们很多报业界的领导们还没有云计算、物联网、大数据的概念，甚至不知道什么是APP，不知道如何网购，最离谱的是一位朋友说自己秃头大肚的社长要下载个聊天的QQ也要人帮忙。这些人落伍到如此地步，你让他如何跟得上互联网形势？还谈何创新，谈何革命？

关于创新。创新其实是一种革命精神。革命就是要割掉脑袋，换一个新的脑袋。革谁的命？革我们自己的命，革我们旧思维的命！当历史的大潮滚滚前行，我们的报媒人仍抱残守缺、因循守旧，能有出路吗？“顺者昌，逆者亡”，说的就是大道。报媒人只有顺应大势，与时俱进，与时偕行。不革命就会被革命，报媒人必须突破心里鸿沟，不仅要剪掉头上的小辫子，更要剪掉心中的那条无形的辫子，才能真正投身到报媒革命中来。

有位营销培训师常常对听课者说，千万别叫他“老师”，叫“先生”或“老板”都行。老师是什么人？是将一句话讲成十句的人，而他喜欢将十句话讲成一句。这位讲师固然是将“老师们”一棍子打死，但他提倡的长话短说，我们真的应该“顶他”。做发行从来不需要坐而论道，所谓的理论体系，所谓的模式，往往带给同行的是思维限制和禁锢。所以，你对发行行业研究多深不重要，你有多高的理论不重要，多科学的模式也不重要，发行只注重实效！

写书也一样，写发行方面的书我更强调实用。就如同彼得·德鲁克认为管理是实践而非一门科学或艺术一样，发行就是一种实践，强调的是有效性，结果胜于理论。所以在笔者看来，去专门研究发行理论体系的人，是吃饱饭没事干的人。如果一定要去研究发行，那就去研究发行营销吧，因为营销的唯一衡量标准是：业绩！

“信言不美，美言不信。”当今的纸媒，吃了太多的“伟哥”，打了太多的鸡血，泡沫之大，令人咋舌。纸媒之病重，危在旦夕，再不医治，必将轰然猝死。报纸提价亦是无奈之举，实难治本。若再不刮骨疗伤，壮士断臂，撕面具，揭伤疤，排毒脓，开新方，换良药，若再坚持人云亦云，自欺欺人，下场将何其可悲！

揭露真相，不昧职业之良心；探索新思路，以尽职业之责任。唯如此，方能释放胸中多年之块垒；唯如此，方能为行业、为报媒良性发展尽一己之力。

本书站在报业之外看报业，站在发行之上看发行，急新媒体对传统媒体剧烈冲击之所急。本书着眼于发行，分析环境，侧重营销，注重实践，拓展思维，从架构上分为“雾”、“网”、“云”、“魂”、“道”五篇：“雾”重点剖析当前报媒的困境、自办发行的症结；“网”讲互联网对报业的冲击和报业在互联网中的摸索；“云”讲述如何从传统媒体迷雾中突围出来，重点叙述云发行的解决方案和云发行的模拟案例，让读者进一步明白和深刻领会云发行模式；“魂”指明了报业之魂、经营之魂和发行之魂；最后，“道”侧重发行实践，特别强调无论是做发行还是做其他，务必要“想到”、“说到”和“做到”，只有实践此“三到”，才能悟出发行之道和经营之道。

目　录

CONTENTS

第一篇 雾

雾失楼台，月迷津渡，桃源望断无寻处。

——秦观《踏莎行》

第一章　泡沫的中国报业

动辄数十万、数百万的发行量，是真的吗？动辄数亿、数十亿的广告额，是真的吗？庞大的报业集团，品牌价值动辄数百亿，是真的吗？华丽的外表，掩盖不了报业的颓势，经济的泡沫助长了报业的危机。泡沫的中国报业，如同寒冬里的树叶，飘摇未定，前途迷茫。

第一节　泡沫的经济环境

一只小老鼠见到大象，情不自禁赞叹道：“好大的泡沫！”

大象一听，扑哧笑了。“我是厄里芬特（elephant），不是泡沫，但如果你变成我这样，那你就是泡沫。”

狼在一旁听了，说：“小老鼠，厄里芬特就是泡沫，你想不想成泡沫呀？”

看见大象庄重威严的模样，小老鼠早就羡慕不已：“当然想，但怎么变呢？”

大象缓缓转过头来：“小老鼠，别投机。”

小老鼠哪里听得进去，盯着狼问：“怎么变呢？”

“这很简单。”狼说着，抓起小老鼠，将它的嘴掰开，使劲往里吹气。不一会儿，小老鼠变得跟兔子一般大。

“怎么样，小老鼠？”狼有些累，将小老鼠放下，问。

小老鼠看见水中自己的倒影，不禁飘飘然：“哈，这下可以去吓唬猫了！”但它看见大象的模样，它意犹未尽。

狼看出了小老鼠的心思，自己往小老鼠嘴里猛吹了一阵气，也有些饿，心想，将小老鼠变成猪的模样，至少可以多吃几口肉，于是又抓起小老鼠，往它嘴里“呼哧呼哧”吹气。

不一会儿，小老鼠变得跟小猪一样大。

狼看见自己的杰作，心里很满意，盘算着这次可以吃个饱了。而小老鼠感觉自己都快上天堂了，对狼充满了无限热爱，正要开口说“您真是我们鼠辈的大恩人”时，狼猛地又吹了一口气，只听见“砰”的一声脆响……

经济课上，老师问：投资和投机有什么区别？同学们都大眼瞪小眼，不知道如何回答，一个同学从睡梦中醒来，大声答道：“没有区别，一个是普通话，一个是广东话。”

这虽然只是个小笑话，但足以使我们惊呆：那个同学真是歪打正着，投资和投机的确没有太多的本质区别，而且都是泡沫产生的原因。

什么是泡沫？西方经济学界早就有了定义：泡沫就是任何高度投机的不良商业行为。而高度投机的原因是投资者相信明天他们能够以更高的价格卖出自己所购买的商品。投资者和投机者的直接动机是一样的，目的也是一样的。而至于投机的商品是什么，这个无关紧要，可以是地产、黄金、债券、茶叶、大蒜等，也可以是货币本身。

“鬼城”知多少

2013年3月某天，美国哥伦比亚广播公司（CBS）新闻栏目《60分钟》播出了一档关于中国房地产价格和泡沫的节目，万科董事长王石和SOHO中国联席总裁张欣在节目上对房价态度悲观，认为中国住宅地产投资快走到终点了。

被问及中国房价是不是过高时，王石回答“是的”。而当主持人提到上海居民买房需要支付的房款可能是其年薪的45倍以上时，王石说：实际比例甚至更高，这是一个泡沫，非常危险，甚至是个“灾难”。

连造房子的人都如此判断，中国快速增长的经济和大规模投资所催生的房地产泡沫想不破灭都困难了。CBS将其形容为史上最大的房地产泡沫。

在画面上，CBS的主持人走在河南郑州的一条主干道上，他们参观的郑东新区位于中国人口最多的省份之一，然而和想象的不一样，这里林立的高楼却看不到人，荒芜的公寓和空荡荡的郊区绵延，他们说看到的就是所谓的“鬼城”。

现在“鬼城”已不再专指鄂尔多斯的新城康巴什，营口、贵阳、常州、温州、鹤壁、十堰、海南等地也都出现了空置率过高、鲜有人居住、夜晚漆黑一片的鬼魅景象，网上还饶有兴致地评选出了“十大鬼城”。

而兰州正上演现代版的“愚公移山”，半年内推掉700余座荒山，土方量超过当年的三峡，当地要花200亿元再造一个“兰州新城”。

2013年春节，山西大同的一些市民聚集在红旗广场，在寒风中，他们以签名和举横幅的方式挽留即将离任的市长耿彦波，感激之余，大多数市民更为担心的是，耿离去，他所推动的城市改造计划是否会半途而废。

耿彦波是因“造城”而闻名全国的“明星市长”，在过去的5年，他推出了雄心勃勃的古城重建计划，但这也给大同和他的继任者留下了超过百亿元的债务。

地方债务知多少

一位在中部某省做村主任的朋友说，自己所在的远离城市且不足3000人的村子，债务已经超过千万元。当被问及是如何欠的，他也回答不清楚，说反正是一代代累加起来的。一个小村子尚且如此，一个镇、一个县、一个市、一个省又如何呢?

2013年10月，《财经》记者获悉，全国省、市、县、乡（镇）四级政府负债超过14万亿元。

地方政府性债务有何严重后果？有人认为，鉴于近年来显性和隐性债务的急剧膨胀，加之还款高峰期已经到来，不少地方政府面临底特律式的破产风险。更有人认为，地方政府性债务，将成为中国经济下行的主要引爆点。

应该说，这些忧虑或有夸张之处，但并非无稽之谈。从地方政府的信用来说，由于正规地方债都由财政部代为发售，实际上担保风险并不大，真正承担信用风险的是中央财政。而多年来中央财政的高速增长，保证了不会出现基本的信用问题。但从地方政府的直接债务来说，则确实存在不少风险。一方面，地方政府的融资渠道多种多样，走正规渠道的占多大比例不得而知；另一方面，近年来地方政府债务率过高、拖欠债务等情况已有出现，而且有的地方情况还很严重。审计署6月上旬发布的“36个地方政府本级政府性债务审计结果公告”显示，36个地方政府中16个地区债务率超100%，债务率最高达219%，这已经远远超过60%的警戒线；此外，还查出违规为817亿元债务提供担保。

银行业一家独大

据2013年9月2日《人民日报》报道，银行业占服务业500强的企业数量比重为7.8%，但其创造的利润却占服务业500强利润总量的67.5%。换言之，中国服务业500 强中，银行业用仅有的39家企业，即不足一成的企业数量，贡献了近七成利润。

“银行业一家独大，无论是在中国企业500强中，还是在服务业500强中，银行利润占比都非常高，这是一种极不正常的发展，亟须调整！”中国企业联合会副理事长李建明说。

据李建明分析，尽管银行业独大的特征十年前就已呈现，却在近几年愈加明显。近三年来，中国银行业增速独占鳌头，除银行业外的其他行业，营收、利润、资产、纳税和从业人数等指标在服务业中的占比在逐渐下降，其中利润和纳税总额的下降速度表现得更为明显，特别是在利润总额上，银行业占服务业总利润的比重，已经从2009年的58%升到了2013年的近68%。

银行业一家独大，也并不意味着中国金融业十分发达。同属于金融业的保险业、证券业，分别只有8家和3家企业入围2013年中国服务业500强， 而且这11家企业的利润总和只有324亿元，占所有服务业500强企业净利润的2.09%，仅相当于500 强中银行业利润10445亿元的3.10%。

在银行业一家独大的同时，作为银行业发展基础的实体经济却并没有获得相应的效益。

从利润总和看，2013年中国企业500强中，268家制造企业创造利润4382.4亿元，还不及五大国有商业银行利润总和的57%。

从规模占比看，五大商业银行的营业收入仅占500强企业的6.2%，利润却占到35.6%；268家制造业企业的营业收入占500强企业的41.1%，利润却仅占20.2%。

从发展趋势看，近两年中国企业500强中，制造业的利润占比大幅下降，以五大国有商业银行为代表的商业银行业的利润占比大幅上升。而且五大国有商业银行的利润占比，已经连续两年大幅超过260多家制造业企业的利润占比。

看规模，2013年中国制造业500强在规模上仍然延续增长势头，但增幅已大幅下降14.31个百分点，增速为国际金融危机爆发以来的第二低点。

比效益，2013年中国企业500强中，15家银行的收入净利率为23.9%。而剔除15家银行后，剩余的485家非银行企业的收入净利率仅为2.5%。

国际上，利润分割只在一定程度上向银行业倾斜，银行过度膨胀将导致市场风险。

有时候，不得不承认，经济发展中的某个阶段，正是泡沫形成的阶段，楼市和地方债务不过是其中一部分罢了。梦里泡沫知多少，且看现实多残酷：虚高的投资额度、庞大的影子银行、危险的地方债务、倏忽来去的热钱、人为注水的外贸、去不掉的产能、化不开的杠杆……

2011年中国人民大学发布的《中国宏观经济分析与预测报告（2011-2012）》显示，全国有28座城市债务超过自有财政年收入，部分地方政府存在爆发债务危机的可能，其中最为严重的就是山西大同，其债务总额已达年收入的4.11倍。

和投资比肩的是一季度蹿升的外贸数据，背后是虚假贸易和热钱在作祟，唯独消费还是扶不起来的阿斗，钱花在哪儿了？2013年3月，中国广义货币M2首次突破百万亿元大关，规模相当于美国的1.5倍，英国的4.9倍，日本的1.7倍，比欧盟整整多出20多万亿元，接近全球四分之一。央行货币政策委员会前委员李稻葵把这比喻成“悬在头顶上的堰塞湖”。

热钱来得快去得也快，来时让人担心，去时只能慌张。6月20日，隔夜拆借利率创下高达30%的罕见交易纪录，七天回购利率也一度飙升到28%。银行没钱了！现实是，大量的资金在空转，并没有进入实体经济，而错配的信贷资源，则大量流向了房地产和地方政府融资平台。

到处都是泡沫，更是一个个随时都会爆炸的地雷。

经济泡沫对报业的影响

传统报业的发展主要靠发行和广告。影响发行和广告的因素就是影响报业发展的因素。

一、经济因素对发行的影响

影响发行的因素有四：一是人口，二是居民生活水平，三是读者偏好，四是城市发展。而经济因素会直接影响居民生活水平和城市发展。

1. 居民生活水平对发行的影响主要体现在居民收入、居民消费能力和消费结构上

居民收入：它反映了一个城市居民生活状况，也是一个地区经济发展的微观体现。一般来说，一个城市经济越发达，居民生活水平越高，对报业的发展也越有利。报纸的消费市场主要在城镇，因此，城镇居民家庭可支配收入就成为衡量一个城市居民收入水平的主要指标。收入水平的提高对报纸销量的影响主要体现在收入水平越高的阶层，往往受教育水平越高，对信息的需求越大，从而读报的需求就越高。

居民消费能力和消费结构：报纸销售量的增长，与居民消费能力和消费结构有关。在经济发展水平较低阶段，居民的收入主要用来支付基本的

生活消费，如衣食住行等；收入增加后，除掉衣食住行以外，收入主要用于旅游、教育、娱乐休闲等消费。这必然带动包括报纸产业在内的文化产业的发展。报纸是文化休闲产品，属于高层次的消费。

反映消费机构高度的指标恩格尔系数是指食品消费支出占消费支出的比重，是衡量一个国家或地区人们的生活水平和富裕程度的重要标志之一。恩格尔系数越低，说明消费水平越高，消费结构为享受型发展。一般认为，恩格尔系数低于39%为富裕型消费。

但有研究表明，在中国不能完全运用恩格尔系数衡量，居民消费结构受到消费习惯的影响。例如广东省文化及相关产业已突破1000亿元产值，占全省生产总值的7%，其中报纸产业占全省生产总值的3.5%；而广东省2007年城镇居民恩格尔系数为36.2%，与全国水平持平，这和广东人“爱吃”有关。

2. 城市发展对发行的影响

城市化水平的发展主要表现在城市规模的扩大、城市人口的增长以及城市产业的转移等几个相互关联的方面。城市化使更多的农村居民转入城市。广大农业人口进入城市学习、就业、居住、消费，这就为报业市场的发展提供了原动力。城市化程度高的地方，人均素质也相对较高，人均报纸拥有量也高。城市化进程加速导致报纸需求上升，因此，城市化进程是影响报纸发行量的重要原因之一。

二、经济环境对广告的影响

影响传统报纸广告的因素也有四个：一是报业自身的发展，二是GDP，三是居民消费，四是城市发展水平。

1. 报业自身发展对广告的影响主要体现在发行量和读者结构上

发行量：广告客户购买版面做广告，是为了发布广告信息以实现销售商品的目的。报纸的发行量，最直接体现读者的数量，一般来说，报纸发行量越大，表明广告受众数量越多，接触广告信息的人越多。因此，广告客户将报纸的发行量作为投放广告的一个重要的参考因素。

读者结构：只有当报纸的覆盖区域几乎与广告主目标消费者所在的区域相吻合时，选择投放广告才是最合适的。这与报纸读者的年龄、收入、职业、性别比例等有关。不同的人群关注报纸的内容不同，广告的接受程度也不同。目前广告商的主要销售目标是年龄在25～45岁、大专以上学历、个人月薪4000元以上的消费者，哪家报纸的受众更符合广告商的消费群体，哪家报纸就能获得更多的广告投放。

2. 宏观经济对广告的影响主要体现在GDP和社会消费品零售总额上

GDP：一个城市的经济发展水平对报业的发展有着重要的影响。经济高速发展必然带来居民收入的提高、家庭财富的增加、城市商务活动的增加、流动人口的增加、城市化水平的提高等。简单地说，就是一个城市经济发展水平越高，人们对信息的需求越强烈，同时，一个城市的广告越发达。因此，经济发展水平决定了一个城市报纸的读者市场和广告市场大小，尤其是对广告市场的影响巨大。

社会消费品零售总额：社会消费品零售总额是指各种经济类型的批发、零售贸易业、餐饮业、制造业和其他行业销售给城乡居民用于生活消费的商品零售额，销售给社会集团用于非生产、非经营使用的消费品零售额以及农民销售给非农业居民消费品零售额的总和。它表明整个零售市场的总规模和总容量。由社会消费品零售总额的定义可以看出，其是各家零售终端企业的零售额的总和，企业在当地做出广告投放额度时，一般是按照广告投放占销售收入的比例来决定的。因此，要判断一个地区的广告市场规模大小，社会消费品零售总额成为一个至关重要的因素。社会消费品零售总额直接反映当地消费水平，而这和当地的广告额紧密相关。

3. 居民消费对广告的影响主要体现在居民收入和消费以及居民消费的结构上

居民收入和消费：城市居民消费能力体现在居民可支配收入和支出上，他们与报纸广告量成正相关关系，居民收入的增加，生活水平的提高，必然会带动消费。而广告主所投放广告的就是促进消费。消费品广告是广告的主要构成部分。因此，一般来说，一个城市居民收入越高，消费支出就越高，广告投放量就越大。

居民消费结构：居民收入和消费增加的同时，也使居民消费结构发生了巨大的变化。在消费结构中，食品等生活必需品的消费支出很大，但广告弹性系数很小，而其他产品的消费如居住、医疗保健、交通和通讯、家庭设备用品和服务等广告弹性系数相对较高。因此，一个地区的广告弹性系数应该是和一个地方的恩格尔系数成反比的，即一个地区的恩格尔系数越高，其广告市场规模占社会消费品零售总额的比例就越低；一个地区的恩格尔系数越低，其广告市场规模占社会消费品零售总额的比例就越高。

4. 城市发展因素对广告的影响

城市化水平的提高使城市人口增加。城市居民在消费需求上更加多元化，消费意识更为先进，商品购买力更强。城市是广告集中发布的地方，城市人口是广告商的主要吸引对象。因此，城市化加速了产业的发展和集中，为报业的生存提供了丰厚的广告源，使报业发展有了坚强的后盾。

小结：经济因素对报业发展的影响是十分显著的

（1）泡沫的经济造成货币的“空转”和实体经济的萎缩。实体经济的萎缩是对报业发展最大的冲击。

（2）泡沫经济造成“国富民不强”，居民消费水平较低，直接影响到报业广告额的增长。

（3）泡沫经济造成贫富悬殊，居民的危机感加重，报业发展所倚靠的中产阶层压力大增。

第二节　报业集团的泡沫

泡沫经济带给报业发展的是不好的环境因素，报业本身的泡沫，注定了报业在此大环境下发展得更加艰难。加之互联网的冲击、报业的行业性质、报媒的自欺欺人，使得中国报业危机四伏，四面楚歌。

"中国式报业集团"

自1996年中国第一家报业集团——广州日报报业集团成立后，报业集团就像当前建摩天大厦一样发展迅速，像我国房地产一样热，一时间，大江南北、长城内外，报业集团如雨后春笋。

我国的报业集团跟西方的最大不同是，我国的报业集团同时兼顾党政机关的政治定位和企业经营的市场定位的问题。

中共中央宣传部前副部长徐光春对中国报业集团的性质曾下过明确的定义："我们要建立的报业集团，是中国特色的、社会主义的、现代化的报业集团，这是我们的目标。"

徐光春说："我们要搞的报业集团应具有四个属性：一个是国家属性。这是中国的报业集团，不是外国的，更不是西方的。报业集团现在模式很多，我认为我们应该走一条自己的路。二是政治属性。我们要建立的报业集团是社会主义的报业集团，不是资本主义的报业集团。三是时代属性。……我们现在要建立的是一个现代化的报业集团，是应该朝着现代化的报业集团的目标迈进，不是有一张主报带四五张小报就说是报业集团了。我觉得我们多数报业这方面还比较落后，现代化的手段还很不够，但有相当一批报业已具备了现代化的手段和规模。四是产业属性。……报业有它固有的规律，固有的工作属性，报业与其他企业不一样，严格地说在我们国家，报业还是一种事业，实行企业化管理，但不能因此就把我们报纸变成一个纳税大户，变成一个赚钱机器，非要挣多少钱，承担多少经济任务，这是要不得的。我们不能给报社下达上交利税指标这一点必须明确。……所以这两点必须要明确，一不能搞西方式的，二不能完全按企业的路子走，这就是关于我们建立中国特色社会主义现代化报业集团需要具备的一些基本属性。”

事实上，广州日报报业集团的试点，也正是在这样的基础上进行的，此后创建的众多的报业集团，也是按照这个基础并且必须按照这个框架进行组建。

在经济规律方面，时任广东省委宣传部副部长于幼军提出：“新闻事业的发展必须适应发展社会主义市场经济的要求，这主要表现在报业集团在经营管理以及事业发展方面，要适应社会主义市场经济规律、原则和特点。如果考虑到报业集团今后的发展，不仅要在国内具有雄厚的实力，而且在国际上也要有竞争能力，我们就要在整个经营运作方面进一步考虑和国际市场经济接轨的问题。”

由于中国新闻事业的性质，中国报业集团的市场角色也就有其特殊之处，那便是它首先要以社会效益为重，而不能把经济效益放在第一位。在报纸的经济效益与社会效益的关系上，报业集团应当要以提高社会效益来促进经济效益，而不能以降低社会效益、以低级庸俗的内容迎合市场为条件换取经济效益。同时，作为企业，它又不能不重视经济效益。在社会上，报业集团除了依法照章纳税以外，不负担更多的经济义务，经营的收益主要用于保证、提高新闻宣传质量。

从宏观政策的角度看，作为公司的报业集团在经济上是享有一定的优惠与特权的，当然，由于被赋予舆论宣传、精神文明建设的重任，它与一般公司相比，有着更大的压力。

自1996年广州日报报业集团组建至今，获新闻出版总署批准成立的报业集团已达49家，另外，一些经济发达地区还成立了40多家市级报业集团。在现有新闻管理体制下，报业集团多为行政命令捆绑的产物，普遍存在“集而不团”的问题。

“报业集团模式”

我国的报业集团在形式上基本是：一主报+N子报（或杂志）+印刷厂+广告公司+发行公司+网站和数字报，有些报业集团还会有一些其他产业，如出版社、文化公司、多媒体公司甚至地产公司等。

报业的生存和发展环境日益恶劣，促使我国一些报业走上了改革之路，大致方法有改版、设地方版、办社区报、合作办报、上市，至于其他的所谓“创新”，都是小动作。

改革效果如何？外界甚至同行也是云里雾里，冷暖自知，但有一点可以说明改革效果应该不是很如意：广州的几家报社于2013年春夏季在一起讨论报纸涨价的问题，不是被逼无奈，怎么会在一起商量涨价？而讨论的结果截至9月仍没有动静，反倒有消息称深圳的几家报纸已经确定在2014年开始涨价。显然，报纸涨价基本上是“最后一招”。

品牌价值的忽悠

2013年9月，诺基亚作价72亿美元卖给了微软。这个在辉煌时市值上千亿元的大品牌就这样被卖掉了，全世界为之哗然。诺基亚的陨落告诉我们，品牌不是万能的，没有竞争力的产品作为依托的品牌是苍白无力的，也必将被消费者所抛弃。

品牌价值是基于消费者对于某品牌的接受、认可或喜爱而使品牌产生的溢价，把这个溢价通过技术手段折算成货币，就是品牌价值。一般来说，这个溢价是超出行业平均利润率的利润。可以说，品牌价值是超额利润的部分反映，但是，品牌的前提是消费者对于某品牌的接受、认可或喜爱，也就是说，在公平市场中赢得了消费者的心。

2013年中国最具价值品牌20强排行榜（据WPP旗下华通明略按BrandZ™品牌估值法估值）中，超过70%是垄断行业的垄断服务。在这些利润中，哪些是基于垄断获取的超额利润，哪些是消费者基于接受、认可或喜爱，真心愿意多支付的利润？连小孩子都明白。

不论外国还是中国的品牌评估单位是怎么评估的，也不论其评估多么严格、评估公式多么科学，有一点好像被忽略了，就是他们的公式不考虑企业的性质，不考虑是否是垄断行业。所以其评估的结果一经公布，老百姓就心知肚明了。我们单从什么叫品牌价值，就可以看出这个评估结果是否真实。

2013年6月26日，世界品牌实验室在北京发布2013年第十届“中国500最具价值品牌排行榜”。下面是广州三家报业集团关于这一排行榜的报道。

《南方日报》：世界品牌实验室今日（26日）在京发布了2013第十届“中国500最具价值品牌排行榜”。南方报业传媒集团旗下《南方日报》、《南方都市报》、《南方周末》、《21世纪经济报道》4份报纸分别以127.15亿元、126.58亿元、96.67亿元、58.86亿元跻身其中，品牌总价值达409.26亿元，较之去年的317.61亿元，增加了近百亿元，蝉联全国平面媒体集团之首。

《广州日报》：世界品牌实验室昨天在北京发布了2013年（第十届）“中国500最具价值品牌排行榜”。《广州日报》以165.68亿元品牌价值，继续稳居中国报业品牌第二名，仅次于《人民日报》，位列500强102位。

《羊城晚报》：26日，世界品牌实验室发布了2013年（第十届）“中国500最具价值品牌排行榜”。榜单显示，《羊城晚报》品牌价值在过去的一年里劲增24亿元，达到131.15亿元，连续八年稳居国内晚报和都市类媒体第一位。

的确，品牌是一种力量。力量固然重要，但对报业经营来说，更重要的是这种品牌带来的经济效益。一个再大的品牌，带不来经济效益或无法转化为经济效益，那品牌对企业来说又有何意义？所以对于品牌，我们不能盲从，品牌要树立，更要利用品牌的力量，以客户为中心，生产出客户真正需求的产品，来实现企业的经济效益。报业的品牌也是，报业品牌的维护，绝不是在户外多挂几个广告牌宣传就完成了，还要从纸媒的内容、纸媒的经营上真刀真枪地去磨练，丝毫来不得半点虚假。

第三节 美丽的外表

豪华的报业大厦

我国的城市建设，突出的是高楼的建设，据说2009年广州18层以上高楼的数量就已经过万栋。如此多的高层建筑，别说外邦人士会迷糊，就算一个土生土长的城市人，两月不出门，走到楼群里面也会迷路的。

在鳞次栉比的城市楼群中，如果有人随意问一下去当地的某某报社怎么走，是很少人不知道的。中国的报业大厦都建在闹市区，非常雄伟壮观，很多报业大厦更是当地的地标甚至是城市的名片。似乎这个城市里最富有的除了银行就是报社了。

彼时，报业集团兴起的前几年，很多报社的确富可敌城。统计数字显示，2000年，广州日报报业集团上缴国家税收2.75亿元，是广州市的第二利税大户，并成为广州国企十强之一。

时至今日，经济、科技等多重因素的影响，报媒锐势不再，不是哭穷就是叫苦，很多报社嚷着要勒紧裤腰带度过报业发展的寒冬。然而这些似乎丝毫没有影响报业大厦的建设。

在建中的北京某报业大厦

浙江某报业集团大厦

辽宁某报业大厦

“东北传媒文化广场”的辽宁某传媒集团新址，位于沈阳市五里河体育场附近的“金廊7号”地段，占地约5万平方米，建筑总面积约25万平方米。作为“东北传媒文化广场”主体工程的辽报集团传媒大厦，建筑总规模约8万平方米，预计投资总额4.5亿元。大厦的各种功能将与国际水准接轨，适应现代化高效办公要求，在5A级写字楼基础上，更加突出建筑本身的人性化和智能化。

传媒大厦内设新闻采编与出版、数字信息平台、广告制作发布、门户网站、发行管理监控、集团总部管理中枢、国际新闻采编、同声传译新闻发布厅、音像与图书出版等九大系统，是东北地区传媒文化事业的标志性建筑。

广州日报报业文化中心远景鸟瞰夜景。

《广州日报》在60周年社庆当天（2012年12月1日）发表了一篇《广州日报新大楼今日珠江畔奠基》的报道。报道称，广州报业文化中心是广州市重点项目，地处琶洲会展总部功能区的西北滨水地带，采用了德国GMP建筑事务所和广州市设计院联合体的方案，项目净用地面积50370平方米，总建筑面积约19万平方米，其中地上建筑面积12.6万平方米，地下建筑面积6.4万平方米，项目总投资约17.6亿元人民币（含土地成本），资金以广州日报报业集团自筹为主。预计在2015年投入使用。

据该报道，项目主要包括广州日报社业务用房、广州日报报业集团业务用房、报业博物馆、媒介创意企业以及文化休闲、展示、餐饮等配套设施，属于大型综合性文化办公建筑。报业文化中心是广州日报报业集团及广州日报社采编、经营及管理的重要场所，为满足新媒体、全媒体发展趋势，新闻采编中心以国际领先的中央放射方式灵活布局。建成后将充分展示广州日报全媒体最新发展趋势，引领我国乃至国际传媒发展。

这些报业大厦或报业广场的建设有许多共同特点：位置极佳、造价高昂、外表豪华、功能齐全，都要建成区域性标志建筑。或许，草根就是草根，总是目光短视，我等一直不明白的是，在报业的寒冬季节，是应该加强锻炼，让体魄更加强健，还是应该在病痛缠身的躯体上套上妩媚妖娆的时装？

好看的广告收入

2011年初，广东某报曾宣称上一年全年的营收为28亿元，而尼尔森的检测数据显示，当年该报的刊例价收入为14.7亿元，宣称的高出了检测的0.9倍。

众所周知，报社除了广告之外，基本上没有其他收入。所谓的广告收入是报纸的刊例价收入，而广告部门跑业务时，或多或少地存在打折问题，平均能收到刊例价的六折已经不错了。

为什么必须把广告收入吹这么大？其中一个最重要的原因是，要让商家在报纸上做广告，首先发行量要大。当发行量被吹到很大时，如果广告不吹大点，就会让人一眼看出入不敷出，广告收入都不够发行烧掉，岂不是露馅了？所以吹大广告收入一方面是为了掩盖发行的虚假，另一方面也是为了给广告商更大的信心：你看我们一年广告收入有这么多个亿，这么多的大品牌都信任我们，大家都愿意在我们报纸上做广告，你有什么好怀疑和犹豫的？

一个谎言需要用一百个谎言去掩饰。当说一百个谎言后，自己就不再认为谎言是谎言，于是撒谎便理直气壮起来。被吹大的广告收入成了业务人员乃至整个报社炫耀的资本，广告收入的泡沫就形成了。一家报社这样做，第二、第三家看到有利可图，很快就跟上了，否则让泡沫给压死，岂不是太冤枉了？

假的终究是假的，当虚假的广告收入遇到持续的经济低迷，报社不再在广告收入多少个亿上炫耀，最多说说“本报去年广告收入在都市报（日报）类位居全国（全省）第一”之类的话。而其他位居第二、第三等的不再发声，直至集体沉默。这种情况，让笔者想在百度上找点关于广告收入的蛛丝马迹都很难。

根据美国报业协会的数据，2012年美国报业广告收入继续呈长期下滑趋势，其中纸质版广告收入降至200亿美元以下，2012年的广告收入只有十年前的60%。从2012年一季度开始，包括电信、医药品在内的几大广告商投放广告量减缓甚至停止。全国性广告商也正在加速将其报纸广告预算从印刷媒体转移到众多数字媒体。分类广告的损失相对较小。汽车、招聘以及其他分类广告在2012年底都出现了反弹。房地产分类广告减少仍然超过15%，零售广告下降约6.5%。

我国的纸媒广告业市场也好不到哪里去。

2013年7月30日，梅花网研究院发布了《梅花网中国报刊广告投放半年度报告（2013年上半年）》。报告显示，2013年上半年，中国报刊广告市场整体延续了2012年以来的下降趋势，同比下降7.9%，但是跌幅较2012年上半年有所放缓。其中，报纸媒体广告花费整体下降8.7%；杂志媒体广告花费相较去年现负增长，整体下降7%。

报纸媒体广告投放降幅放缓　地产行业表现强劲

2013年上半年，报纸媒体广告花费整体下降8.7%，广告量下降18.6%，继续维持跌势，但跌幅放缓（2012年上半年广告花费下降15.9%）。

据报道，报纸媒体的广告行业资源依旧集中在房地产、零售及服务业、文化娱乐休闲、汽车这四个行业中，花费总占比达到74%。其中，房地产行业与文化娱乐休闲实现增幅，汽车行业则降幅最大，达29.6%。从地区来看，2013年上半年报纸媒体市场不容乐观，华东、华北、华南居报纸广告投放市场的前三位，这三个区域占据了报纸广告规模的近70%，对半年度的趋势影响非常大，而降幅最大的地区恰是广告规模最大的华东地区，降幅达到15.1%，其中安徽省、江苏省、福建省下滑幅度最大，分别为26.8%、20.9%、19.0%。

2013年上半年报纸广告花费增长率（按区域）

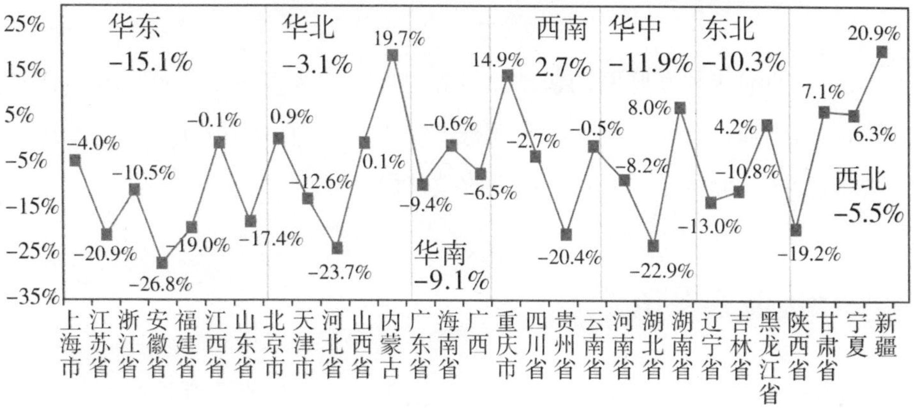

总算找到原因了，广告市场不好了，广告收入下跌了。一份报纸再傻，也不会刊文说本报上半年广告收入同比下跌百分之多少多少。如果一定要刊文，也会用“本报广告收入逆势上扬”或“下跌率最低”之类的言语。实在不行，沉默也是不错的选择。

庞大的机构、好看的数字和美丽的外表，都掩饰不了传统报业的衰落，报业的寒冬正席卷而来。

第四节 报业寒冬

经济的泡沫和互联网的包抄，世界报业日益步入寒冬季节。尽管西方媒体集团已经进行了各种变革和积极的探索，国内一些报社也进行了各种各样的尝试，但所有的一切，似乎收效甚微。

“报业寒冬论”

1609年，世界上最早的报纸在德国问世，之后报纸不断地受到各种各样新媒体的冲击，经历着不同的发展阶段。美国北卡罗来纳大学新闻学与大众传播学院教授菲尔普·迈耶在其《正在消失的报纸》一书中对报纸寿命作出了预测，他说：“2043年春季的某一天，美国一位读者把最后一张报纸扔进了垃圾桶——从此，报纸就消失了。”

无独有偶，2005年上半年，伴随着国内各主要大报广告的普遍下滑和以三家门户网站为代表的网络媒体广告的飞速增长，一种悲观的情绪开始在整个中国报业的经营者之中弥漫。时任京华时报社社长吴海民由此提出：报业的冬天提前到来了，不仅是都市报的冬天，也是整个报业的冬天。一声喟叹，令许多在报业改革洪流中趔趄前行的从业者颇感悲凉。

“报纸的冬天”提前到来以及传统报纸的衰退不可逆转，吴海民主要是基于两个方面的判断：一是媒体的生态环境和结构布局已经发生巨变；二是媒体的生产方式和传播方式正在发生质变。特别是互联网的发展，将彻底颠覆原有的媒体格局，这个后来居上的第四媒体被誉为“一网天下”。作为媒体形态的集大成者，它兼具文字、声音和画面等各种功能于一身，而且还迅速发生裂变，衍生出花样繁多的数字媒体，网络电视、数字电视、楼宇电视、电子报纸、在线新闻、手机报纸、电子杂志、流媒体、自媒体等。这些变化，使得媒体正从纸介质到数字化，从原子到比特，从劳动密集型到技术密集型，从人工投递到网络传输，媒体生产力正在呈现质的飞跃。

针对寒冬论的提出，业内支持者有之，反对者亦有之。暨南大学新闻与传播学院院长范以锦认为，“改革创新才能迎来报业春天，报业作为一个产业，将在外部压力下迸发出内部整合和创新的激情，赢来真正稳定发展的春天。如果硬要说‘寒冬’，也不过是‘倒春寒’，是暂时的”。北京日报报业集团社长梅宁华说：“没有理由唱衰纸媒，相反，纸媒将会发挥自己得天独厚的优势，与新媒体共荣共存，迎来新的发展契机。”

在冬天是否来临的争论中，2005年下半年报纸广告似乎恢复生机，2006年报业广告刊登额增长为3.9%，但2007年则是1.6%的负增长，2008年前三个季度又恢复到19.8%的增长，在这些忽好忽坏的数据中，业内人士对“寒冬论”的争论被不断引发。

2008年，中国报业与世界报业一同遭遇全球性金融危机，中国报业广告在当年第四季度出现明显的下行，业内对于“冬天到来”的争论再次响起。不少专家认为传统报业不但要迎接危机引发的冲击波，还要面对新媒体不断发力的压力，前景将一片惨淡。但在危机过后，不少业内人士发现由于“马太效应”的影响，那些区域报业的翘楚仍然生存良好甚至有新的突破，实现了逆市强劲增长。但持反对意见者则认为，仅看区域报业的龙头在金融危机中的表现，是不能够说明整体态势的。

在这样的争论中，有人在传媒杂志社主办的全国主流都市报老总恳谈会上提出：纸媒进入了全面复苏期。其依据为国家工商总局发布的数据：2009年中国报业广告克服了经济危机的影响，实现了8.11%的增长。另据CTR提供的数据，中国广告协会报刊分会主办，楚天都市报社和武汉大学新闻与传播学院承办的2010年度全国报刊广告工作总结会议暨“十二五”中国报刊发展机遇高峰论坛在武汉举行。2010年，我国报纸广告收入达381.5亿元，同比增长2.98%； 2011年报纸广告同比增长为11.26%；2012年，报纸媒体广告投放同比跌幅19.2%。

从数据来看，在后危机时代，中国报业确实迎来“发展的小阳春”，使得对于如何看待“寒冬论”争议又起。但无论如何，根据发达国家报业发展的成熟情况来看，报业增长放缓与新媒体崛起带来的巨大压力将是传统媒体不得不面对的事实，看来无论“冬天”来了与否，对报业来说，积极转型升级、改革创新才是发展的王道。

在体制困扰、产业单一、经济不景气以及互联网冲击的形势下，我国报业要突破重围，正面临着比西方媒体更大的困难，也成了摆在我国报业同仁面前亟待解决的问题。

国外纸媒的衰落

西方报业拐点的出现要早于中国。

在美国，过去20年掌控纸媒的各大家族频频出售他们在报业的股份，这其中包括《洛杉矶时报》、《明尼阿波利斯明星论坛报》、《圣地亚哥联合论坛报》以及《华尔街日报》。

另一桩纸媒收购案也引发了舆论广泛关注——已有141年历史、曾经拿下21座普利策奖的《波士顿环球报》以7000万美元的价格贱卖给波士顿红袜队老板约翰·亨利。这一令人意外的交易进一步表明报纸行业正面临史无前例的挑战。

2008年10月28日，美国主流大报——《基督教科学箴言报》在其官方网站上宣布从2009年4月起停出印刷版，每天改用电子邮件发送网络版报纸给读者，从而成为首家停止印刷，几乎完全采用互联网战略的美国报纸。《纽约时报》至今也没有放弃纸质版的存在，而是同步推出了收费在线服务，而且电子版的订阅量一度超过了纸质版。报刊退出纸媒，改出电子刊说明互联网技术正在改变着媒体的形态，这种趋势也将成为发展方向。

美国各大报业正通过积极的转型实现自我救赎，转型首要表现在网络电子版订阅的推广和全媒体运营的开展上。

2013年2月8日，纽约时报公司公布财报指出，由于其数字版报纸的付费订户增加，其季度收入出现了16.1%的增长。这是该报历史上第一次发行收入超过广告收入，主要原因在于数字订阅用户的增加。

在全媒体运营的开发方面，美国报业正在数字版与印刷版中找到新的突破，将以往单一的文字或相片的新闻方式，逐步升级为文字+视频、文字+音频、文字+音频+视频+图像+图表+漫画等多种传达手法和方式，从而构成立体的全媒体传达效果，在保持报业品牌的价值和专业新闻价值的同时，力求在激烈的媒体竞争中增加优势。

壮士断腕，力求媒体集团整体利益，也是美媒体集团惯用的方式，而且似乎成为一种趋势。

西方媒体集团一般都会拥有纸媒和电子媒体，报纸杂志与影视娱乐共处同一屋檐。近年报纸与杂志市场衰退，发行与广告收入同时下降，拖累了营运还正常的影视娱乐，集团的市值因而降低，这些老板们洞悉市场的未来，报纸与杂志虽然不会消逝，但也无力反转，所以最好的办法是出售，留下赚钱的电子媒体，如果卖不出去，就把印刷媒体分割出去。

2013年6月喜好报纸的默多克正式核准，把福斯（Fox）娱乐集团、福斯电视网、亚洲STARTV等影视娱乐事业，归并到“二十一世纪福斯公司”名下；把全部的报纸、杂志等新闻出版事业，维持在原来的“新闻集团”名下。分家的结果是，影视娱乐部分的市值涨了一倍，新闻出版部分则跌了16%。分家的效果立竿见影，两家公司的董事长都是默多克。

也是2013年3月，时代华纳也决定分家，把时代与华纳分成两家独立公司。时代（Time, Inc.）成立在1922年，发行《时代》杂志等100多种杂志，1990年与华纳传播（Warner Communications）合并成为现在的时代华纳媒体集团。至于华纳，则拥有华纳兄弟影片制作、家庭娱乐集团、华纳电视网、DVD影碟发行等事业。分家之前原打算把杂志部分出售，结果与买家商议不成，估计在2013年底可以完成分家手续。

另一家媒体集团Tribune，拥有《洛杉矶时报》、《芝加哥论坛报》、《巴尔的摩太阳报》等8家主要报纸以及20多家地方电视台，近年多次换手，亏损之下申请破产保护，2012年底刚解套，就急着出售报纸，在无人问津之下，7月初宣布增购19家地方电视台，来扩充电视的版图。两个星期之后又戏剧化地宣布把报纸与电视分家，报纸与出版事业归属在新的

Tribune出版公司，电视则归属在原来的Tribune公司。

报纸与电视分家的媒体不乏先例，早在2008年，德州的主要媒体，也是《达拉斯晨报》的母公司A H Belo，就把报纸与电视台分成两家公司，电视部分归属新公司Belo，报纸部分维持A H Belo原名，几年下来电视公司市值增加了35%，报纸公司却跌了34%。

全美第一大报业集团，也就是《今日美国报》的母公司Gannett，除了拥有十几家大报，还拥有23家电视台，又收购Belo全部的电视台，增加到43家，成为美国第四大电视网。Gannett虽然没有直接割舍报纸，但加重了电视的分量。

《新闻周刊》印刷版已经黯然离场

印刷媒体的衰退几乎全球皆然，就连长达80年历史的《新闻周刊》，在2006年还有高达300万的发行量，却在2012年年底黯然退场。市调机构盖洛普最新的报道，美国只有9%的人从报纸杂志上读取新闻，从网络上读取的有21%，从电视上读取的则高达55%，媒体老板们舍报纸、取电视，就不足为奇了。

第二章 迷茫的自办发行

中国报业的发展历程，同我国的经济发展是息息相关的，经历着从计划经济到市场经济转型的过程，经历着从粗放式经营向集约型经营的转变。经济形式的变化也直接反映在报业的发展上，更反映在报纸发行的经营上。那么，经济形式发生变化，发行行业势必受到影响和冲击。自办发行从邮局中脱离开来后，走得怎么样，遇到什么样的问题，发行公司的经营瓶颈在哪里，自办发行还能走多远，是本章要讨论和回答的问题。

第一节 胆子有多大，发行量有多大

发行量是报业和广告商双方交易的量化依据，直接影响了广告商的投放决策。因此，这个数据的稽核就成为重中之重。

欧美国家较早就建立了报纸的中介机构，早在1914年，美国的报刊、广告主和广告公司就联合成立了发行量稽核局；1963年，因为世界市场的形成和规范，成立了国际发行量稽查局联合会。

美国报业认为，只有低级小报才会虚报发行量。在职业道德的约束力量之外，广告客户也越来越成熟，对报社所提供的数据未必相信；因此，一些有实力、有影响的报纸为了拉住客户而老老实实报出印数。这种不掺水分的发行量，对广告客户来说更有参考价值，更有利于促成广告计划的实施。

在20世纪初，戈公振的名著《中国报学史》中就批评了“报纸之销数，名馆常秘不以告人”的病态现象。新中国成立后，我国报业的稽核制度起步较晚，2005年4月25日，国新出版物发行数据调查中心成立，这是一个独立于政府机关、出版商家之外，监管、核实出版物发行量及相关数据的中介机构。机构是设置了，但离调查出真实的发行数据之路似乎还很远。

“美国发行丑闻”

在发行量问题上，中外对比是强烈的。特别是美国，在发行量上造假是要付出十分巨大的代价的，下面就是例证。

2004年6月，美国三家报业公司的四份报纸相继传出发行量作假的丑闻，其中两份报纸是美国第三大报业集团——论坛报业在纽约的《新闻日报》和《Hoy》。

《新闻日报》和《Hoy》的发行丑闻是在2004年2月开始露马脚的。当时纽约皇后区的几个广告商察觉这两份报纸的发行数字有假，于是向皇后区的司法部门起诉，要求予以调查。

在美国，虚报发行量是严重违法甚至犯罪的行为。司法部门接到起诉后，联同纽约的联邦调查部门一起展开调查。这引起了新闻日报社和远在芝加哥的论坛公司的警觉和重视。于是，《新闻日报》迅速展开自查，论坛公司又派人到纽约核查。

不查不知道，一查吓一跳。《新闻日报》自查发现，2001年8月以来，《新闻日报》和《Hoy》的发行部门示意与其签约的投递公司、报纸零售商多要报纸，对卖不完的报纸，则有投递公司和报贩自行丢弃；对报贩丢弃的报纸，发行部门没有及时从发行数字中扣除掉。从而使报纸发行量被夸大。

6月18日，《新闻日报》正式发表声明，承认其报纸发行量有假，其中《新闻日报》工作日发行量被夸大了7%，周日发行量被夸大了9%；《Hoy》在纽约的发行量被夸大了12%。

《新闻日报》和《Hoy》的发行量造假被揭开后，迅速发酵，引起一系列反应：

6月22日，论坛公司开始在内部稽查旗下所有报纸，包括《芝加哥论坛报》和《洛杉矶时报》。

7月10日，总部设在芝加哥的一个木偶玩具店，以发行量造假为由起诉论坛公司。

7月13日，美国发行稽查局（ABC）发表声明，公开谴责《新闻日报》、《Hoy》以及美国赫林格报业公司旗下的《芝加哥太阳报》，与此同时，ABC还做出一项极为严厉的制裁措施：在接下来的两次报纸发行量统计监测中（每半年一次），将上述三份报纸剔除出局，这是该组织成立90年以来首次采取的严厉措施。ABC董事局主席说，报纸的广告商和出版商之间的关系基于诚信，任何人不得破坏这一基础。《新闻日报》和《Hoy》的发行人随即发表声明，认为ABC的举动是“情有可原的”和“合适的”，他们决心重建报纸的信誉。

7月16日，论坛公司宣布，《新闻日报》和《Hoy》发行量被虚夸的数字，可能比已经公布的还要大。它同时表示，正准备拿出3500万美金用于解决广告商的赔偿。

7月20日，《新闻日报》老资格的发行人（美国报纸的发行人，通常是报社的一把手，对报社负全责——笔者注）拉蒙德·杰森因发行丑闻决定于8月15日提前退休。《Hoy》的发行人也将宣布退休。

7月21日，《Hoy》的第一任发行人兼创办人、时任论坛公司报业副总裁思陀决定提前退休。

7月22日，《新闻日报》刊登题为《Hoy的数字膨胀游戏》的长篇报道，详细披露了发行造假行为。

7月23日，50名汽车经销商联合起诉《新闻日报》。

7月24日，《新闻日报》决定解雇其发行总裁罗伯特·伯利兰，指出伯利兰应对发行丑闻负责。这是丑闻发生以来，《新闻日报》第一次公开指责其报纸雇员。

7月28日，《新闻日报》决定在未来16个月内，下调广告价格，以缓和与广告商的关系。

进入8月份，论坛公司开始与众多广告商就赔偿问题进行谈判。

2004年12月4日，论坛公司董事长、总裁兼CEO丹尼斯·菲茨西蒙斯透露，论坛公司与广告商的谈判进展良好，目前已经就赔偿签订了2万份协议，《新闻日报》最大的350名广告商中的75%要么签订了赔偿协议，要么同意公司的广告款返还。他还透露，为解决发行丑闻的赔偿，论坛公司需要支付9000万美元！

《新闻日报》当时发行量大约50万份，夸大7%相当于夸大3.5万份，夸大9%相当于夸大了4.5万份。区区几万份报纸，损失的是9000万美金和无法估量的信誉危机。这对国内的报纸来说是不可想象的。

国内报纸发行量水分知多少

读到上面美国发行丑闻，有知道国内报社确切发行量的读者，一定会捂嘴偷笑了：美国人太较真，还是国内报纸幸福啊！“我的报纸我做主”，什么报业协会，什么发行协会，什么ABC，什么权威调查机构，还不是要听我说多少就是多少？此时或许已经拿起桌子上的计算器计算了：我的报纸实际发行量是60万，如果按照对外的宣称180万，那是夸大了百分之多少？喔！夸大300%呢；我的报纸实际发行25万份，我对外宣称的是200万份，那我夸大了多少呢？呀，不好用百分比了，是夸大了8倍！离谱的是，据说国内有报纸的发行量足足夸大了50倍！全世界与媒体有关系的人估计都会惊得一身冷汗。那些弄虚作假的报社，此时或许有一股叫做“羞愧感”的感觉微微涌上心头，平静下来再想想其他的报纸：别人也许比我浮夸得更多呢！于是也就坦然了：不是有句话叫“假话说一百遍也就成了真话”吗？我多吆喝几声，理直气壮地吆喝，到报纸上吆喝，到网络上吆喝，对报社内部吆喝，对广告商吆喝，发行量这事儿也就真的是真的了。

我们的同行每每看到所谓的“世界报纸发行量排名”，都会心照不宣地笑了。

中国报纸的发行量，实际上被集体作假！报媒在集体撒谎！

下面是三组报纸的所谓排行榜：

“中国报告大厅”网上的一份“2012年中国报纸发行量排行榜”

名次	报纸名称	日发行量（万份）
1	参考消息	340
2	人民日报	280
3	扬子晚报	180
4	广州日报	160
5	南方都市报	152
6	羊城晚报	140
7	楚天都市报	130
8	南方周末	128
9	信息时报	120
10	齐鲁晚报	110

《新闻记者》第10期资料

名次	报纸名称	日发行量（万份）
1	《参考消息》	313.6
2	《人民日报》	238.1
3	《南方都市报》	191.0
4	《扬子晚报》	181.0
5	《齐鲁晚报》	166.8
6	《广州日报》	165.0
7	《环球时报》	139.7
8	《钱江晚报》	129.9
9	《都市快报》	120.0
10	《羊城晚报》	105.0

2011年世界日报发行量排名（前30名）

名次	国家	报纸名称	日发行量（万份）
1	日本	读卖新闻	995.1
2	日本	朝日新闻	770.3
3	印度	印度时报	388.5
4	日本	每日新闻	347.6
5	中国	参考消息	313.5
6	日本	日本经济新闻	301.1
7	印度	天眼太阳报	299.2
8	英国	太阳报	292.9
9	德国	图片报	290.0
10	印度	觉悟日报	279.5
11	日本	中日新闻	268.9
12	中国	人民日报	238.1
13	韩国	朝鲜新闻	230.0
14	美国	华尔街日报	211.8
15	英国	每日邮报	211.7
16	韩国	东亚日报	210.0
17	中国	南方都市报	191.0
18	印度	美丽马拉雅拉报	190.3
19	美国	今日美国	182.9
20	中国	扬子晚报	181.0
21	日本	东京体育报	178.0
22	日本	体育日本	177.0
23	印度	赖布尔报	175.0
24	印度	印度斯坦报	169.9
25	中国	齐鲁晚报	166.8
26	日本	日本体育报	166.7
27	印度	今日报	165.7
28	日本	产经新闻	165.7
29	中国	广州日报	165.0

上述三个表中的排名和发行数量，不要太当真。列出以上三个表，笔者只想证明，中国发行量的乱象，读者也可以在网上或其他媒体中搜出各种各样的发行量排名，然后对比可以发现，同一种报纸的发行量在同一年都会有很大的出入。少则数万份，多则数十万份。排名更是混乱不堪。是统计的方式不同，还是不同的情报搜集部门统计不准？或是其他原因？

发行量“生产流程”

你想知道造假真正的原因，便去问一些报纸发行公司或发行中心的领导：贵报发行量多大？你会发现他们昨天可能说120万，今天又说125万，后天有人问他又说135万。总之，他自己都不会有个准数。这也不奇怪，因为，他们的发行量本来就是随口吹出来的。那么中国报纸的发行量究竟是如何吹出来的？综合有五：

第一，将历史最辉煌的发行量作为发行量的基础。某报在历史上曾经辉煌过，但后来由于经营不好，或许是报纸内容不再适合读者口味，导致发行量下滑并造成连锁反应；也或许是广告不好，于是报社削减发行上的投入所致；还有一种可能是市场竞争原因，别的报纸远远将该报甩到后面。但是，在对外宣传上，不能说自己的报纸发行量下跌；否则，哪还有商家敢在自家报纸上做广告？别家报纸的发行量都是上升的，咱没有别家报纸上升的幅度大，但也得编出个上升的数字啊，别家上升15%，我上升10%总是可以的，于是，逐年“上升”。辉煌时的100万份，次年就是110万，第三年就是110×（1+10%）=121万份，第四年就是121×（1+10%）=133.1万份……依此类推，发行量很高，也就“符合逻辑”、“情有可原”了。聪明一点的老总，也会根据市场情况“下调”发行上涨的幅度，免得“上升”太快，让人看出破绽。

第二，将报纸单日最高发行量作为对外宣传的发行量。哪家报纸没搞什么大活动宣传呢，或者有特大新闻，出纪念专版，也或者是社庆，总有那么一天发行量十分大，于是就将这个“发行量十分大”的量变成了日均发行量，比如说单日最大发行量是150万，而平时发行量也就不到80万。

但从此以后，自己的报纸的发行量也就成了150万了。这种情况在国内报纸的发行量中非常普遍。

第三，将读者数量作为发行量。读者数量与发行量的关系是：发行量=读者数量÷传阅率，所以假如你今天发出去了12万份报纸，实际销售10万份，而读到报纸的人可能有30万人，你既不能说你的发行量有12万，更不能说你的发行量是30万。而现在很多报社为了吹嘘发行量，就这样干了。

第四，出钱给第三方调查公司，然后编出来的高发行量和发行量排名。这也是国内报纸常用的方法。这种“无中生有”的招数，虽然很唐突，很大胆，但仍然可以忽悠很多人，特别是在忽悠商家做广告上，有很大的帮助。比方说，某报纸在广告上最近有点疲软，广告商普遍反映说报纸发行量没那么大，或者没有同城的某报大，而你的版面还跟我收那么多钱。于是，报社的领导们又发挥聪明才智了：这个容易啊，找个调查公司，出名的、号称信任度极高的，甚至“国际的”调查公司，对同城媒体或全国媒体做调研，并发布出“排名”，只要这个排名能将同城某对手报“甩到”自己下面，“权威”的调查公司就可以得到不菲的报酬。有了这个“权威”的发行量排名，广告部门的业务员，就可以拿着发行量，理直气壮地面对广告商要求做广告了。

第五，纯粹跟风，将报纸的发行量吹上天空。我的报纸发行量我做主，上涨不商量，跟着大趋势走。全国媒体一片红，我就不能绿，反正都在涨，上涨的份额自己决定，胆子有多大，发行量就有多大。

那么，中国的报纸为什么能集体作假？

1. 报纸本身诚信缺失

诚信缺失问题，其实不光只是报纸一个行业的问题，说大了是全社会普遍存在的问题。媒体不是经常报道有老人摔倒、路人不敢扶的新闻吗？媒体不是要弘扬正气，要做好舆论导向的吗？为什么却台前台后如此大的差距？这跟在台前衣着光鲜亮丽、清正廉明的正人君子形象，却在私底下龌龊不堪、做着不可见人的贪官有何区别？然而，小偷跟小偷间也是可以有义气的，既然大家都是小偷，我为什么非到警局去控告你呢？否则，卖别人的同时岂不是把自己一样给卖了？所以，中国的报业，在虚报着发行数字的当儿，私下会暗自偷笑了：发行数量真的是说出来的！而尚有一丝良知的报业大佬们，偶会心存愧疚，忏悔地说，真的对不起那些在本报做广告的商家呀。

2. 无监管

中国没有权威的监管机构，尽管也有报业协会、发行协会等各种各样的协会，但这些协会对其会员没有强制性权力。广告商在投放广告时也不会关注这些协会的发布公告。

3. 报社内部欺上瞒下

作为单个的报社，每年报社社委都会对发行部门下达发行任务，既然是下达任务，今年就不会比去年少。不问市场情况和客观因素的下达任务，是带有明显中国特色的“中国式的下达任务”。于是社委会对发行部门下达了比去年发行量增长10%的决定。发行部门接到决定，就说了：“领导啊，你每年都给我增加发行任务，我压力山大呀！因为全世界的发行量都在萎缩，这不是人力能扭转的。”领导就说，这也不是我一个说的，是社委会“集体讨论”决定的，再说，你发行量不增长，我们的广告就越来越难做了，你部门一定要克服困难啊。发行部门听这话就很清楚了，这是死命令，不得违抗，增也得增，不增也得增，否则我这发行部门的领导位置也不保了。

上有政策，下有对策，发行部门开始发挥聪明才智，召开大收订动员大会，号召全体发行人员认真贯彻报社的发行指示，坚决完成报社下达的发行指标！绝对服从命令，是本报社的企业文化，绝对完成任务是本公司（部门）的一贯工作作风。大家斗志高昂，发行部门几个站着说话不腰疼的小领导，带领几个站长对数千名发行人员在会上宣誓，决心完成上级的任务。动员会开得很成功。

就这样一层压一层，发行任务最终压到基层的投递员身上。投递员开完会在回去的路上就抱怨了：“我每天投递227份报纸，要我增加10%，就是要我订227份加23份，就是250份。我才不做那个‘二百五’呢！我不干了总行吧，给我这么点工资，还要求这要求那，我明天就辞职！”

这名投递员带着牢骚向另外几个同事倾诉，觉得干得没劲。一个干了数年的“革命先驱”就给这名发牢骚的投递员指路了：叫你“二百五”还真没错，你完成250份真有那么难吗？不就是增加23份嘛，增加50份又能怎么样？你去找两个熟悉的报摊，让他们每家订阅12份，起止日期是从1月1日到1月15日，这报款也不多，应该不难吧？这名投递员立即茅塞顿开，但又不无疑惑地问：这样做是不是太假了点？投递地址上面看出是报摊，领导查下来怎么办？“革命先驱”用鄙视的眼神看着这名投递员说：“你真笨，投递地址不会写报摊对面或旁边的小店吗？跟报摊的老板说好不就是。”

投递员获得“高人”指点，终于不再恐惧了，继续留在了发行站工作。让他吃惊的是，发行站的其他同事并没有因任务增加辞职的。再一问，原来大家都这么干的，况且收订还有提成，这是一年最赚钱的季节，辞职简直就是“二百五”。

元月初，发行部门统计出新的发行数字，订户“增长”超过10%，超额完成任务。元月底，订户的实际数字跟上一年同比还跌了10%！

4. 追求短期利润

经济形势不好，每家报社都有广告压力，想尽办法使广告最大化。

5. 恶性竞争

国内的一二类大城市有四五份日报都是很正常的，竞争难免。一些报社通过优惠措施或是报纸打折订阅等措施争取订户，已经算是“正规途径”了，而另外一些报纸更是想出“弯道超车”、投机取巧，以免总是“垫底”难看，故意通过浮夸的办法来“制造”发行量。

总之，我国报业发行乱象丛生，存在严重的无序竞争、恶性竞争，因此，报业对公正、权威的发行数据监测和稽查制度的建立的呼声越来越大，这是确保了公平有序的报业竞争的必经之路。另外，报业本身，需要加强自律性、回归到诚信上，而不是标榜着公平和正义的化身，却不能做到表里如一。

那么，如何估算一家大报的发行量？

一个投递员送报的数量不会差别太大，虽然有影响因素，比如城市的布局，乡村的差别，投递线路的设置以及发行公司的管理等都会导致投递数量的变化。但相差仍不会太大。一家大报的自办发行公司管理再烂，也不至于同是在主城区，一家公司人均投递300份，这家投递100份。即使真的是日人均投递100份，那么这家报纸一定称不上大报，最可能是一家新报纸。

通常，一家报业集团内，发行量最大的都市类报纸的发行量通常跟该报的发行公司总人数的关系为250：1。如果该报是全省发行，这个比例可能会是200：1甚至更低。所以，判断一家报业集团走市场的大报的实际发行量，你了解一下该发行公司总人数，大致核算一下，差别不是很远。当然，不走市场的报纸除外，非自办发行的除外。所以一家自办发行公司如果有1500员工，发行站80%以上在主城区，那么这家报业集团发行量的最大的报纸实际日均发行量不会超过40万。如果是3000人的公司，其实际发行量在75万～90万之间。如果是6000人的公司，在全省发行，其最大的那份报纸的发行量也就大约在120万份。

因此，作为发行同仁，对发行量应该有个基本的判断，而不是不知就里，人云亦云，看到的是一头头大象，殊不知却是被吹成大象的老鼠。

第二节 自办发行的“烦恼”

任何发行的模式都是特定时代的产物，在特定的时间和社会环境下，推动了报业的发展，但也终将随着时代的发展成为报业的负担甚至是阻碍。自办发行就是如此。时至今日，越来越多的自办发行公司不堪负重，投递员“撂担子”成为常事，但发行公司作为报业三轮车中的重要一轮，“撂担子”谈何容易？

自办发行，面对着成本的有增无减，创收的效果又只是杯水车薪，陷入进退两难的境地，实在是“烦恼”。

自办发行网络的软肋

现有的自办发行网络以大中城市的市级报刊自办发行网络为多数，中央级报刊基本未建自办发行网络；省级报刊的自办发行网络基本是依托后起的都市类报纸而建的。市级报刊自办发行网络数量多，但规模较小；省级报刊自办发行网络数量少，但规模相对较大。大、小网络如何发展？是各自为战、独立发展，还是资源整合，都需要探讨。

省级报刊发行网络的投递末端多数只到达县市，广大的乡镇基本为空白点。这多数是由所发行的报刊的数量（或对象）决定的。据测算，在一省范围内，日报刊发行量达不到100万份以上，将发行网络建到乡镇在成本上是难以承受的。如果报纸不可能达到这样大的发行量，但报纸的性质又要求到达这个末端，如何解决这一难题？

发行网络的整合与兼并因受到行政力量的限制，短时间内难以启动。发行网络的整合和兼并本是市场行为，但因受到多方面利益左右，实行起来很难。面对强大的外资，国内发行网络的合作其实很有必要。

发行网络的维持成本居高不下，有些已成报社“鸡肋”。这有多方面的原因：可能有管理不善的原因，但更大的可能是我国报业本身遇到的问题，如经济形势下滑、其他媒体的冲击、报纸低价格发行等。管理不善可以解决，报业本身遇到的问题将如何解决？报业本身遇到的问题短时间内没有解决，报纸的发行如何寻找出路？

发行成本高企

自办发行终归是时代的产物，在特定的历史时期，有其优势。

曾几何时，各家报社在宣传自身时，总少不了炫耀自己的发行网络，而发行网络的健全常常以人数多寡论英雄。彼时，发行人数的确可以反映出一家报社的实力和发行服务的质量。时过境迁，随着经济形势的变化，通胀的压力和CPI的增长，发行成本日渐高企，“用工荒”的出现，报社的辎重越来越大，于是，发行队伍的庞大，再也不能成为自家报社引以为傲的资本了。相反，日益成为一种负累。

传媒圈经常会听到一种观点：如果有好渠道，根本没必要自己建发行网，成本太高了。其实，不仅是发行量不大的小报小刊、周报周刊，即便是动辄号称发行量七八十万（实则发行量十几万）的综合性日报，自建渠道也是没有必要的。不过，现在不是讨论该不该建立渠道的问题，而是已经建立了渠道的报社，怎么去养活这个发行网络，和值不值得养活这个发行网络的问题。

发行属劳动密集型工作，人力成本较高。低价格发行已经成为报业发展的瓶颈。

中国内地同类报纸的销售价格是香港地区的1/8、台湾地区的1/12、日本的1/12、美国的1/7、以色列的1/30，是全球报纸销售价格最低的国家之一，很多报纸实际上是零收入甚至是负收入发行，严重制约了报纸产业形成合理的收入结构。

由于报纸发行价格过低，没有足够收入来支撑庞大的发行成本，几乎所有的都市报发行机构都在积极探索报纸发行渠道的多元化经营，以摊薄成本，实现赢利，但市场缺乏能真正支撑如此大额成本的到户配送业务，鲜有成功案例。

自办发行公司的开支，主要在以下几个方面：

（1）人力资源成本，包括工资、各种津贴、各种福利、节假日福利、“五险一金”、招聘费用、培训费用等；

（2）租房成本和办公费用；

（3）运输费用；

（4）公关和招待费用；

（5）劳动物资成本；

（6）订报折扣成本、订报礼品成本；

（7）其他成本，如劳资纠纷、突发性的员工意外事故赔偿、各种损耗等。

很多报社的发行部门特别是都市报类的发行部门反映，发行费率高达100%，什么意思？就是报社将报纸给发行公司发行，报款全部不上缴，才够维持发行公司的运转。有些发行公司情况更为严重，发行费率超过100%。效益好的发行公司的发行费率也在60%以上。以一个日均发行量80万份的报纸为例，一年总报款收入为2.88亿元。所属的发行公司作为独立核算单位，报社给出的发行费率通常是40%（1.152亿元）。如果发行公司实际发行费率达到65%，也就意味着一年的总开支为1.872亿元，而报社给的是1.152亿。那么就意味着一年尽亏7200万元。如果该公司经营有方，要保证不亏钱，那就得在其他方面再赚回7200万元。上面我们曾分析过，一家2000人的发行公司，业务活动包括DM单投递、小件快递、票据票务投递、自办物流配送、长途报车返程配货、回收废报等各个方面受益还不算差的情况下，能赚5000万元已经不错。那么就是说，即使这样，发行公司还是一年一个大“窟窿”。

自办发行公司的收入来源

自办发行网络一开始的定位，主要是为了满足于报社自办发行的需要，其立足点是报社利益最大化，中心工作是抓好各地报纸的投递和征订。其经营模式起初都没有形成法人治理模式，都由报社的部门发行部来经营。

后来也经过了一些公司化操作，但大多数是挂牌公司，和发行中心两块牌子，一套班子。到目前为止，发行公司完成股份制的，全国没几家。这种传统的管理模式，使发行企业无法以法人主体在市场上立足，从而在经营业务的开展上，固守着传统经营，无法创新和拓展。

目前自办发行网络，主要业务还是局限在主报投递、外报外刊投递、物流配送、票务代理、DM直投、回收废报等，经营业务的僵化，直接影响着发行的收入和自身的积累。

1. 由于DM业务对商家来说，广告效果好，对发行公司来说成本低、利润率高，所以很多自办发行公司除了主报发行外，DM投递成了最主要的收入来源

一些公司在DM投递这一块的营收达到几千万元已经不足为奇。《成都商报》发行公司在这一块比较突出。但由于这部分广告容易与主报的广告发生冲突，所以当利益发生冲突时，大部分报社只有牺牲发行利益，来确保报社的广告收入。

2. 物品配送

网购增长的驱动力量主要来自四个方面：

首先，网民数量的持续增长、网民购买力的提升、消费者线上消费习惯的养成，为网络购物奠定了良好的用户基础，成为促进网络购物市场繁荣的重要基础。

其次，传统企业纷纷向电子商务的转型，拓展了网络购物的品类和渠道。线上产品的丰富、线上和线下的互动，提升了用户的购买体验。

再次，网络促销的常态化，激发消费者的购买欲望。网购市场的激烈竞争导致电商之间频繁的价格战。店庆促销、节假日促销、特卖会、1元秒杀等营销手段的使用频率越来越高，极大地刺激了消费者的购买欲望。

最后，移动互联网的发展和智能手机的普及，促使移动支付、移动购物快速增长，手机端和PC端的应用互补，促进了网络购物市场的发展。

截至2013年6月底，我国网络购物网民规模达到2.71亿人，网络购物使用率提升至45.9%。与2012年12月底相比，2013年上半年网民增长2889万，半年度增长率为11.9%。

如此大规模的网购人群，为发行队伍造就了投递网购包裹的机会。加之114服务平台、移动业务平台、电视电话购物也逐渐为市民接受，这都构成了我们潜在的业务对象，而且这个市场空间也越来越大。

3. 证件、票务代理和演出经纪

证件、机票、演出票务代理，也是一项收入来源。《重庆日报》发行公司与一家民营企业合资成立了演艺公司，在2010年组织了十多场演出。他们组织朝鲜版《红楼梦》到重庆演出，卖200多万元的票，除去200多人的队伍的交通、住宿等成本，一次演出就有几十万元至百万元的收入。该公司还组织了空政歌舞团的《东方红》演出，不仅实现经济效益，还收获社会效益。

4. 商业信函制作和投递

《重庆日报》发行公司曾买了一台施乐可变数码打印机，一分钟可以打印144张，提供从制作到投递的一条龙服务，主要是保险公司的保单、银行的票据，包括银企对账单、消费和贷款对账单等，这个业务2011年为该公司带来了300多万元的经济效益。

函件分有址签收和有址不签收两类，投递价格从0.8元至6元。各大保险公司如太平洋、阳光、新华、人寿、泰康的保单投递，还有银行的各种对账单投递，他们都是潜在的市场。函件有广阔的市场空间，是保证公司可持续发展的重要业务项目。

5. 自开电商平台和运用数据库营销

目前不少发行公司已经开展了电子商务平台业务。一些公司的做法是自建电商平台，一些公司是跟电商平台合作分成，也有一些企业甚至线上线下两条线为读者和潜在消费者服务。

作为广州， 2010年《南方都市报》与深圳走秀网络合资打造“天天红酒网”，《新快报》发行公司办“百FUN百商城”，《广州日报》发行公司于2012年成立“宅之便”在线上线下向市民销售日常生活用品，《羊城晚报》2013年设立“票巴网”致力于娱乐演出票务在线销售。这些公司都在积极探索向电子商务上发展。

在数据库方面，报纸在发行过程中以及延伸业务的开展过程中，都会产生大量的客户数据资源。运用不断完善的数据库，瞄准目标客户，积极主动开展数据库数据的营销工作，也是一些报刊发行公司的一个重要收入来源。

数据资料主要来源于发行投递、保单、对账单、电子商务销售、接房通知书、各商业协会刊、百货商场、VIP客户制作过程中获取的信息。将这些信息归类整理，并不断补充完善，建立不同的数据库。因为这些数据的来源是绝对一手的，是真实的，所以意义很大。比如说在投递房贷对账单时，就会知道这个用户，给银行贷多少钱，买的是什么样的房子，是别墅、高层还是花样洋房等，这些我们都很清楚了，他们买房后需要什么？什么人对这些非常感兴趣？首先就是装修公司，还有装饰材料、家具卖场等。

但数据库的数据涉及个人的隐私保护，现在国家要求的数据禁止买卖，但可以针对数据库的这些资料为客户服务。至于如何服务，如何服务才能产生最大的效益，都是值得去实践和探讨的问题。

6. 废旧报纸回收业务

废旧报纸回收业务很多公司都会开展，有些公司都有几百万元的营收。当然一些公司也会采用旧报换新报业务，这都是不错的办法。

7. 返程车物流配送

一些公司特别是向全省发行，或是由中心城市向四周扩散式发行的公司，每天送报车一个来回，风雨无阻，如果空车返程，对公司无疑是一个巨大的浪费。那么既然那么多的物流专线都可以生存，甚至一些物流专线的车还没我们一些发行公司的车辆多，为什么不可以利用返程车去配送货物呢？这样不仅节省了成本，而且还为公司创收。一些公司在这一块上年收入也会有数百万元。

管理难题

一、发行系统与管理制度的缺陷

事业单位性质的报社发行部组建的发行网络占多数，企业化的发行公司凤毛麟角。这出现了管理上的两难困境：一方面，因为单位性质是事业单位，要按事业单位的要求管理发行；另一方面，因其发行业务的本质是经济行为，又要按经济规律办事。这是当前很多发行部门目标确定、成本核算、效益评价、绩效考核等企业基本管理制度不能彻底贯彻的症结所在。

1. 没有完整的自办发行营销系统

中国目前的发行市场处于散乱无序的竞争状态，尚没有形成全国范围的有明显实力优势的发行网络，存在着很大的市场潜力和改善余地。

自办发行网最主要的问题是低水平重复建设、网络利用率不高，表现为一城多网、发行职能相似、投资用途相似、代理发行的报刊产品和物流配送产品偏少。目前90%以上发行公司的物流收入仅占全部发行收入的不到10%。另外还面临自身网络延伸上的固有弊端，自办发行网的不足，在于辐射范围是有限的，而一旦扩大发行半径，发行成本就会放大，报纸发行所带来的利润本身不足以支撑拓展，甚至是负效益。自办发行还面临管理方面的挑战，包括运营管理、营销管理、人力资源管理等，都面临很多新的挑战。

2. 没有良好的现代企业管理机制

在用人机制上，表面上按照现代企业管理模式，设置人力资源部，实则只是针对站长以下员工的。发行公司中层以上领导很难从社会上公开招聘，也鲜有从基层提拔出来。因此领导层官僚作风盛行，情况也各不相同，有报社编制的，有报社聘用的，却很少发行公司聘用的。基层员工上升无望，归属感更是谈不上，投递员也有全职和兼职之分。这种体制下，一些优秀的人才无法进入发行，使自办发行后继无人。

在分配机制上，用人机制决定了分配机制，尽管同工同酬，以岗定薪，在口号上喊了几年，但改革举步维艰，大部分报社发行中心在报社编制内员工这一块是万万动不得的。

在运行机制上，大部分报社发行中心用的是目标责任考核制，也就是我们常说的承包制，这种在20世纪80年代企业改革时见效的“一包就灵”的做法，在一段时间里为我们自办发行发行量的递增，发行队伍的建设做出了积极贡献。但运行到今日，已经无法和社会经济发展相适应，承包制使自办发行发展的后劲不足，无法完成积累；承包经营者无法做长远规划，做一年是一年，有点杀鸡取卵的做法，承包经营者的终极目标是完成报社下达的任务，确保自己收入，至于自办发行的发展，员工的前途，不是他的考核目标。

二、发行效益不佳，工资不高，导致管理的混乱

如果说五年前，在当时的用工环境下，发行人员的工资还不算太低，员工还比较容易管理的话；五年之后的今天，投递员工资不高，基层管理人员的“强势”或“高压”管理导致发行人员很难管理。

一些基层管理者，一提起投递人员难管理问题，就会说到投递员的素质不高。投递人员整体素质参差不齐是现实，如果总拿这一点说事，似乎越来越勉强。我们知道马斯洛需求层次理论中，人的最基本的需求是生理需求，如果你开的工资都无法满足最基本的生存需要，劳资关系的存在与否都是个问题，更谈不上管理是否容易的问题了。拿广州来说，一个投递员，就算住在城中村，房租一个月至少需要600元，生活费800元应该算是很低了，其他生活开支以及手机费等600元，这就2000元了。如果住在市区中心的，成本更高。也就是说，一个投递员会算这笔账：每月的工资减去这个2000块我还剩下多少？如果工资只有3000元，就相当于在包吃住工厂里的1000多元月薪，何况一般的包吃住的工厂工资也不下2000元。所以作为在广州，如果一个投递员月平均工资没有3500元，是很难留住人的。

所以，从投递员的角度看，“工资不高，还让我做这做那，早上3点起床去发行站，11点才下班，下午还要回站，甚至还要我去收订。我才不干”。这应该是我们基层发行人员常常听到的话。我们无需评判说这句话的发行人员的心态，但这句话长期被许多基层员工去说的话，说明我们的发行网络危在旦夕了。

并不是说工资高，管理就好，但工资的确是个基础。当人的文化水平等基本素质普遍偏低的情况下，人的物质利益性就更为突出，薪资的高低往往成为管理难易的风向标。

第三节　自发与邮发的“恩怨”

随着邮政改革的深入，邮政市场化程度的提高，邮政系统的发行效率逐步得到改善，现在已有一些都市报逐步放弃自办发行，回归邮局。

自办发行的“出生”

我国的报纸发行是十分特殊的，相对于国外的报纸发行，我们有更大的成本压力、管理压力和市场竞争压力。自办发行模式在世界报业市场普遍存在，但类似中国这样低价格、高运营成本的发行模式却少之又少。究其因，是中国报业发展历程中特殊的宏观环境因素所致。

第一，我国报业，曾长期处于计划经济体制下发展，发行依靠于邮政系统，发行效率低下，读者对报纸的需求无法满足，要想改变窘状，只得另辟蹊径。发行界的“陈胜吴广”当属《洛阳日报》，长期忍受“邮老大”的压迫和剥削，终于在酝酿了大约一年时间后，于1985年元旦率先举起了中国自办发行的“义旗”，开创了中国自办发行的先河。

第二，20世纪90年代，我国经济处于大规模改革发展阶段，国有企业的减员增效，以及大量的农村剩余劳动力，为自办发行提供了廉价的劳动力，为自办发行的存在准备了一个重要条件。而自办发行作为劳动密集型的运作模式，人力成本开支是相当大的。彼时，大批的农村剩余劳动力南下广东，一时珠三角人流如织，吃苦耐劳的农村劳动力进城后，找到一个月薪500元的工作已算庆幸。作为一个报社，能在极短的时间内就组织一个“人强马壮”的发行队伍，稍加培训，便可上岗。

经济形势一片大好，工商业发展迅猛，也为报业的发展提供了利润空间。办报就有利润，于是一大批新兴报纸产生了，特别是都市报出现大发展，各家报纸广告收入可观，支撑高成本的发行无疑是小菜一碟。

第三，20世纪八九十年代，人们的服务意识逐渐增强，消费者对服务的要求也越来越高，作为报社，要与对手报纸竞争，就需要对自身服务进行提升，以优于对手。体现在发行上，需要提高发行服务质量，必须建立自己的发行网络，提升自己的服务竞争力。

自发与邮发的竞争

《洛阳日报》自1985年开始自办发行，成为全国报业中第一个吃螃蟹的。在之后的自办发行探索中，又涌现了许多有效途径。诸如《华西都市报》的所倡导的“敲门发行”，天津《今晚报》首创送报上楼，《广州日报》实行的“报纸销售连锁店”，《北京青年报》“小红帽”投送公司与银行合作征订报纸的做法，沈阳《辽沈晚报》与保险公司合作实施“捆绑式发行”。在这些自办发行的探索中，不仅大大地增加了报纸的发行量，而且也取得了较好的经济效益。

凡是实施自办发行的报社，都尝到了降低发行成本、增加发行数量、提高经营创收的甜头。但是从这20年发行市场愈演愈烈的激烈竞争形势看，自办发行面临越来越严峻的挑战。作为百年老店，国家专营的“邮老大”在不断探索分析改制的基础上创新管理，拓展服务功能。仅就配送这一项，人家一出手，就有全省的规模。零售规模可以达到一个区域，充分显示了大家气派的竞争实力。而报社的自办发行网络，仅仅局限于本地，围绕着自己报社这个小圈子各自为战，还有的由于受地域制约和经济条件的限制，在经营多年自办发行的基础上，把部分县的发行权力移交给了邮政局。这种所谓多渠道发行模式，虽然减轻了报社负担，但给自办发行网络打开了缺口，埋下了隐患，特别是很多地市的自办发行网络。

邮发服务的变化

1. 邮政体制改革取得突破

2005年7月20日，国务院常务会议讨论并原则通过《邮政体制改革方案》，启动了以政企分开为核心的邮政体制改革。重组后的国家邮政局按照《邮政法》和“三定”职责，强化规划、政策和标准制定，着力优化发展环境，认真履行监督管理职责，大力推动建立覆盖城乡的邮政普遍服务体系。新组建的中国邮政集团公司依法承担邮政普遍服务义务，并积极利用邮政网络优势服务“三农”。

2. 法规标准体系不断完善

2009年10月1日，修订后的《邮政法》颁布实施，明确了邮政普遍服务的法律地位，奠定了邮政普遍服务机制的法制基础。《邮政普遍服务监督管理办法》、《邮政企业设置和撤销邮政营业场所管理规定》和《邮政企业停止办理或者限制办理邮政普遍服务和特殊服务业务管理规定》等规章办法相继出台。邮政普遍服务相关标准体系不断完善，《邮政普遍服务》标准、《住宅信报箱》国家标准等颁布实施。各地也启动了邮政地方立法工作，制定了支持邮政企业提供普遍服务的具体办法。

3. 服务网络体系覆盖城乡

“十一五”期间，全国邮政基础网络基本保持稳定。截至2010年年底，全国邮政局所总数达4.8 万个，邮政局所乡镇设置率约75%。邮政信筒信箱达20.45 万个；全国邮路总长度463 万公里，其中农村邮路长度60 万公里；全国邮政妥投点达6198 万个，投递路线总长度515 万公里，其中农村投递路线长度369 万公里。

4. 政府保障力度逐步增强

《邮政法》明确提出，国家保障邮政普遍服务，国务院和地方各级政府及其有关部门应当采取措施，支持邮政企业提供邮政普遍服务。“十一五”期间，中央财政对邮政企业承担普遍服务及特殊服务的亏损给予补贴，并安排专项资金用于支持西部和农村地区邮政基础设施建设和更新改造，以及空白乡镇邮政局所补建工程。邮政企业提供普遍服务和特殊服务业务取得的收入享受免征营业税政策。有的地方政府在设施建设、财政补贴、费用减免、房屋用地、车辆通行等方面给予政策支持。

5. 监管体系建设初见成效

邮政普遍服务“政府监管、社会监督、企业自律”的监管体系逐步建立。邮政设施、邮政服务、邮件时限、邮政资费等方面的监督检查和用户满意度等专项调查为主要内容的监管工作机制不断完善，邮政普遍服务年度监管报告制度初步确立。社会监督逐步健全，截至2010 年年底，全国聘请的邮政社会监督员累计达2382 人，全国市（地）县总覆盖率为71.22%。企业自律不断加强，建立了集团公司、省、市、县四级通信服务质量监督保证体系，制定了视察检查工作制度和相关考核办法。

“十一五”期间，邮政普遍服务虽然取得一定发展，保障监督不断增强，但仍存在一些突出问题。主要表现为：邮政服务网络薄弱，尤其是农村邮政服务严重不足；邮政普遍服务水平总体不高，与经济社会发展需要和城乡居民用邮需求尚有较大差距；运行保障机制还有待健全，监管能力仍需提高；制约可持续发展的机制性障碍还有待突破，邮政体制改革仍需进一步深化。

“各怀心腹事”

作为报社，自办发行的甜头尝过了，也嚼过了，但甘蔗嚼到最后怎么办？甜头没有了，如果继续嚼，那是劳神费力没收效，如果吐掉，吐到哪里？得有个地方。自办发行走到今天，已经筋疲力尽。

南方城市一发行公司的中层干部说，所处的发行公司已经到了生存的极限，发行量在逐年下跌，管理成本在逐年增加，而管理难度也越来越大，自办发行危在旦夕！

每家纸媒的领导都不会不思考这个问题：自办发行越来越难怎么办？当并线、并站、节约开支等手段都已经用尽，当代投代递收效日渐低微时，他们首先忘不掉的是那位“亦敌亦友”的“邮老大”。

这时，报社会找到邮政发行局，说：我们报纸的郊区的发行交给你们，费率是40%，你们邮局一只羊是赶，一群羊也是赶，对你们有利而无害。做否？

邮局的第一反应是：好吃的自己吃，不好吃的给我吃。当年你们嫌我们的服务不好，你们把发行拿回，自己吃得白白胖胖，现在觉得自办发行不胜其力了，又要把边远地区的发行交给我们，你们够刁滑啊！但是回头一想，报社有一点说的是对的，一只羊是赶，一群羊也是赶，无害啊。不过既然现在是你们报社来求我了，我有一群羊，少你那只羊也不在乎，何不顺便宰一刀，以报当年自办发行"起义"之"仇"呢？

于是邮局给报社回复道：容我们考虑一下，不过，你们给的发行费率有点低了，你们自己也做发行的，知道人力成本是很高的。再提10个点，也许更恰当。再说吧。

报社当然知道邮局答复是什么意思。陷入两难境地，给邮局吧，费率不低，服务怎么样，还有待观察，而且也咽不下这口气，还有点舍不得。报社自己继续做吧，一年比一年难，亏不起啊。左右为难！

第四节　王者不归

在中国报业市场化的30年时间里，我们时不时会听到一些诸如“内容为王”、“渠道为王”、“终端为王”之类的看似挺时尚的新名词，在报业经营这个大系统内，其实什么为王都是极端错误的观念。为什么非得找个“王”出来？这个出发点本来就是经营中的封建思想、山大王思想、土鳖思想。在报业经营业务的三轮车上，你说哪个轮子是王？权且不说少了某个轮子不行，就是某个轮子大于另外两个轮子，都影响三轮车的运转。如果做惯了山贼，非得找个“王”出来，那就封“经营”为王好了。

“内容为王”说

“王”就是首领、核心、中心的意思，“内容为王”就是以内容为首，以内容为核心，或以内容为中心，内容决定发行。体现在一家报社的运营上，报社的领导层更注重采编，会将报社的资源向采编方向上倾斜，报社的“一把手”通常是由擅长采编的人担任。

“内容为王”思想本质是产品至上的思想，是计划经济时代的产物，是一种重内容轻经营的思想，持此思想的人认为，任何时候内容为第一要义，内容好了，广告就会好，发行就会好，一切都顺理成章，水到渠成。持此思想的领导十有八九是采编出身，缺乏经营大局意识和营销意识的人。计划经济时代的思想是以产定销，生产什么就销售什么，加之计划经济时代是商品匮乏年代，所有商品都是供不应求，就不会出现什么商品卖不掉的。连报社的报纸也不愁卖不掉，不怕没人订。经历过那年代的人都知道，每到年底报社订报季节，发行部的同志，只要搬张桌子到报社门口一摆，写着办理订报，后面都会排很长的队上来，还得有人维持秩序。

“内容为王”思想也最容易迷惑人，持此思想的人通常有庞大的拥趸。为什么？人们都有一种思维定式，因为对于消费者来说，购买任何商品，都会将质量放在非常重要的地位：买萝卜时也不买有空心的，大白菜不能挑烂的，牛肉不能注水的，牛奶挑没有三聚氰胺的……购买什么都会买质量好的。于是他们的逻辑就产生了：购买商品应该买质量最好的，那么，质量就应该是商品最重要的，所以商品生产商自然就最应该重视产品质量。社会上的人每个人都是消费者，都有购买过劣质商品的经历。受过次品的困扰，更容易刺激对次品的痛恨，更懂得“质量就是生命”这一道理。这一理论用在新闻产品上，就直接导致了“内容为王”的思想。

那么，我们身边的案例，市场上卖得最好的水是质量最好的吗？卖得最好的电饭煲是质量最好的吗？质量最好的空调是最好卖的吗？奔驰宝马是最好卖的汽车吗？并不如此，质量和销售量虽然联系紧密，但不能说质量就是决定因素。

在商品过剩的市场经济时代，“酒香不怕巷子深”的观点显然已经不再适用。事实上，“好酒”更需要做宣传，做营销。纵观国内做得比较好的市场化的报纸，哪家没在营销上下苦功？

美国有个《今日美国报》，其内容一直为美国新闻界所诟病，但这并不影响其过去很长一段时间成为美国发行量遥遥领先的第一大报。《今日美国报》所属的公司为甘乃特公司，1906年成立，那时的美国的报业发展已经很成熟，报业连锁都发展了近20年。既然其内容平平，创办时间也不是最早，为什么能成为全美发行量最大的第一大报？最主要还是甘乃特公司始终在经营上做足了工夫：首先，甘乃特公司在一百余年的历史中，历任总裁，特别是第二任总裁米勒和第三任总裁纽哈斯，在营销和扩张上为甘乃特公司成就霸主地位奠定了坚实基础。米勒的营销甚至做到了与时任总统尼克松成为球场拍档。纽哈斯更是让公司上市和开展兼并收购业务，使得公司的利润大幅增长。其次，甘乃特公司非常重视管理，利用规模优势，较早地在报团内部推行集中统一的管理模式，形成了很强的企业盈利能力，这也为报业的扩张提供了资金支持。而上述两点，都是经营的范畴。

反观我们国内的报社，有哪家的社长是由发行出身的担任的，有哪家社长是由做广告经营的升上去的？好像都是从记者或编辑出身一路升任的。并不是说记者和编辑出身的社长一定不行，而是当全部或绝大部分是这样，就形成了一种习惯或者是风气：如果由做发行或广告的人升任社长，立马会有一群人起来说话了，“那怎么能行呢？”

而西方媒体，特别是美国纸媒，一家报社的“一把手”都是由叫做“发行人”的担任，这个“发行人”对报社的一切负责，包括总编。甚至报社的总编都向“发行人”招募。当然“发行人”很多是从采编出身的，但作为报社“一把手”的“发行人”是主抓经营的，把采编全盘甩给“总编”，可以不问。

当然，也不是内容就不重要，你可以说内容是基础，或内容是前提，换在报纸“三轮说”上，你可以说内容是“前轮”、“左轮”或“右轮”，但不可以说它是“王轮”，“王”就是高人一等，高出其他轮的轮子，必定是悬空的。而凡轮者，都必须在地上运转。

可怕的是，中国报业发展到今天，这种思维占据了我国报业的绝对市场。你可以看看，除了社长由采编出身，在报社的部门划分上，采编部门总是位列其他部门之上，连采编部门的领导——总编，通常也是一人之下，万人之上的“宰相”，其他众臣，无人能出其右。

另外，“内容为王”和“报魂”是有区别的。虽然“内容为王”和“报魂”都同内容有关，但大凡说某某“为王”，都是从经营的角度来说的，而“报魂”是从纯内容角度来说的。“内容为王”强调内容强，报业就强，报社的效益就好。而报纸有“报魂”，报纸的内容就强，是就内容论内容的。

“渠道为王”说

传统的报纸在印刷厂被印刷出来后，再到达读者手中的过程，被称为发行的渠道。

自新中国成立以来，我国报纸的渠道发展经历过三个历史阶段：

第一阶段是从新中国成立初期到20世纪80年代中期，这一阶段的特征是邮政局垄断报纸发行渠道。

第二阶段是1985年《洛阳日报》率先自办发行起到20世纪90年代中，这一阶段的特点是，邮局、自办发行和民营渠道等几种渠道形式同时并存。

第三阶段是20世纪90年代中至今，报纸发行走向产业化，自办发行成为主流，发行随着都市报的繁荣而繁荣，又因报业发展的困难而出现艰难。

报纸发行的三个阶段跟我国经济的发展密切相关，报纸渠道发展的第一阶段大部分处于我国的计划经济时代，属于物质匮乏的年代，人们对新闻要求不高，服务的意识还不强，邮局的一家独大，基本能够完成报纸发行的任务，实现报纸从报社到读者的渠道作用。但是随着改革开放，经济的发展和人们服务意识的增强，对信息需求的提高，邮局的速度和服务逐渐不能满足新形势的需要，于是出现了脱离邮局自办发行的尝试，还有通过民营报商报贩代发的形式，这与我国初步建立社会主义市场经济体制的时间短基本吻合。随后，我国改革开放的进一步深入以及加入WTO，报业逐渐产业化，纷纷组建报业集团，发行也自然地走向了产业化运作。

发行的三个发展阶段恰恰体现了生产力与生产关系之间的辩证关系：首先，生产力的状况决定生产关系的性质。生产力是生产关系形成的前提和基础。生产关系是适应生产力发展的要求建立起来的，是生产力的发展形式，它的性质必须适应生产力的状况。有什么样的生产力，最终就会有什么样的生产关系。其次，生产力的发展决定生产关系的发展和变革。生产力是生产方式中最活跃、最革命的因素，经常处于变化和发展之中。

因此，随着报业的进一步发展，现有的生产关系即自办发行模式终将越来越不适应新形势的发展。报业的发展也必将通过自行改革或外力打破的方式实现发行方式的转变。

“渠道为王”观点认为，报纸的发行是靠渠道的建设来推动的，渠道决定了发行。“渠道为王”实则夸大了“渠道”在发行中的作用，也夸大了渠道在报业经营中的作用，认为报纸有了好的发行渠道，就有了报业的大发展。在现阶段，更认为自办发行是坚定不移的发展路线。诚然，报业的历次转型，都是发行先行，然后促进报业转型和发展。但自办发行是劳动密集型产业。随着报纸本身利润的下降和人力成本的增加，自办发行在其产业模式内必将延伸产业链，这似乎合情合理，比如为了弥补成本的增加而拓展DM投递、代理电子商务配送或直接发展电子商务，然而真正这样做的时候，却会发现自办发行早已违背了自己的初衷——将报纸投递的服务做得比邮局更好。而所谓的延伸产业链效果如何呢？也许有那么一点效果。但随着成本的进一步增加，终有某一个所谓的延伸的产业链条将压死自办发行。

更为重要的是，“渠道为王”解决了“内容为王”的旧观念——市场问题，但仍属于“以产定销”的推销观念。

报业的产品是新闻内容，新闻内容具有传统商品的属性，供给读者消费，只是个体读者的消费不会影响其他消费者消费。也就是说，新闻内容这种商品不会在消费过程中被损毁。但是新闻内容的生产过程，初始成本比较高。所以报社会通过扩大发行量来分摊个体读者的“售价”，并取得足够多的广告效果。但是随着互联网的发展，新兴媒体的发展，人们获取信息的途径越来越多，也越来越快，通过移动终端的快捷方式以及互动的方式，让新闻受体逐渐从传统报纸上转移到网络上。为什么会出现这种状况，原因有三：第一是报纸的新闻在时效性上不能跟互联网相比较；第二是报纸上的新闻，读者很难进行互动，而这一点，网络很容易就做到；第三是报纸上的新闻，很多还是起到一个简单的由上而下的单向传播功能，根本不知道读者需要看什么样的新闻。

所以“渠道为王”观念仍然是就产品卖产品，仍然是“以产定销”的思维，只是在销售办法上突破了计划经济时代的藩篱，但并不能从营销的角度去了解读者需要什么样的新闻产品。虽然报纸是要以坚持正确的舆论导向为己任，固然不能随波逐流，但这并不会影响报业关注百姓关注的热点问题，并由此生产出更好的新闻产品。

“终端为王”

“渠道”解决了产品的通路问题，产品有了通路，消费者是否认账是任何企业必须考虑的问题，于是，出现了“终端为王”这一说法。“终端为王”认为企业营销的核心在客户终端，打通了终端，垃圾产品都能卖出去。听上去说得不错，宣传推广都很好，产品的销售人员也不错，客户购买似乎理所当然的，但是否真的就是“终端为王”了呢？

1985年1月1日，《洛阳日报》率先突破中国报纸“邮局发行”体制，首创自办发行。图为洛阳日报社雄壮的发行队伍。（资料图片）

在1985年以前，报纸都交给邮局代发，邮局垄断了报纸发行。这段时间，作为报社来说是邮局任意宰割的对象，别无选择。邮局代理报纸发报晚，服务差不说，一般都要收35%以上的发行费率，报款还要按年收纳，按季度返还。当报社增加版面，还得跟邮局打好招呼，因为邮局要加收扩版费。结果是邮局赚了报社的钱，还会唠叨报社麻烦。这就是垄断的时代。很多报社越来越觉得这样很窝囊，于是纷纷“闹独立”，搞自办发行。《洛阳日报》经过几个月的准备后，1985年元旦正式从邮局手中收回发行权，报社自己在市区和所辖县城设立“发行所”，招募发行人员，发行工作居然搞得红红火火。后来发现读者都拍手叫好，发行量也猛增，而且最为关键的是，发行费用由给邮局的35%，降到了18%。服务好了，发行量增加了，还有钱节省。这种三得利的事当然很是振奋人心，一时间全国报社纷纷模仿，自办发行成了当时报社的突围之路。

有学习就有改进，一些报社纷纷“创新”自办发行，报纸越送越早，后来发展到送报上楼，订报发展到上门收订，再到打折送礼品征订。发行站也越来越多，投递线路越来越密集。读者的反映自然也越来越好了。

不幸，竞争后来发展成了“断杀”。“终端”的断杀，一向是最残酷的，可悲的是，这种断杀注定最终没有胜者。

2006年以前，昆明都市类报纸有4份：《春城晚报》（云南日报报业集团）、《都市时报》（昆明日报社）、《生活新报》（云南省残疾人联合会——实际已经被福建民营资本掌控）、《云南信息报》（云南省出版集团—云南省新闻出版局）。当时的江湖已经是1999年以来9份报纸几番起伏更迭之后的江湖，在这个常住人口不过300万人的狭小市场上，竞争之惨烈全国罕见。

首轮大战发轫于2000年，刚刚面世的《都市时报》将零售价压至2毛抢夺市场，当时昆明的报纸甚至比大白菜便宜，各报零售价为1元钱4份，傍晚甚至卖到5毛4份。经主管部门干预，价格最终统一在每份5毛，但游动小贩零售的1元3份一直持续到2005年年底。

2003年也引发过征订之战，大多局限于随报赠送、优惠等常见手法，2006年风云突变，《生活新报》4月再次抛出重磅炸弹——继续使用福建《东南快报》36元租报策略，即36元订阅全年报纸，报社保证旧报回收。

“这只是报业进入发行为王阶段的战术之一，只要回收得当，我们的报价仍在每份100元以上。”生活新报社长李烽说。

6月16日，《都市时报》出手了。“忍无可忍！不能总是守规矩的报社吃亏。”都市时报社总编辑赵健吾说。云南信息报社掌管发行的副社长程昕更是一脸愤懑，说：“早在2005年3月，新报就已经推出36元租报。我们默默忍受了大半年！”

这一年之中曾经由《都市时报》牵头，在省委宣传部、省新闻出版局主持下，四方签订了自律协议，其中最重要的一条就是全年征订价不低于120元，并率全国之先达成攻守同盟，各自拿出20万元诚信保证金交新闻出版局，约定一旦违规就严惩不贷。2005年9月1日，协议正式执行。

但据《生活新报》之外三家报纸的口径：树欲静而风不止，新报的“36元租报”在2006年4月“死灰复燃”。赵健吾承认，6月16日的率先跟进实在是被逼无奈，再听之任之就是坐以待毙。

6月18日，《春城晚报》迅速作出反应，压至25元。

6月19日，《都市时报》再度出手，压至20元。

6月22日，《云南信息报》跟进，每份20元。据说还有几天跌至闻所未闻的6元。

市民们目瞪口呆，似乎那些活跃在小区门口的订报宣传员上演的真实一幕只是一个难以置信的幻觉。“这还是报纸吗？”

终端毕竟还是渠道的一部分，渠道建设的成本最主要还是在终端建设的成本上。无论是推广、宣传还是促销，以至于投递线路的增加的成本，都是要从一元甚至几毛钱一份的报纸中扣除。而包括人力成本、房租成本、运输成本等所有的成本只会增加不会减少。随之而来的是工资不高导致的发行人员积极性不高，服务质量的下降；各种成本的增加让独立核算的发行公司入不敷出，不得不另辟蹊径，来弥补亏损部分，进而导致报纸发行公司“不务正业”，发行没做好，其他也必定做不好。

终端顾客是渠道的“最后一公里”，占领终端的企业具有很多优势，最主要的是渠道优势，有了渠道就有了占据市场的能力，渠道的宽度和深度，决定着占据市场能力的大小。这些道理都没有错，但对于报纸这种特殊商品，报社若不从报业经营的高度审视和转型，报纸的发行也许会累死在渠道的“最后一公里”上。

第二篇 网

天不老，情难绝。心似双丝网，中有千千结。

——（宋）张先《千秋岁·数声鶗鴂》

第一章　神一样的互联网

当前最热门行业是“云物移大智”：云计算、物联网、移动互联网、大数据和智慧城市。未来社会的方方面面也将受到这些行业的影响，事实上，我们的生活，已经自觉或不自觉地进入了互联网的世界。中国报业的发展，在这种大趋势下，走还是不走，变还是不变，已经由不得去选择。转型是痛苦的，涅槃更是要经过烈火的考验，但既然选择了报业这条道，就只有勇往直前，更要直视互联网的存在。

互联网已经不只是技术，更是一种生活方式。现代人的生活已被分成两大部分：现实生活和互联网生活，不知道互联网，也就是你丢掉了生活的一半。小米科技CEO雷军说，互联网不是技术而是一种观念和方法论。所以我们的报业同仁如果还不用互联网的观念和方法论去思考和指导报业的发展，就会被互联网所淹没。

本章重点讲述与互联网联系密切、对报业发展影响较大的几个方面：移动互联网、云计算、三网融合等。

第一节　互联网发展现状

关于我国互联网的发展情况，我们参照了中国互联网络信息中心（CNNIC）2013年7月最新发布的报告，可以发现我国当前的互联网发展迅猛。

网民规模与结构特征

一、网民规模

截至2013年6月底，我国网民规模达5.91亿，半年共计新增网民2656万人。互联网普及率为44.1%，较2012年底提升了2.0个百分点。

基础网络设施建设，3G、移动设备的快速普及，无线应用的多样化以及手机上网的独特应用等，极大地推动了手机网民的增加，促进了中国互联网的快速发展。截至2013年6月底，中国新增网民中使用手机上网的比例高达70%，高于其他设备上网的网民比例，说明手机对互联网普及的促进作用重大，是目前互联网增长的主要来源。

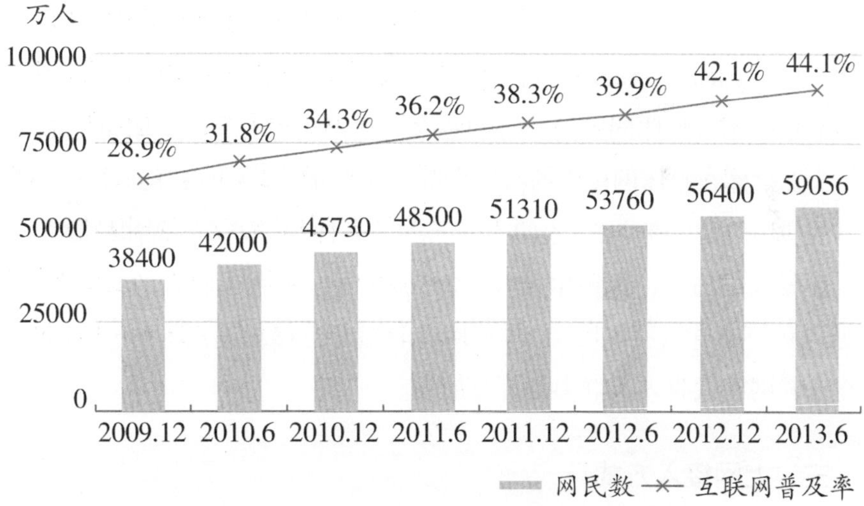

中国网民规模与互联网普及率

截至2013年6月底，我国手机网民规模达4.64亿，较2012年底增加约4379万人，网民中使用手机上网人群占比由74.5%提升至78.5%，较2012年下半年增速有所提升。根据工信部发布的数据，截至5月，我国手机上网用户数达到7.83亿户。虽然两者数据有差异，但都共同表明一点：中国手机网民已经形成庞大规模并保持快速发展的态势。

二、网民结构

截至2013年6月底，中国网民的性别比例为55.6：44.4。网民中30岁以上各年龄段人群总占比为46.0%，相比2012年年底提升了2.1个百分点，说明我国互联网的普及逐渐从青年向中老年扩散，中老年群体是中国网民增长的主要来源。

在学历结构上，中国网民中小学及以下、初中学历人群的占比分别为11.2%和36.3%，相比2012 年年底均有所上升，尤其在初中群体中的升幅较为明显，说明中国网民向低学历人群扩散的趋势继续发展，初中及以下学历人群是中国网民的主要增长点。高中和大学及以上学历人群中互联网普及率已达到较高水平，未来增长空间有限。

在职业结构上，学生群体是网民中规模最大的职业群体，占比为26.8%。其次为个体户/自由职业者，占比为17.8%。企业公司中管理人员占整体网民的2.8%，一般职员占10.6%。党政机关事业单位中，领导干部和一般职员分别占整体网民的0.5%和3.9%。值得注意的是，退休和无业、下岗、失业群体在整体网民中的占比有所上升，分别为3.3%和11.2%，说明互联网的使用门槛逐渐降低，向年龄大或经济条件相对较差的群体扩散。

在收入结构上，网民中月收入在500元及以下和无收入的人群占比分别为14.9%和8.9%，相比2012年年底有所提升。移动设备价格的不断走低使得互联网在低收入人群中的普及加快。

三、上网接入方式

2013年6月，我国台式电脑上网网民比例继续下降，手机上网网民比例保持快速增长。69.5%的网民通过台式电脑上网，相比2012年年底下降了1.1个百分点；通过手机上网的网民比例为78.5%，相比2012年年底上升了4.0个百分点。

智能手机价格的不断降低和3G 网络的快速普及使互联网的接入门槛逐渐降低，为网络接入、终端获取受限制的人群和地区，尤其是偏远农村地区居民，提供了使用互联网的可能。手机成为农村网民的主流上网设备，使用率高达78.9%，远高于对台式电脑和笔记本电脑的使用率，说明手机在满足这些人员基本上网需求的同时，推动了中国互联网的进一步普及。

四、上网时长

2013 年上半年，中国网民人均每周上网时长达到21.7 个小时，相比2012 年下半年增加了1.2 个小时。一方面，WiFi 和3G 等网络的发展使得网民能够更好利用碎片化时间，可用的上网场所和上网频率均有所增加。根据CNNIC调查，使用WiFi网络的移动用户，在各类应用的使用率上均高于非WiFi移动用户，这一特点在对数据流量需求较大的应用使用上表现尤其突出。另一方面，网民对互联网应用广度和深度的不断提升，明显增加了网民对互联网的使用黏性和使用时长，比如手机网民逐渐从碎片化的阅读、新闻等相对简单的应用向时长较长、黏性较大的社交、生活服务类应用发展，提升了对互联网的整体使用时长。

2013年上半年，网民人均每周手机上网时长达11.8小时，手机网民对上网依赖性较强。根据CNNIC调查，79.9%的手机网民每天至少使用手机上网一次，其中，近六成手机网民每天使用手机上网多次。主要原因有两方面：一方面，手机的便捷性使用户可以在碎片化时间随时随地上网，增加了手机的使用频率；另一方面，手机应用软件的丰富性，几乎覆盖了生活的各个方面，便利了手机网民的工作和生活，增加了手机的使用黏度。

互联网应用状况

一、整体互联网应用状况

2013年上半年，我国网民互联网应用状况基本保持2012年的发展趋势，发展较为平稳。即时通信作为第一大上网应用，网民规模继续上升；电子商务类应用继续保持快速发展；电子邮件、论坛或BBS等传统互联网应用的使用率继续走低。

网络即时通信网民规模增长最多，手机端发展超整体水平。截至2013年6月底，我国即时通信网民规模达4.97亿，比2012年年底增长了2931万，在各应用中增长规模第一；使用率为84.2%，较2012年年底增加了1.3个百分点，使用率保持第一且持续攀升，尤其以手机端的发展更为迅速。手机即时通信网民规模为3.97亿，较2012年年底增长了4520万，使用率为85.7%，网民规模增长率和使用率均超过即时通信整体水平。

PC端娱乐类应用增长乏力，手机端成重要突破点。相比2012年，各网络娱乐类应用的网民规模并没有显著增长，使用率变化不大，网络游戏的使用率甚至略微下降，整体行业发展放缓，手机成为重要突破点。手机网络音乐、手机网络视频、手机网络游戏和手机网络文学的用户规模相比2012年年底分别增长了14%、18.9%、15.7%和12%，保持了相对较好的增长率。

手机端电子商务类应用使用率整体上升，手机支付涨幅最大。电子商务类应用在手机端应用发展迅速，领域内各应用的使用率相较其他类应用涨幅更大，其中手机在线支付使用率的涨幅最大，相比2012年年底增长了3.9个百分点，网民规模增长了43.0个百分点。此外，手机购物、手机网上银行、手机团购的使用率相比2012年底分别增长了3.3%、2.7%和2.1%。

2012年12月和2012年6月中国网民对各类网络应用的使用率

	2013年6月		2012年12月		
应用	网民规模（万）	使用率	网民规模（万）	使用率	半年增长率
即时通信	49706	84.2%	46775	82.9%	6.3%
搜索引擎	47038	79.6%	45110	80.0%	4.3%
网络新闻	46092	78.0%	39232	73.0%	17.5%

二、网络新闻获取

截至2013年6月底，网络新闻的网民规模达到4.61亿，较2012年6月增长了6860万人，年增长率为17.5%；网民对网络新闻的使用率为78.0%。

网络新闻作为网民的基础应用，已成为网民获取新闻的主要渠道之一，使用率一直保持在较高水平，其使用率增长主要得益于以下几个因素：首先，在移动互联网时代，碎片化时间阅读新闻成为网民的主要活动之一；其次，随着微博、微信等应用的兴起，网民接触新闻的渠道增多，例如，微博对主要新闻事件的快速传播，形成热点话题，并联动主流新闻媒体进行传播，极大促进网民对网络新闻的接触度；再次，各类新闻媒体纷纷发力移动互联网，制作了大量用户体验较好的新闻App，极大提高了手机网民对网络新闻的阅读频率；最后，新闻类手机客户端的推送效果远高于传统PC客户端，使更多的手机网民被动阅读了大量新闻。

三、信息交流与传播平台

即时通信。截至2013年6月底，我国即时通信网民规模达4.97亿，比2012年底增长了2931万，半年增长率为6.3%。即时通信使用率为84.2%，较2012年底增长了1.3个百分点。

博客或个人空间。截至2013年6月底，我国博客和个人空间网民数量为4.01亿，较上年底增长2839万。网民中博客和个人空间的使用率为68.0%，较2012年底上升了1.9个百分点。

微博。截至2013年6月底，我国微博网民规模为3.31亿，较2012年年底增长了2216万，增长7.2%。网民中微博使用率达到了56.0%，较2012年年底增加了1.3个百分点。

中国微博活跃用户数经历了2010年至2011年爆发式增长后，从2012年开始进入了一个相对平稳的增长期。目前微博已经成为网民获取信息的重要途径之一，微博从满足人们弱关系的社交需求上逐渐演变成为大众化的舆论平台，越来越多机构及公众人物都通过微博来发布或传播信息。微博集娱乐、休闲、社交、营销于一身，满足了人们在碎片化时间里弱关系低强度的上网沟通需求，吸引了大批用户。但目前各种网络应用如雨后春笋般兴起，分流了部分微博流量。

2013年以来，微博平台与一些互联网资源和平台联通，微博扮演的角色将会扩展。微博作为一个重要的移动应用入口，与其他行业合作互通，是微博扩大影响和实现盈利的重要方式之一。

手机网络应用状况

2013年上半年，我国移动互联网发展态势良好，各应用领域网民规模均保持一定增长。交流沟通类应用和信息获取类应用依然是手机端的主流应用，发展领先，尤其手机搜索和手机聊天工具网民规模增长最多。网络娱乐类应用和电子商务类应用渗透率相对较低，但领域内各应用的使用率整体看涨，尤其手机网络视频和手机网络支付使用率涨幅较大，成为亮点。

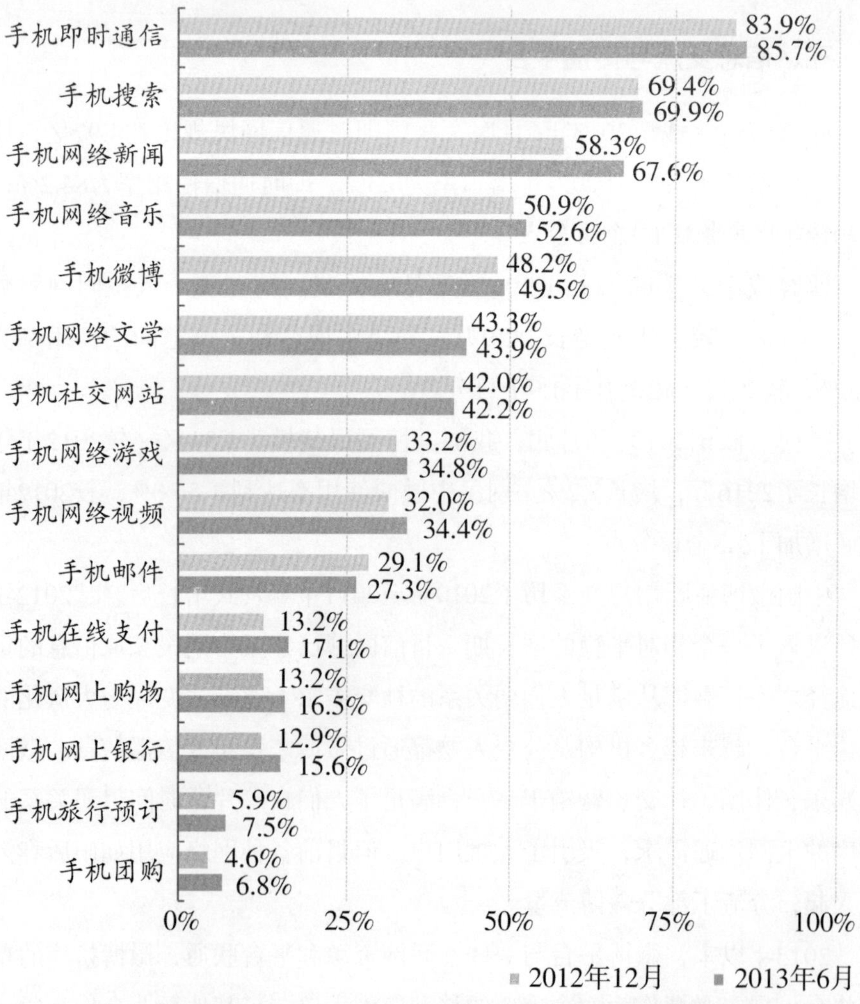

2012年12月和2013年6月手机网民各类手机应用使用率

一、手机即时通信成为综合平台，带来巨大商业价值

截至2013年6月底，我国手机即时通信网民数为3.97亿，较2012年底增长了4520万，半年增长率高达12.8%。手机即时通信使用率为85.7%，较2012年底提升了1.8个百分点。手机即时通信网民规模增长率和手机即时通信使用率均超过即时通信整体水平。

手机即时通信产品已不只是单纯的聊天工具，而且发展成为手机综合平台，融入了交流沟通、信息获取、商务交易、网络娱乐等各类互联网服务。对于企业来说，在这个平台上，利用社交元素，企业产品可以得到快速、广泛传播，营销作用巨大。对于手机即时通信产品来说，产品集交流沟通、信息获取、社交、游戏、电子商务、支付于一身，更是在手机即时通信产品中形成一个闭环生态，一切服务都可在其中完成，使其具有巨大的潜在商业价值。

二、手机搜索发展迅速，入口重要性提升

截至2013年6月底，我国用手机搜索功能的网民数达3.24亿人，较2012年底增长了11.3%；使用率为69.9%，与2012年底相比提升了0.5个百分点。

当前随着智能手机性能不断提升、价格进一步降低，加上移动流量资费的下调，网民用手机上网的比例逐渐提升，手机搜索是仅次于即时通信的第二大手机应用，在网民日常生活中占据着重要地位。手机搜索一方面来自于电脑搜索需求的延伸，另一方面来自于人们碎片化时间里在各种场景的信息搜寻需求。由于移动性能特点，手机搜索形式更加多元化，不仅有传统的综合搜索和垂直搜索，还有各种应用的搜索功能。同时手机搜索输入也变得多元化，不仅有文字图片输入，还有语音、拍照、扫描等输入方式。

在手机上，网民不仅通过浏览器输入网址进行搜索，还通过搜索App、浏览器默认搜索引擎、浏览器首页推荐搜索引擎、手机内置搜索引擎以及输入法和即时通信等工具导流进入搜索引擎进行搜索活动。正因为

手机搜索的迅速发展，各搜索企业更加重视移动搜索技术的研发和推广，同时重视各种手机搜索入口，力求在手机搜索领域占据一席之地。

三、手机网络新闻增长强劲

截至2013年6月底，我国手机网络新闻用户达到3.14亿人，较2012年12月底增长4321万，增长13.75%，增幅位居所有手机应用之首。同互联网用户对网络新闻的应用一样，处于第三位，增长强劲。手机应用使用率由2012年12月底的58.3%增长到2013年6月底的67.6%，提升了9.3个百分点。说明无论是用台式电脑或手机终端，网民对新闻的需求都是一样强烈。

四、手机微博增长较快，成为主流应用

截至2013 年6 月底，我国用手机上微博的网民数为2.30 亿，与2012 年年底相比增加了2710 万，增长13.4%。手机微博在手机网民中的使用率为49.5%，相比2012 年年底提升了1.3 个百分点。

五、手机网络文学使用率上涨，满足碎片化阅读需求

截至2013年6月底，我国手机网络文学网民数为2.04亿，较2012年年底增长了2185万，半年增长率为12.0%。手机网络文学使用率为43.9%，较2012年年底增长了0.6个百分点。

手机设备更具便携性，网络文学用户可以利用手机设备随时随地进行文学阅读，更能满足用户碎片化阅读的需求，同时也大大加快了网络文学的传播速度。手机阅读客户端的推出使用户阅读方式更为多样化。手机网络文学市场的发展前景被看好，互联网知名企业、创业者纷纷布局手机端网络文学。

第二节 大数据

2012年初，一个男人冲进超市兴师问罪：为什么超市不停地向他的还是高中生的女儿邮寄婴儿尿布样品和配方奶粉的折扣券？“你们是在鼓励她怀孕吗？”愤怒的父亲质问超市经理。几天过后，超市经理打电话向这位父亲致歉，这位父亲的语气变得平和起来，他反过来道歉说，他的女儿确实怀孕了，预产期在8月份。

超市利用大数据进行相关性分析，已经为时多年。他们可以在不与准妈妈们对话的前提下，预测一位女性的“怀孕进行时”。塔吉特的数据分析团队，在查看准妈妈们的消费记录之后，找出了20多种关联物，通过这些关联物对顾客进行“怀孕趋势”预测，并寄送相应的优惠券，为消费推波助澜。这是大数据在商业上的有效运用之一。

大数据的价值

谷歌搜索、Facebook的帖子和微博消息使得人们的行为和情绪的细节化测量成为可能。挖掘用户的行为习惯和喜好，凌乱纷繁的数据背后找到更符合用户兴趣和习惯的产品和服务，并对产品和服务进行针对性地调整和优化，这就是大数据的价值。大数据也日益显现出对各个行业的推进力。

大数据时代来临首先是由数据丰富度决定的。社交网络兴起，大量的UGC（互联网术语，全称为User Generated Content，即用户生成内容的意思）内容、音频、文本信息、视频、图片等非结构化数据出现了。另外，物联网的数据量更大，加上移动互联网能更准确、更快捷地收集用户信息，比如位置、生活信息等数据。从数据量来说，已进入大数据时代。

虽然大数据在国内还处于初级阶段，但是商业价值已经显现出来。首先，手中握有数据的公司站在金矿上，基于数据交易即可产生很好的效益；其次，基于数据挖掘会有很多商业模式诞生，定位角度不同，或侧重数据分析。比如帮企业做内部数据挖掘，或侧重优化，帮企业更精准找到用户，降低营销成本，提高企业销售率，增加利润。

未来，数据可能成为最大的交易商品。但数据量大并不能算是大数据，大数据的特征是数据量大、数据种类多、非标准化数据的价值最大化。因此，大数据的价值是通过数据共享、交叉复用后获取最大的数据价值。未来大数据将会如基础设施一样，有数据提供方、管理者、监管者，数据的交叉复用将大数据变成一大产业。

商业模式

国内网络广告投放正从传统的面向群体的营销转向个性化营销，从流量购买转向人群购买。虽然市场大环境不好，但是具备数据挖掘能力的公司却备受资本青睐。大数据是一个很好的视角和工具。从资本角度来看，什么样的公司有价值，什么样的公司没有价值，从其拥有的数据规模、数据的活性和这家公司能运用、解释数据的能力，就可以看出这家公司的核心竞争力，而这几个能力正是资本关注的重点。

移动互联网与社交网络兴起将大数据带入新的征程。互联网营销将在行为分析的基础上向个性化时代过渡。创业公司应用“大数据”告诉广告商什么是正确的时间，谁是正确的用户，什么是应该发表的正确内容等，这正好切中了广告商的需求。

社交网络产生了海量用户以及实时、完整的数据，同时社交网络也记录了用户群体的情绪，通过深入挖掘这些数据来了解用户，然后将这些分析后的数据信息推给需要的品牌商家或是微博营销公司。

在移动互联网领域，公司从开发者角度找到数据挖掘的方向，通过提供免费的技术服务，帮助开发者了解应用状况。

根据所提供价值的不同来源，会出现三种大数据公司。这三种来源是指：数据本身、技能与思维。

第一种是基于数据本身的公司。这种公司拥有大量的数据或者至少可以收集到大量的数据，却不一定有从数据中提取价值或者用数据催生创新思想的技能。最好的例子就是Twitter，它拥有海量数据这一点毫无疑问，但是它的数据都通过两个独立的公司授权给别人使用。

第二种是基于技能的公司。它们通常是咨询公司、技术供应商或者分析公司。它们掌握了专业技能，但不一定拥有数据或者提出数据创新性用途的才能。比方说，沃尔玛和Pop-Tarts这两个零售商就是借助天睿（Teradata）的分析来获得营销点子，天睿就是一家大数据分析公司。

第三种是基于思维的公司。皮特华登（Pete Warden），Jetpac的创始人，就是通过想法获得价值的一个例子。Jetpac通过用户分享到网上的旅行照片来为人们推荐下次旅行的目的地。对于某些公司来说，数据和技能并不是成功的关键。让这些公司脱颖而出的是其创始人和员工的创新思维，他们有怎样挖掘数据的新价值的独特想法。

大数据给报业的启示

报业的转型，必须由为读者和广告客户提供服务向为用户提供服务的观念上转变。报社在通过新的技术手段和载体给读者提供新闻资讯的过程中，可以获取大量数据资源。

报社对于获取的数据资源该如何处理有三个途径：一是提供给其他公司来获取利润；二是让有分析大数据能力的公司对数据分析，以获得营销电子；三是报社自己挖掘数据资源并创造新的价值。

第三节　云计算

“大数据的真实价值就像漂浮在海洋中的冰山，第一眼只能看到冰山的一角，绝大部分都隐藏在表面之下。而发掘数据价值、征服数据海洋的‘动力’就是云计算。互联网时代，尤其是社交网络、电子商务与移动通信把人类社会带入了一个以‘PB’(1024TB)为单位的结构与非结构数据信息的新时代。在云计算出现之前，传统的计算机是无法处理如此量大并且不规则的‘非结构数据’的。以云计算为基础的信息存储、分享和挖掘手段，可以便宜、有效地将这些大量、高速、多变化的终端数据储存下来，并随时进行分析与计算。大数据与云计算是一个问题的两面：一个是问题，一个是解决问题的方法。通过云计算对大数据进行分析、预测，会使得决策更为精准，释放出更多数据的隐藏价值。” 中国宽带资本基金董事长田溯宁在维克托·迈尔-舍恩伯格的《大数据时代》的推荐序中如是说。

田溯宁认为云计算是媒体、通讯、IT、互联网四个行业的融合而产生的一种革命，这种革命会改变未来。田说，古登堡（活字印刷术）之后，媒体行业500年没发生革命，通讯行业自贝尔电话之后100年没发生变化，IT（包括计算与存储行业30年没发生变化了），互联网本质是通讯，也已经经历20余年的发展。四个行业的融合，千载难逢。计算机的革命始于主机，终于云计算。云计算时代，每个人都是数据人，因为海量而便宜的存储能力，一个人一辈子喜欢的电影、拍过的照片、写过的日志，都可以有存储；因为海量而便宜的计算能力，都可以分析、管理。让信息真正可管理，随时可获得、可使用，是信息社会向知识社会过渡的必然，而前提就是整个计算更加便宜。

云的时代就像印刷术的发明，核心是使整个计算环境和知识获得更加便宜，知识能够被集中分析处理，并且在集中处理的情况下，把所谓的数据变成信息，将信息变成智慧，这样的过程使整个知识普及和生产效率获得极大的提高。这场技术创新也将给正在进行经济结构调整、结构战略性新兴产业的中国带来前所未有的机会与挑战。

云计算作为一种新兴的商业计算模型，将带来工作模式、行为模式、商业模式的根本性改变和更多力量。几乎所有的决策者都是从商业模式这个角度去思考这个技术与应用的发展给企业带来的机遇，而在以前，谈论更多的是IT巨头的决战之地，也是各国政府的战略高地。云计算被写入电子商务发展专项规划和各地“十二五”规划，与云计算密切相关的物联网作为重点发展的新兴产业被写进了我国“十二五”规划，云计算的战略意义已被社会广泛认同。

云计算的含义

按照美国国家标准与技术研究院（NIST）的定义，云计算即能够通过网络以便利的、按需付费的方式获取计算资源（包括网络、服务器、存储、应用和服务等），这些资源来自一个共享的、可支配的资源池，并能够以最省力和无人干预的方式获取和释放。这些IT资源服务又是随时获取、按需使用、动态扩展、按使用付费的，云计算的这种模式极大地提高了资源的可用性和高效性。简单地说，就是可以通过互联网，像水电煤气一样以按需付费的方式使用网络服务。这些服务可以是服务器CPU计算能力（如亚马逊弹性云计算Amazon EC2）、存储资源（如Amazon S3）或网络宽带，也可以是某种软件服务（如Slesforce在线客户关系管理软件CRM）。

NIST进一步解释了云计算的定义，指出云计算具有5个基本特征、4种部署模型和3种服务模式。为了方便理解和记忆，将其简称为“543云框架”。如下图所示：

1. 5个基本特征：按需的自助服务、共享的资源池、可度量的服务、快速的伸缩性和泛在的网络访问

为了加深读者的理解，我们拿云计算服务和租车服务进行类比：

云计算服务	租车服务
按需的自助服务	打电话或者网络下单就可以方便地租到车
共享的资源池	租车公司在其业务范围内的任何一城市都拥有大量汽车以满足租赁需求。如果附近的租车点没有客户要求的车，他们往往会查询周边其他租车点，更大范围地帮助客户租到汽车
可度量的服务	租车客户只需要支付汽车租赁期间的使用费用。汽车归还后，双方的租赁合同就结束了，租车客户不再需要支付汽车保养、保险、燃油和轮胎等费用
快速的伸缩性	当租车公司知道某处有一个大型活动，租车需求会很大时，他们就会自动调整规模以适应需求变化，在需求量大的地方投放更多的车
泛在的网络访问	租车公司的服务门店遍布全国乃至全世界各地，客户可以随处获得租车服务

2. 4种部署模型：私有云、公有云、社区云、混合云

针对云基础设施拥有者、用户对象和管理对象三方面，下表描述了4种部署模型的比较。

部署模型	云基础设施拥有者	用户对象	管理对象
私有云	单个机构拥有	拥有的机构	由机构本身或第三方机构管理
公有云	一个机构拥有	普通大众和任何机构	由机构本身或第三方机构管理
社区云	几个机构共享	共建的机构	由机构本身或第三方机构管理
混合云	上述两种或两种以上云计算模型的组合	普通大众或某些机构	由机构本身或第三方机构管理

3. 3种服务模式：基础设施即服务、平台即服务、软件即服务

基础设施即服务。IaaS（Infrstructure as a Service，基础设施即服务），向用户提供计算、存储、网络和其他基础计算资源服务，让用户可以在这些基础设施上面部署和运行包括操作系统和应用程序在内的任何软件。在IaaS服务模型里，客户不需要管理和维护底层基础设施，但能管理和维护基础设施之上的操作系统、部署的应用程序以及一些网络组件（如防火墙、负载均衡器等）。

IaaS的典型代表就是亚马逊公司率先推出的两个IaaS：Amazon Elastic Compute Cloud（EC2）提供的计算服务，Amazon Simple Storage Service（S3）提供的存储服务。Amazon EC2提供的“虚拟机”服务。从用户的角度来看，使用一个“虚拟机”就像通过互联网远程使用一个独立的物理机一样，而且用户是根据使用情况支付费用。因此，用户能够租用IaaS服务商提供的最基础的、底层的基础设施服务，只需要为租赁期间所使用的IT资源支付费用。

很多应用场景使用这种IaaS是相当合适的。例如，每十年一次的人口普查活动，人口普查部门没必要为这十年一次的、数据处理量相当大的临时性应用，去购买一大批处理能超强的服务器和需要储存大量数据的存储设备，如果使用这种按需付费的基础设施服务，仅需要为他们在这一个普查过程中所消费的计算资费付费即可。对每十年一次的人口普查活动来说，IT支出成本会大大降低，也是最经济、最实用的IT解决方案了。

平台即服务。PaaS（Platform as a Service，平台即服务）向用户提供创建、测试、部署各种应用平台。一般来说，这个平台由服务提供商在云基础设施IaaS上搭建，提供用户使用平台支持的编程语言和工具来创建自己的应用。

百度阅读开放平台就是平台即服务的例证，它是专为版权方打造的资源发布平台。您只需在百度阅读平台上提交您的作品，就可以实现作品在百度众多优秀终端的展示。帮助您获得最佳的推广效果和最大的收益。

淘宝后台服务商在淘宝开放平台的支撑下，可以了解后台的核心业务流程，并获得丰富的业务API，并基于这些内容为卖家提供电子商务后台系

统，提供解决方案。淘宝后台服务商为商家提供包括但不限于批量工具、进销存、ERP、CRM、绩效考核等。淘宝后台服务商就是PaaS的例证。

软件即服务。SaaS（Software as a Service，软件即服务）提供给客户的服务是运行在云平台上的完整的应用软件，客户通过各种简单客户界面（主要是网页浏览器）来获得该软件服务（如基于Web的电子邮件系统等）。除了一些特定的应用程序可能需要做些简单配置之外，用户不再需要管理维护底层的云基础设施和执行在基础设施之上的整个软件应用。SaaS最著名的服务就是SalesForce的在线客户关系管理软件CRM。当前，全球有29800多家公司和646000多名注册用户正使用SalesForce的强大功能分享客户信息，以及开发具有增值服务的客户关系。

一般来说，SaaS是基于PaaS或IaaS来构建的，利用这两种底层服务来提供基于互联网的完整的应用软件服务。实际上，PaaS是将软件研发的平台以SaaS模式提交给用户的一种服务。因此，PaaS也是SaaS模式的一种应用。但是IaaS和PaaS的出现可以加快SaaS的发展，尤其是加快SaaS应用的开发部署速度。对普通用户来说，这种软件服务模式是最便捷、最友好的。通过IE等网页浏览器，用户就能使用原本要在个人电脑上安装才能使用的软件，并且软件功能是和以前完全一样的。这样一来，就避免了以往一直困扰用户的软件故障或者版本升级的系统维护问题。

云计算通常具有以下四大优势：

成本优势。资源利用率提高和规模效应导致总拥有成本减少；加大变动成本，减少固定成本，促进企业轻资产结构模式；会计上运营成本OPEX（OperatingExpense，指的是企业的管理支出、办公室支出、员工工资支出和广告支出等日常开支。在电信运营商领域，被称为运营成本）加大，资本支出CAPEX（Capital Expenditure，一般是指资金、固定资产的投入。对电信运营商来说，有关的网络设备、计算机、仪器等一次性支出的项目都属于CAPEX，其中网络设备占最大的部分。OPEX指的是企业的管理支出）减少。

性能优势。资源的动态扩展和快速可得到性提高了业务性能。

商业敏捷性。新业务能够快速进入市场，满足商业环境的不断变化。

商业创新性。云计算创造更多增值服务和新的商业机会。

云计算的商业模式

云计算的实质，从技术角度说，就是整合和共享；从管理的角度来说，是管理创新和服务创新；从经济的角度来说，是规模效应和范围效应。

商业模式，是近年企业经营者和投资者挂在嘴边的词语。商业模式其实就是赚钱的模式，就是老百姓口中常说的“生意经”。长期从事商业模式研究和全球领先的管理咨询、信息技术及外包服务机构的Accenture公司认为，成功的商业模式具有以下三个特征：提供独特价值的、难以模仿的和务实的。如下图：

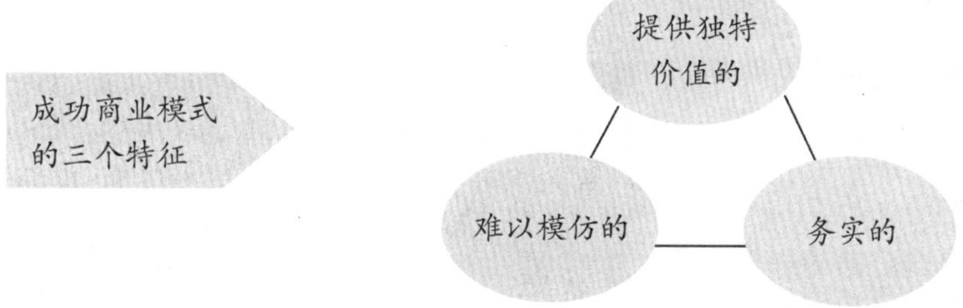

商业模式里包含两个部分：一是组成要素；二是组成要素的连接形式。组成要素包括：产品、服务等可以进行交易的商品、商品的提供者、商品的消费者、商品的中介连接者。商业模式的多样性是由组织形式的多样性决定的。

从目前的商业市场来看，企业生产的产品同质化日趋严重，也就是产品的基本功能相差不大，企业的差距主要在于组织这些基本功能的能力。对于一个成功的IT巨头来说，并不是它拥有某些革命性的基本功能产品，而是它把大量的普通功能组织起来形成一个新的产品，它的成功关键在于组织形式的创新。这种创新将导致商业模式的创新，比如组织者不再需要自己开发基本功能产品，只需要提供连接基本功能产品的平台，当大量的开发者参与到这个平台的时候，组织者可以采用自然的优选法则来获得最优化（并非指单项功能最好，而是指其功能可以使整体获得最优效果）的产品。

事实上，这种组织形式的方法就是云计算的核心思想，即云计算的核心竞争力——如何发挥组织的力量，而不是组成成员的个体力量。苹果公司iCloud的成功也是来源于这种思想。

云计算商业模式对报业模式的启示

尽管在云计算时代，云计算产品将导致“按需分配”成为现实，但是云计算并不能改变物理世界的自然规律，人们依然需要从外界获得维持身体存在所需要的物质和能量，仍然需要设计赚钱的策略，以便获得更多的财富。

我们上面已经说了，商业模式包含组成要素和要素的组织连接形式两部分。我们报社在传统模式中，包括哪些要素呢？

第一，商品提供者：报社。

第二，商品消费者：读者、广告商。

第三，商品中介连接者：发行人。

第四，商品提供者提供的产品、服务：新闻资讯、报纸、版面、发行服务。

传统报业的盈利模式是怎样将这些要素组织起来的呢？就是报社将采写的新闻资讯印刷到报纸上，通过发行服务，送到读者手上，然后，出售报纸的版面给广告商，以达到向读者传播广告最终获利的目的。

跳开这种模式的思维限制，我们再看看这些要素中，哪些是可变要素，哪些是不可变要素，然后再重新组织要素，能不能组合出新的商业模式，这是很重要的。其实，组织形式的方法，就是云计算的核心思想，即云计算的核心竞争力——如何发挥组织的力量，而不是组成要素的个体力量。

显然，前三个要素是不可以变的。可变要素一定是在报社提供的产品和服务中，即新闻资讯、报纸、版面、发行服务。新闻资讯是报业的核心，核心变了，报业的性质也就变了。那么，可变要素最终只能在报纸、版面、发行服务上。

所以，云计算的商业模式给我们报业的启示是：报业的突围要从报纸、版面、发行服务的变化和重新组织上去思考问题。

第四节　电子商务

电子商务发展仅仅十几年，已经让大家不再陌生。简单地说，电子商务就是互联网上的商务活动，将商务活动搬到互联网上。

电子商务种类

目前电子商务模式有九种：ABC、B2B、B2C、C2C、B2M、M2C、B2A（即B2G）、C2A（即C2G）、O2O等。其中B2B、B2C、C2C最为常见，ABC、O2O模式也发展迅猛。

1. B2B（Business to Business）

商家（泛指企业）对商家的电子商务，即企业与企业之间通过互联网进行产品、服务及信息的交换。通俗的说法是，进行电子商务交易的供需双方都是商家（或 企业、公司），她（他）们使用了Internet的技术或各种商务网络平台，完成商务交易的过程。这些过程包括：发布供求信息，订货及确认订货，支付过程及票据的签发、传送和接收，确定配送方案并监控配送过程等。有时写作B to B，但为了简便，干脆用其谐音B2B（2即two），如阿里巴巴。

2. B2C（Business to Customer）

B2C即商家对顾客的模式，是我国最早产生的电子商务模式，以8848网上商城正式运营为标志。如今的B2C电子商务网站非常的多，比较大型的有京东商城、凡客诚品等。

3. C2C（Consumer to Consumer）

C2C是用户对用户的模式，C2C商务平台就是通过为买卖双方提供一个在线交易平台，使卖方可以主动提供商品上网拍卖，而买方可以自行选择商品进行竞价，如淘宝网。

4. ABC模式（Agents to Business to Consumer）

ABC模式是新型电子商务模式的一种，被誉为继阿里巴巴B2B模式、京东商城B2C模式、淘宝C2C模式之后电子商务界的第四大模式，是由代理商（Agents)、商家（Business）和消费者（Consumer）共同搭建的集生产、经营、消费为一体的电子商务平台。三者之间可以互相转化。大家相互服务，相互支持，你中有我，我中有你，真正形成一个利益共同体。

5. O2O（0nline to Offline）

O2O是近年来新兴起的一种电子商务模式，即将线下商务的机会与互联网结合在了一起，让互联网成为线下交易的前台。这样线下服务就可以用线上来揽客，消费者可以用线上来筛选服务，还有成交可以在线结算，很快达到规模。该模式最重要的特点是：推广效果可查，每笔交易可跟踪。

电子商务的迅猛发展

截至2013年6月底，我国网络购物网民规模达到2.71亿人，网络购物使用率提升至45.9%。与2012年12月底相比，2013年上半年网民增长2889万人，半年度增长率为11.9%。

我国工业和信息化部在2013年8月8日发布的《2013至2018年专项行动计划》中要求促进电子商务发展，力争到2018年企业间电子商务交易额突破20万亿元人民币。

根据行动计划，未来五年我国将深化重点行业电子商务应用，提高行业物流信息化和供应链协同水平，促进以第三方物流、电子商务平台为核心的新型生产性服务业发展壮大，创新业务协作流程和价值创造模式，提高产业链整体效率。

中国电子商务研究中心曾发布数据称，2012年中国电子商务市场交易规模为7.85万亿元人民币，同比增长31%。其中企业间电子商务交易额为6.25万亿元人民币，同比增长27%。如未来五年均保持27%的增速，到2018年将达到20.6万亿元人民币。

只有想不到，没有做不到。电子商务的发展对传统商业模式造成巨大的冲击，已经超出人们的想象。在科技发展日新月异的时代，人的想像力真的“弱爆了”，未来的生活总是让人们惊讶。贝尔当年发明电话时，想都不敢想后来会有手机，当年发明“大哥大”的人，做梦也想不到有今天的“爱疯”。当马云预测“互联网将改变中国”时，很多人还笑得喷饭。大家还记得在2012中国经济年度人物颁奖现场，万达集团董事长王健林老先生与马大侠一幕。王健林称：“电商再厉害，但像洗澡、捏脚、掏耳朵这些业务，电商是取代不了的。我跟马云先生赌一把：2020年，也就是8年后，如果电商在中国零售市场占50%，我给他一个亿，如果没到他还我一个亿。”

马云则认为电商必胜。他称：“今天真正创造一万亿的不是马云，创造一万亿的是可能不会回头的店小二，小年轻人，‘90后’、‘80后’，我们在街上不会点头的快递人员，他们正在改变今天的中国经济，而只有他们才是未来经济的希望。所以我不是取代你，而是帮助他们取代你。”

而就在2013年“双十一”，天猫和淘宝创造了350亿元销售额，比2012年“双十一”的191亿元上涨了84%，让业界感叹互联网商业对传统商业的革命性颠覆！

这就是互联网的神奇之作！当我们做出了“辉煌成绩”感觉疲惫而想小憩片刻时，哪怕就是打盹的一瞬间，你的对手已经超越千里之外！

电子商务与物流

物流是电子商务的重要组成部分。电子商务的本质是商务，商务的核心内容是商品的交易，而商品交易会涉及四方面：商品所有权的转移；货币的支付；有关信息的获取与应用；商品本身的转交。

物流，作为四流中最为特殊的一种，是指物质实体的流动过程，具体指运输、储存、配送、装卸、保管、物流信息管理等各种活动。

物流作为电子商务的重要组成部分，是实现电子商务的重要保证。电子商务通过快捷、高效的信息处理手段，可以比较容易地解决信息流（信息交换）、商流（所有权转移）和资金流（支付）的问题。而将商品及时地配送到用户手中，即完成商品的空间转移（物流）才标志着电子商务过程的结束。因此，物流系统的效率高低是电子商务成功与否的关键。

物流保证生产的顺利进行。无论在传统的贸易方式下，还是在电子商务下，生产都是商品流通之本，而生产的顺利进行需要各类物流活动的支持。

物流服务于商流。在整个电子商务中，物流实际上是以商流的后续者和服务者的姿态出现的。没有现代化的物流，轻松的商务活动只会退化为一纸空文。

物流是实现以“顾客为中心”理念的根本保证。电子商务的出现，在最大程度上方便了最终消费者。他们不必到拥挤的商业街挑选自己所需的商品，而只要坐在家里，上网浏览、查看、挑选，就可以完成购物活动。物流是电子商务实现以顾客为中心理念的最终保证。缺少现代化物流技术与管理，电子商务给消费者带来的便捷等于零，消费者必然会转向他们认为更为可靠的传统购物的方式上。

传统的订报办法是由投递员上门收订，这是传统商务活动。如果读者通过网络形式订阅，就是电子商务行为。随着互联网的发展，报纸征订的电子商务也早就蓬勃发展。

作为网上订报平台，无论从覆盖的密度、广度还是深度，邮局的网上订阅平台都是最大的。“报童网”和“蜘蛛网”等也是报纸征订在电子商务上的体现。

但对报纸的发行来说，各家报社最看重的还是各自的实体发行网络。目前自办发行的报社，或多或少都开展了电子商务实践。一些报社跟知名商务网站合作配送业务，一些发行公司甚至开了网上商城。不管效益如何、成功与否，但报社普遍认识到这个方向是很重要的。

第五节　三网融合

何谓“三网融合”

三网融合，就是指电信网、广播电视网和互联网的互相渗透、互相兼容，并逐步整合成为全世界统一的信息通信网络，其中互联网是核心。“三网融合”是为了实现网络资源的共享，避免低水平的重复建设，形成适应性广、维护易、费用低的高速宽带的多媒体基础平台。“三网融合”的实现是“三屏合一”，即电脑屏、手机屏、电视屏融合到一块屏幕上。

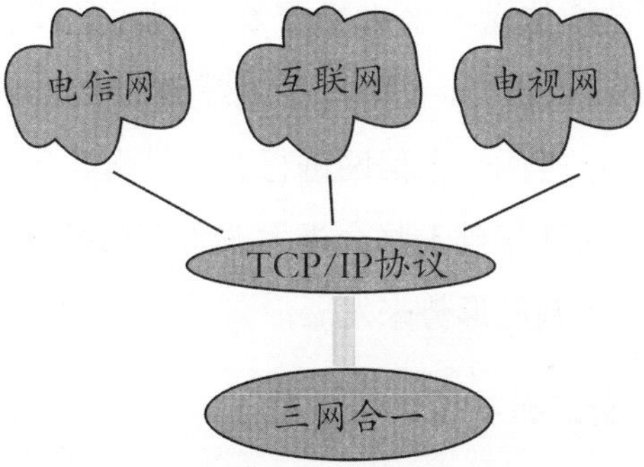

三大网络通过技术改造，能够提供包括语音、数据、图像等综合多媒体的通信业务，实现互联互通，形成无缝覆盖，业务层上互相渗透和交叉，应用层上趋向使用统一的IP协议，在经营上互相竞争、互相合作，为用户提供多样化、多媒体化、个性化服务的同一目标逐渐交汇在一起，行业管制和政策方面也逐渐趋向统一。其本质是未来的电信网、广电网和互联网都可以承载多种信息化业务，创造出更多种融合业务。三网融合有利于实现网络资源充分共享，使三网在共享资源下发挥各自的优势，相互渗透和交叉开展多功能业务，各类企业通过不同途径向全球业务演进。融合后的网络将是一个覆盖全球、功能强大、业务齐全的信息服务网络，即全球一体化的综合宽带多媒体通信网。

三网融合的好处

三网融合的到来，会给未来家庭、企业、城市的数字化，以及电子商务、物联网的发展提供了极大的便利，缓解目前电子商务所面临的问题，促进其更好的发展。

1. 三网融合将提高我国网络建设的覆盖范围

网络基础建设的不足，限制着电子商务的发展。我国互联网尽管快速发展，但普及率远比广电网和电话网低。三网融合将加快电信宽带网络建设，推进城镇光纤到户扩大农村地区宽带网络覆盖范围。从整体上看，我国已经拥有世界上最大的固话、移动和互联网用户群。随着光纤到户的大范围推广，宽带光纤传输网络市场前景广阔。光纤传输是所有网络的基础，不仅没有速度损耗，而且网速比铜缆宽带提升数十倍。随着三网融合，互联网将会和电视网、电信网进行有机结合，新的IPTV技术在原有的有线电视网和电信网络基础上将会极大改善当前的网络基础设施，我国互联网规模将会以一个新的形势来发展。

2. 三网融合会改善物流体系现状

物流系统的效率是电子商务成功与否的关键，我国的物流现状也制约着电子商务的发展。而三网融合之后，将会大大提升乡镇及农村的信息化建设，乡镇农村中将会有更多的人去接触网络，信息化的建设，电子商务也将走进更多的乡镇农村家庭。由于物流发达的地区都在大中型城市，而基于电视进行的互联网的购物就可以更多地以小城市及乡镇农村当地的区域为主，这样可以有效地规避物流不发达的问题，同时也会创建出很多新的商业模式。这样有利于乡镇农村的现代化建设，也有利于电子商务更好的发展。

3. 三网融合的电子商务平台将给企业带来更大的商机

随着首批三网融合城市的公布，各地政府也加大了力度，全力打造集固网、手机网、广电网“三网融合”的全新电子商务平台。随着商务平台的建立，物流、支付等基础设施的完善，企业可以通过电子商务来提升营销、经营、管理的效率，改革经营模式，提升市场竞争力。

三网融合能扩展电子商务的范围、扩大消费者的规模，使企业开展电子商务找到合适的平台，也能使消费者进行电子商务更加便利快捷，并能加速网络经济与实体经济的结合。随着三网融合进程加快，电子商务专业化服务体系正在形成，数字认证、电子支付、物流配送等电子商务应用支撑体系日渐成熟，有理由相信我国电子商务会迎来新一轮爆发式增长。

南京“三网融合”试点情况

2010年6月，“三网融合”12个试点城市名单和试点方案正式公布，揭开了我国信息产业发展新篇章，“三网融合”试点工作正式启动。南京作为首批12个试点城市之一，以最短的时间研发出融合三网业务的“全媒体电视”。

所谓“全媒体电视”，是南京有线顺应我国“三网融合”发展趋势，结合南京“三网融合”发展实际，运用先进的“三网融合”技术自主研发的，能为用户综合提供视频服务、互联网服务、通信服务的第三代数字电视，是通过资源共享、信息共用、优势互补等形式，将广播电视网、电信网、互联网三大网络原有业务，统一整合到电视机上的“三网融合”业务载体。

“全媒体电视”的使用，和互动电视差不多，用户通过遥控器和互动机顶盒，将指令发送到双向网络传输至前端系统，调用视频业务、通信业务、互联网业务。

“全媒体电视”上线之初，首批推出频道、高清、点播、万事通、商城、娱乐、阅读、互联网、营业厅等9大功能板块，用户在这9大板块中，可尝鲜电视互联网、电视阅读、可视电话、电视游戏等100多项全新的“全媒体电视”业务。

南京数字电视走进“三网融合”时代

打开电视机，你可以在电视上浏览网页、打可视电话、上网购物……这些原本需要分别在有线电视网、互联网、电信网上实现的功能，现在可以“一网搞定”。下面介绍的是几种“全媒体电视”业务：

（1）电视互联网，就是通过电视也可以上网。用户通过操作电视遥控器，就可在电视机大屏幕上听音乐、看网络视频、在线浏览网页，还能搜索信息、收发邮件……一句话“电脑能做的，电视也能”。与传统的互联网相比，电视互联网使用更便捷、内容更安全。

（2）可视电话不是新事物，但“全媒体电视”的可视电话绝对能给你带来足够的惊喜。试想一下，拨出号码，朋友的形象立刻出现在电视屏幕上，“既见其人，又闻其声”，天涯变咫尺还会是神话吗？而且，可视电话以高清晰度的电视屏幕作显示终端，画面质量大大提高。如果说普通电话是“顺风耳”，那么，可视电话既是“顺风耳”，又是真正的“千里眼”。

（3）电视阅读，把传统的平面媒体在电视上呈现。用户可以在客厅里一边喝着温暖香浓的咖啡，一边通过电视大屏幕阅读报纸、杂志、书籍；还可以根据个人喜好选择不同声音的“读报小秘书”，有温文尔雅的男声、恬静温柔的女声、稚气甜美的童声，还有各地方言可供选择。

（4）电视商城里琳琅满目，服饰、家电、数码产品等一应俱全；还能实现场景自动关联购物，足不出户即可享受电视秒杀的实惠；此外，由于有线电视网络天然的安全性，让你付款更安全，购物更安心。

（5）电视相册让你轻松把记忆永久保存，只需把数码照片通过机顶盒USB接口上传到网络云存储平台，从此美好的记忆供您随时提取。想展示给亲朋好友看？输入访问密码，任意机顶盒都可浏览。此外，自定义目录让您分门别类更方便，配合背景音乐浏览让电视相册更浪漫。

三网融合对中国报业的启示

三网融合从产业和业务两个层面对传媒产业产生影响，对传媒产业中的报业，三网融合将带来哪些启示，又如何影响报业的战略发展，成为当前传媒人首要考虑的问题。

1. 规模化是报业在竞争日益加剧的传媒产业中发展的必然选择

据悉，2011年中国电信行业主营业务收入达9880亿元，而有线电视网络收入不足电信行业收入的5%。面对电信和广电行业规模的悬殊，广电当前最紧要的是通过全国范围的整合以实现经济体量的成长。聚合信息结点，扩大规模，成为广电行业在三网融合背景下竞争的前提。

从现有的产业布局看，电信行业已经完成了跨省和跨业务的整合，形成了全国性的三家企业：移动、联通和电信。它们拥有优质的网络设施和成熟的市场运营能力。广电系统基本上还是实行“四级办广播电视”政策，有线电视网被分为国家级、省级、地市级和县级四级传输网，其现状基本可以概括为“官办不分、政企不分、事企不分、政事不分”。现阶段，广电行业最大的优势是其丰富的影音视频资源，但相对于电信行业的全国一张网和高度市场化，其“诸侯割据”的局面带来的最大的问题恐怕不仅仅是规模层面的，更关键的也许是其市场运营能力乃至竞争能力的不足。

据有关消息，广电行业已经开始通过行政整合及资本整合两种模式对各地网络进行整合，其中北京、天津、河北、吉林、安徽及广西等省市已基本完成省、市、县三级的网络整合，河南、内蒙古已经整合到地市网络。全国各地广电统一技术标准以实现信息的互通互联，将原有的一个个信息孤岛联通起来，形成一张信息含量丰富的网，同时进行体制性的整合以形成行业合力，在三网融合的背景下与庞大的电信企业竞争和合作是当前广电行业的紧要任务。

随着行业壁垒的消除，传媒产业和信息产业的相互融合，以及内容生产和网络运营业务的相互促进和相互补充，经济体量超大的电信行业对其他行业的渗透，将会造成传媒产业内外竞争强度的增加，竞争格局多变，对此，包括报业在内的传媒产业规模的扩大，是十分必要的也是最为急迫的。

2. 三网融合坚定了报业走全媒体发展道路的决心

三网融合使得广电行业直面挑战，对于同属传媒产业的报业，由于其主营业务是文字图片，三网融合似乎除了分流报纸读者群以外，对其业务的影响极小。其实不然，视频的制作和传播已经或者将成为许多报业新媒体业务发展的重要组成部分。三网融合带来的产业和业务层面的巨大影响，在加剧报业发展的危机感和紧迫感的同时，也坚定了报业全媒体发展、全方位打造信息产品的决心。

随着传统媒体发展增速放缓，许多报社都开始寻求新媒体发展战略。3G和IPTV技术的发展应用，推动了一些原来以图文为主业的传统媒体涉足互联网电视和手机电视领域，典型的例子是新华社和人民网网络视频业务的开拓发展。2005年，新华社利用其政府资源和视频内容与江苏电信合作推出IPTV。2013年，人民网也推出包括强国论坛、新闻、电影、电视剧、娱乐等数十个视频栏目在内的手机电视。

报业包含内容生产和内容销售两个主要业务，其全媒体发展主要通过内容生产的多元化和内容销售的多渠道来实现的，内容生产的多元化，主要是指内容的文字化、图片化、视频化和音频化。内容销售的多渠道，主要是指内容不但可以通过纸质的报纸销售，还可以数字化以后通过计算机、手机以及阅读器进行销售。要快速实现报业的全媒体发展，需要在内容生产和内容销售两个方面的创新。

第二章　互联网时代的报业探索

面对着互联网时代的汹涌大潮，中西方报业都进行了各种各样的探索，西方媒体探索中有失败的教训，也有探索的亮点值得学习和借鉴。然而，毕竟中西有别，国内的报业在学习和借鉴中往往忽略了现实国情，成功案例鲜有，仍在迷雾中摸索，要真正走出迷雾，看来还需要更大的格局和更革命的勇气。事实上，“不识庐山真面目，只缘身在此山中”，任何囿于体制的探索，任何拘泥于传统报业思维的改革，任何局限于传统发行的营销活动，都不能从根本上改变中国报业的颓势，终将归于失败。

第一节　西方报业的探索之路

20世纪90年代以来，互联网、移动互联网、户外LED以及数字广电等新媒体的发展，对传统报业造成巨大冲击，特别是进入21世纪后，这种冲击愈加剧烈。日本报业发行、广告1997年达到巅峰之后开始下滑。2001年，美国纽约时报集团的报纸广告收入下降19.5%，该报被迫宣布裁员1700人。随着时间的推移，情况并没好转，从2008年年底到2010年年初，共有200多家美国报纸关门。据美国报业协会数据显示，美国报业2011年第一季度广告收入下跌7%，上半年各大报业集团股票同比下跌63.8%，传媒通用公司下跌51.3%，纽约时报公司下跌11%。

为了适应数字时代传播新格局，西方报业几乎与新媒体的发展同步开始了数字化转型，西方发达国家报业数字化大致可以分为三个阶段。第一阶段，20世纪90年代至2000年前后，传统报纸纷纷触网，不过大多数网站仅作为传统报纸的附属；第二阶段，2000年至2006年，传统报纸越来越感受到互联网的冲击，对报纸网站不断升级，逐渐打造成综合性数字化平台，注重追逐“动众”，发展手机报等移动平台，开始探索数字化商业模式；第三阶段，2006年至今，各大报业集团为应对数字化冲击，采取更为“革命”的手段：关停印刷版、出售报业、停刊或者将传媒集团重新组合。在纸媒中，将数字化作为头等战略大事，从内部资源配置等方面建立数字化运营模式。

数字化战略

报业的数字化转型始于报纸创办网络版。1990年年初，美国报业建立起了世界上第一批传媒网站，内容基本上是纸媒的翻版。当日报纸发布的新闻，以HTML（网页）的形式，原封不动地搬到网站上，实现了报纸内容的网络化传播，但无法显示报纸版式。随着PDF版式的产生，报纸的原貌在网络上呈现在读者面前，报纸内容与形式同时搬家。随着网络技术从web1.0迈向web2.0、web3.0，报纸网站功能不断增强，从单纯的浏览报纸内容发展为多媒体呈现与互动参与，逐步发展成为报纸的数字化平台和综合性、专业性网站。

1992年，世界商业财经的领军媒体《华尔街日报》推出网络版。依托报社1600多名采编人员每天提供的1000多份稿件，网络版在内容上超出了其他竞争对手，提供数千家公司的深层次背景介绍、特写和其他特色报道。以报业经营为核心的纽约时报公司20世纪90年代中期开始大力发展网站，涉足40多家网站业务和各种数据库。1995年创办的波士顿环球网站成为全美国访问量最大的地区性网站；1996年创办的纽约时报网站成为全球最大的报纸网站之一，2003年5月被《主编与发行人》、《媒介周刊》评选为最佳报纸网络版。

报纸网站从最初的单纯发布本报新闻，逐渐发展到综合性网站和专业化、地域性网站，针对性不断增强。例如，美国《萨瓦纳早新闻》出版汽车和招聘分类广告网站、图片共享论坛等专业网站。还有一些报纸创办次级网站，与报纸的郊区版和社区版相对应。例如《达拉斯早新闻》，从2005年开始提供57个针对不同郊区小镇的次级网站，读者在这些次级网站上讨论区域话题。

报纸不仅单独创办网站，还联合创办和收购网站。日本三家最著名的报纸《朝日新闻》、《日本经济新闻》、《读卖新闻》于2008年联合推出“三报比较阅读”网站。三报的新闻内容展示在同一界面上，方便读者比较它们的报道角度和立场。十位文化名人被网站聘请为“新闻向导”，解读网站新闻，引导读者。纽约时报公司不仅创办自己的网站，还积极收购其他网站。2005年，公司斥资4.1亿美元收购了美国在线消费信息行业的领先者About.com，被称为互联网史上十大并购案之一。

用户需求和新技术推动报纸网站不断发展，博客、视频分享和RSS（简易信息聚合系统）等新的技术和产品运用到报纸网站上提供增值服务。网络视频是报业实现多媒体传播的有效途径。纽约时报公司开发网络视频，时报网站通常每周提供25个新视频作品，还广泛采用摄像爱好者的作品。2002年4月，公司投资1亿美元买下探索频道50%股份，开办探索时报频道。还投资“新英格兰体育电视网”，为网站的视频分享提供充足的节目源。《今日美国》网站从2004年开始着力发展RSS聚合服务和博客等新产品。

搜索引擎是海量内容从网页达到受众的“咽喉”。信奉“内容为王”的维亚康姆公司，2005年8月与雅虎签订协议，借助雅虎开展网上搜索营销服务。美国最大报业集团甘尼特公司以收购和参股的方式投资网络营销技术公司和移动搜索技术公司。

一些著名报纸的网站大力实施国际化战略。2003年，英国《金融时报》网站FT.com创办中文网站FTChinese.com。通过FT品牌及服务精英读者群，以读者为中心提供深度、独立及客观的分析与评论，该网站在大陆拥有了一批固定读者，影响力不断增强。《华尔街日报》也在同年推出中文网络版，这是大琼斯公司第一个中文服务项目。推出6个月后，订户接近1.5万人。

报纸上网，有效扩大了报纸的发行和影响，出现了一种新的统计报纸发行量的方法。2007年，美国报纸发行量稽查局、斯卡博鲁夫调查机构和美国报业协会发起一项新的有关报纸受众总到达数的统计，这项统计整合了印刷版报纸发行量、传阅量和在线阅读量。这一方法致力于揭示报纸及其衍生品的实际影响力。

手机等随身移动设备的出现，为报纸提供了全天候陪伴读者的渠道。西方报纸在进军网络的同时，自然不会放弃这个移动平台，向“动众”（移动中的受众）全时提供高质量内容和广告。手机报是报业移动战略的首选形式。早期的手机报是以短信形式发布报纸内容，这种短信形式后来发展为彩信手机报，纸媒内容以彩信方式发送到手机上提供用户阅读观看。后来出现了网站手机报，用户访问手机报网站在线浏览信息。随着3G手机的发展，进入了流媒体手机报阶段。

芝加哥论坛报业集团打造了17个与旗下报纸相配套的移动网站，不仅开通移动新闻信息浏览，还开通交通预警信息定制、订餐或订购体育赛事门票，便捷的服务使得这些移动网站访问量持续上升。《亚利桑那共和报》将报纸的讣闻栏搬上移动网站，在手机上显示最近讣闻条目和相关图片，该移动网站访问量从2006年6月的13.1万次页面浏览上涨至2007年5月的30万次。

除了手机、电子阅读器、平板电脑等各类移动网络终端设备为报纸打造新的数字移动平台提供支撑。纽约时报公司认为，大屏幕阅读器将拯救传统报业。为此，公司在实施移动战略时，大力开发移动信息接收设备，并为这些信息接收器创立独立网站。2009年，《纽约时报》发布了Times Reader2.0阅读器，该阅读器是《纽约时报》研究开发中心与微软公司合作开发的一种标注页码、表现形态类似报纸、特别适合于手提电脑阅读的媒介产品。这一阅读器后来转向支持多个平台的Adobe AIR。

以苹果公司的iPone和iPad为代表的智能手机和平板电脑，为报纸数字化移动化提供了新平台和商业模式。2010年iPad全球销售量1500万台，2015年全球各类平板电脑预计将达到3.07亿台。通过这些新兴的移动网络平台，报纸不仅实现网络化和移动化，更找到了区别于传统网络以谷歌为代表的“免费共享”模式的新模式——以苹果为代表的“合作分成”模式。报社将自己的内容制作成数字产品，在苹果应用商店上销售，从中获得分成收入。2011年2月，默多克的新闻集团创办了世界上第一家专门在iPad上出版的日报《The Daily》，文字、图片、音频、视频、电影、信息图形、特效动画等多媒体内容交融，视觉华美，版面鲜活，将人们对报纸的认识推进到新高度。

另一款叫做Kindle的平板电脑，是Amazon发布的一款电子阅读器，拥有一块7英寸的多点触摸IPS电容显示屏，并且搭载一个深度定制的谷歌Android操作系统。可以识别原生pdf，屏幕大小如同真实32开书籍，采用的是最新E-ink技术，保护视力，可以在阳光下阅读。其电池可在无线网络关闭下持续十天，这是笔记本无法做到的。最重要的是，它有很多专门为电子书设计的功能，朗读，查字典，免费查维基百科。Kindle Fire内置亚马逊的应用程序商店，流媒体电影和电视节目以及电子书。美国人也经常用来阅读报纸。

2012年7月美国科技博客网站BusinessInsider评选出本世纪迄今为止十款最重要的电子产品，Kindle榜上有名。

2012年9月28日晚间，亚马逊发布了kindle fire平板电脑。相对于苹果iPad，kindle fire的尺寸更小，而售价仅199美元，不到iPad的一半。而此前的2011年Kindle的销量达到1400万部，成为销量仅次于苹果公司iPad的平板电脑。无疑，Kindle也成为众多报纸发布数字报的一个重要渠道。

纽约时报

从以上的分析可以看出，西方主流报纸大多确定了数字化优先战略，将报业的数字化转型作为一项全面的战略任务。《纽约时报》董事长兼发行人小阿瑟·苏兹伯格坚称“网络是成功的平台”，把发展网络业务放在“绝对优先”的地位。2011年10月1日，英国卫报传媒集团停止发行《卫报》和《观察家报》的国际版，通过网站和其他数字化平台提供服务。2010年以来，传媒集团一直削减英国以外的报纸发行，集中力量打造数字平台。2009年4月，美国百年大报《基督教科学箴言报》正式停刊印刷版，改为发行网络报。2010年9月，《纽约日报》也宣称，将在未来的某个时间停止出版报纸的印刷版。

走向“下一代报纸”，迎接新闻3.0时代，是西方报纸的大势所趋。以数字化为发展方向的“下一代报纸”具有内容更新、速度更快、互动程度更高、新闻来源更丰富等特征，这些特征将把读者带进新闻3.0时代，受众从信息的被动接收者转变成信息的生产和使用者，在各种信息终端中体验互动性，刷新着我们对报纸的既有概念。

创新盈利模式

报业数字化转型能否成功的关键是能否找到适应数字化的盈利模式。除了传统的广告盈利，“付费墙”成为报业艰难的选择。

以网络化和移动化为方向的西方报业数字化，不仅使报纸改变了传统的平面载体方式，也为报纸经营开拓了新平台。网络版、手机报拓宽了传统报纸的广告空间，也在一定程度上促进了报纸发行。英国《世界报》2007年扭亏为盈，主要原因是在线服务弥补了传统出版损失。美国报业协会统计数据表明，2007年美国报纸网络版广告收入增长19%，达到32亿美元；与此相对的是，当年美国报业广告收入453亿美元，同比下降了7.9%。在法国，尽管传统报刊市场萎缩，但很多报刊网站获得成功。2008年第一季度法国传统报刊网站广告收入6300多万欧元，同比增长72.5%。

分类广告是报纸的重要收入来源，一些传统报纸通过网络应对分类广告下滑。甘尼特公司投资参股汽车、公寓分类信息网，分类招聘广告网，购物价格比较网，旅游分类信息网等，网络分类广告对公司的网络盈利功不可没。《纽约时报》将报纸经营与网络经营联动，购买印刷版广告的客户可以折扣购买网上广告，网络版的广告收入25%来自印刷版分类广告。

由于门户网站普遍采用免费方式，西方报纸网站因此一般也免费，希望通过免费阅读增加用户数量，依靠网络广告弥补损失。美国2007年只有27%

的报纸网站对部分或全部内容的浏览收费，其中多数报纸网站仅对独特内容收费。但是，免费的结果是报纸花大力气采写的新闻变得“一文不值”，报纸盈利能力也并不一定与报纸网络阅读量成正比，有的甚至下降。1996年以来，《纽约时报》两度实行网络内容收费，但每次收费后，报纸的网络读者都损失严重，最终不得已放弃收费。2011年3月，《纽约时报》开始第三次网络内容收费，此次收费能坚持多久，成效如何，有待观察。

英国《金融时报》网站的运作模式是免费提供世界及市场信息，但浏览公司新闻、业界新闻及招牌栏目等专有内容需要付费。该网站还提供二级订阅信息服务，为用户提供500多个世界顶级媒体资源链接及全球1.8万多个上市公司的深度报道内容。该网站2002年对读者收费时被视为“异类”，而今越来越多报纸网站选择收费，“付费墙”正成为西方报纸数字化的经营策略。如《泰晤士报》网站2010年开始收费，成为英国综合新闻大报网站中的第一个收费者，电讯传媒集团也从2010年11月开始实施对线上内容收费。

“付费墙”策略对报纸来说确实是一个两难选择。《泰晤士报》网站收费半年后，用户流失大约90%。《俄罗斯报》社长巴维尔·涅戈伊察认为，纸质媒体网络版收费国际规则的制定，需要等到纸质媒体确实发现严重危机的时候。有专家支出，付费模式可能只适合制作成本较高的独特内容，例如财经新闻内容。报纸网络内容收费的关键是质量和差异化，而一般的报纸很难做到内容产品的高质量和差异化。

一些报纸选择与网络巨头进行广告合作。2007年7月18日，谷歌宣布，始于2006年11月的报纸广告计划将扩展至225家，覆盖一般的美国报纸读者。谷歌报纸广告计划帮助广告代理商和广告客户，通过谷歌现有的广告销售软件安排和购买报纸广告。同一天，雅虎也宣布，同其建立广告销售合作伙伴关系的报业集团达到17家，涉及400多家报纸，远远高于这一计划2006年11月启动时的176家。

并不是所有报纸都愿意与雅虎、谷歌合作。总部设立在挪威奥斯陆的报业集团施伯史泰德自创新闻搜索引擎Sesam，不依赖大众搜索引擎。这家报业集团约3/4的新闻浏览量发生在自己网站。在该公司看来，如果人们在谷歌上搜索到施伯史泰德的新闻浏览后离开，谷歌挣大钱，施伯史泰德挣小钱甚至不挣钱。如果能吸引更多的人浏览自己的网页，公司就可以向广告商收取更多的广告费。

传媒巨头默多克一直批评谷歌“盗取”报纸的原创内容，助长了免费阅读习气，将来必将考虑对报纸网络内容收费。在默多克的家乡澳大利亚，报人在普遍批评谷歌“免费模式”的同时，对苹果“合作分成”模式怀有好感。《悉尼晨锋报》市场经理西蒙说：“现在各家报纸都在争先恐后地把自己的内容放到iPone上。”苹果模式的成功表明，微支付方式是数字媒体产品付费的可行模式。

与报纸网站不同的是，手机报普遍采取阅读收费模式。在日本，手机用户每天阅读《日本经济新闻》、《朝日新闻》，每月分别付费200日元。《读卖新闻》在对新闻二次利用开发移动业务方面也毫不逊色，该报负责移动业务的人员只有五六名，但每年创造利润却达1亿日元。

广告经营是手机报的另一种重要盈利模式。由于有效率高，手机广告价格高于网络广告价格。手机广告形式多样，有图片型广告、邮件型广告、网站型广告等，还可以通过手机送虚拟优惠券、有奖应征等。美国周日报纸发行量最大，原因之一就是赠券消费受欢迎。手机赠券接受及时，节省印刷和投递成本，商家按照实际送出的赠券支付广告费，因而很受欢迎。

报业自身的变革

西方报业发展数字业务，不只是为了给报纸内容找到新的呈现终端，更重要的是建立起与数字化相适应的服务项目、业务流程和管理体制，这是报业数字化转型的制度保障。

不仅给用户提供阅读内容，还为用户提供有用服务，这是纽约时报公司数字业务坚持的宗旨。该公司开办了“今日纽约”、“纽约时报学习网”，前者是城市网上指南，后者为3到12年级的学生、家长和老师服务。开展时报文摘收费阅读服务，收购基础线影音系统、卡里路计算网站，前者是服务于电影和电视产业，进行在线信息发布的数据库，后者专门提供减肥工具信息和各种营养食品信息。除此之外，还提供家庭订阅服务和数据库查询服务。

西方报业还注重利用脸谱、推特等社交网站以及其他新的数字化平台二次传播报纸内容，加强报网互动，通过网络了解读者需求和兴趣，密切与读者的联系。网上的许多信息也成为报纸重要的新闻来源。报社记者对新闻的报道不再是以前的文字和图片，音频和视频也是他们经常使用的报道形式，文字记者正向全能记者转变。

《悉尼晨锋报》要求记者不能像过去那样只负责在报纸上刊发报道，还要成为活跃的“网络分子”，到网站上更新消息、发帖评论。不仅要会“说话”，写新闻报道，还要会“对话”，在网站上与读者互动。《洛杉矶时报》编辑部对读者通过推特提出的各种问题耐心解答。《纽约时报》将网络点击率计入报纸的发行量，通过统计网络阅读点击率等方式，弄清楚哪些是“读者想读的”，改变以前内容只是“记者想写的”。《朝日新闻》、《日本经济新闻》、《读卖新闻》三家报社每天在网站上将他们的编辑思路与受众分享，三家报社的资深评论员还在“三社评论高峰鼎谈”栏目中展开论战。

数字纽约时报公司是纽约时报所属网络的管理运营机构。1999年，纽约时报公司把所有互联网部门合并，将网络版的运作与印刷分开，报纸网站独立运作，不只依靠报纸提供新闻源和内容，有单独的采编队伍，独立核算经营，除了提供报纸印刷版，还有滚动新闻、多媒体报道、分类新闻目录、电子邮件和数据库等网络媒体特有的内容。无独有偶，《今日美国》也逐步合并纸媒和网络编辑部，于2006年1月在网站上开辟博客并尝试与读者评论结合。2000年，美国媒介综合集团投资4000万元，建立坦帕新闻中心，将属下的坦帕论坛报及网站、电视台和集团网站的编辑部门集中运行，设立了“多媒体新闻总编室”，统管报纸、电视、网站三类媒体新闻联动报道。而《华盛顿邮报》为了让新闻“动”起来，要求摄影和文字记者使用摄像机。

2005年，《华尔街日报》进行了“意在网站”的改版。改版后的《华尔街日报》与网络融为一体，读者对相关内容感兴趣，可以登录到网上继续阅读，可以通过网站看到报纸记者发回的最新报道。报纸上还外加很多标性质的指向网络的链接内容，有的报纸内容成了网络的摘要和索引。

2008年，《华尔街日报》又对网络版进行改版，加强互动性，为付费客户提供更优质服务，从而维护其收费模式。用户可以对新闻事件发表评论，所有访问者都可以阅读评论，但只有付费用户才能发表评论。开辟专门针对付费用户的“日报社区”，提供社交功能，用户可以相互提问，与记者编辑交流，还开设了论坛和“找答案”栏目。新版网站更注重视频内容，用户在当前网页就可以观看视频。

数字化转型的路还有多远

从2012年年底至今，美国纸媒界有三件大事不得不重提一下。

第一件是2012年12月15日，《The Daily》正式停刊。这家在2011年1月由新闻集团与苹果公司合作开发的iPad付费新闻阅读产品，默多克曾希望凭借iPad庞大的客户群，赢得数字阅读时代的市场先机，并称之是“未来的发展潮流”的数字报，就连开发方乔布斯也曾称其为“iPad上最令人期待的新闻阅读产品”，走过了22个多月，最终还是在乔布斯去世的一年零一个月后，也命归黄泉，并没有将默多克的传媒帝国全面带入移动互联新时代。

第二件大事仍是关于默多克新闻帝国的。2013年6月28日默多克正式将新闻集团一分为二。新闻集团有着30多年历史、566亿美元总资产以及4.8万名员工的新闻集团拆分后，新的新闻出版公司仍会命名为新闻集团，旗下资产包括众多知名报纸，如《华尔街日报》、《纽约邮报》、《泰晤士报》等以及图书出版公司。

新闻集团拆分出的另一家公司是21世纪福克斯公司，旗下资产包括福克斯广播和有线电视网络以及福克斯电影公司等。

此前有分析说，此举将减轻原新闻集团收益较高的电影、电视因默多克报纸窃听丑闻受到的影响。如果拆分付诸实施，拆分后的出版公司规模将远远小于娱乐公司。

但拆分计划也将使集团旗下的报业更加孤立。近年来，新闻业务一直处于亏损状态，而拆分则意味着报业无法再依靠利润丰厚的娱乐业务来反哺，有理由相信，未来出版公司裁员、预算削减不可避免。

英国《卫报》发表文章评论说，这显然是默多克精心设计的“毒丸计划”(即为避免兼并采取的极高代价的阻挠措施)。在计划实施期间，默多克成功制止了所有虎视眈眈意欲挑战他对两个公司控制权的人。

第三件大事是2013年8月5日，亚马逊创始人杰夫·贝索斯(Jeff Bezos)同意以2.5亿美元的价格收购华盛顿邮报公司的报纸资产，包括其旗舰日报《华盛顿邮报》等。这项交易涵盖《华盛顿邮报》及其他出版业务，如《Express》、《The Gazette Newspapers》、《Fairfax County Times》、西班牙周刊《El Tiempo Lati》和Greater Washington Publishing出版业务等。

华盛顿邮报公司董事长兼CEO唐纳德·格雷厄姆（Donald E. Graham）称，作价出售对该公司来说是一种更好的选择。“我和凯瑟琳·韦莫斯（Katharine Weymouth）以及董事会成员在经过多年时间以后才作出出售的决定，这段时间里类似的报纸行业挑战让我们想知道，是否换一个东家对华盛顿邮报公司来说才是更好的选择。杰夫·贝索斯的技术和商业才能已得到证明，再加上他的长期投资战略及其个人声誉，使其成为了独一无二的华盛顿邮报公司新东家人选。”

贝索斯在《华盛顿邮报》网站上发表公开信，称：“互联网正在改变媒体产业的基本要素，这些改变包括缩短新闻周期、侵蚀媒体长期仰赖的收入来源、带来更多的竞争，有一些对手的新闻采集成本更低甚至为零。如何创新改革，并无明确指引可言，只有不断实验”。

他承诺不会作出任何激进型变革。“《华盛顿邮报》的价值观不需要改变，这份报纸仍将对其读者负责，而不是追求其所有者的私人利益。”

据知情人士透露，有一些人参与竞购《华盛顿邮报》，但贝索斯是最好的竞购者，出价也最高。

贝索斯图啥？贝索斯收购华盛顿邮报的报纸资产是为了盈利、为了股票还是为了声名？现在还看不出来。

通过上面美国报媒的三件“大事”，我们似乎发现，纸媒的突围之路还不明朗。前面是沟壑还是坦途，默多克也不一定清楚，但正是有贝索斯这样的人对报业还有一个信念，抑或是信心，报业的发展才会有美好的前景！

第二节　我国报业的数字化探索

我国报业的数字化的探索同西方国家一样，经历了从Web1.0到Web2.0，到Web3.0，再到移动终端的过程；但更多的是根据中国实际情况进行的数字化尝试。回顾我国数字化报纸的历史形态发展过程，在“云报纸”之前所作的尝试，值得业界重新思考。

建网站

互联网的发展，通常认为经历了三个发展阶段：Web1.0、Web2.0和Web3.0。

Web1.0时代，基本采用技术创新主导模式，信息技术的变革和使用对于网站的新生与发展起到关键性作用。新浪的最初就是以技术平台起家，搜狐以搜索技术起家，腾讯以即时通讯技术起家，盛大以网络游戏起家，在这些网站的创始阶段，技术性的痕迹相当之重。但盈利模式都基于一个共同点，即巨大的点击流量。Web1.0不以Html为语言，在1.0时代，动态网站已经广泛应用，比如论坛等。

Web2.0与Web1.0的区别在于，Web1.0 的主要特点在于用户通过浏览器获取信息，Web2.0 则更注重用户的交互作用，用户既是网站内容的浏览者，也是网站内容的制造者。所谓网站内容的制造者是说互联网上的每一个用户不再仅仅是互联网的读者，同时也可以成为互联网的作者；不再仅仅是在互联网上冲浪，同时也成为波浪制造者；在模式上由单纯的“读”向“写”以及“共同建设”发展；由被动地接收互联网信息向主动创造互联网信息发展，从而更加人性化。

关于Web3.0，至今仍存在很多争议，没有一个普遍认可的标志性开端和标志性技术，但通常包括将互联网本身转化为一个泛型数据库；跨浏览器、超浏览器的内容投递和请求机制；人工智能技术的运用；语义网；地理映射网；运用3D技术搭建的网站甚至虚拟世界或网络公国等。

早在1995年10月，《中国贸易报》就开上网之先河，成为中国首家报业数字化的试水者。由于网络传输技术的限制以及报业管理者对互联网认知的局限，当时的报纸数字化只停留在复制纸版母体信息阶段，表现形式以文字为主，配有少量图片。2000年以后，报业网站开始进入以新闻为主的综合性网站阶段。这些报业网站不断紧随互联网技术的发展，积极探索网络媒体的规律，在新闻和信息内容的数量、质量及表现形态、经营领域的开拓等诸多方面，不断改进和发展。随着报业集团形式的出现，报社的人力、财力、物力都得到了合理分配和加强，资源配置更加优化，逐渐形成"N报N刊一网站"的报业集团格局，报业网站信息内容来源更加广泛，市场竞争力更强，也成为报业在数字时代参与信息竞争的最基本依托。但是，报纸网站在品牌形象、资本运作、技术实力等方面同新浪等商业门户网站还存在很大差距，还有很长的路要走。

以大洋网为例，可以看出我国报纸网站的发展历程（大洋网数据）：

1999年大洋网成立，成为国内最早在互联网提供新闻资讯的三家媒体之一；

2000年，推出大洋网上书城，利用强大的物流配送服务迅速抢占市场，2001年，大洋书城销售额超过1000万元；

2002年，大洋网锁定本地化新闻信息及资讯服务；

2003年，利用"论坛+视频直播"的形式全程跟踪报道"非典"每日情况；

2004年，成立无线运营中心，推出手机增值服务；

2005—2006年，推出《广州日报》、《信息时报》手机报纸，用户随即达到十万级别；

2007年，以"网络+报纸+手机"联合报道新闻事件；

2008年，荣获"地方新闻网站十大品牌奖"；

2009年，"全·新·大洋网"新品牌形象上线，定位为区域综合性门户，迅速成为华南第一门户；

2010年，经营业绩再创高峰，荣获"最具商业价值地方网站"奖项。

手机报

手机报是依托手机媒介，由报纸、移动通信商和网络运营商联手搭建的信息传播平台，用户可以通过手机浏览当天发生的新闻，因而手机报被誉为“拇指媒体”。它的实质是电信增值业务和传统媒体相结合的产物。3G手机报的推出，可以使企业或个人或政府单位建设自己的手机报，发送政务手机报、企业内刊、行业手机报、客户手机报等，已经成为短信之后的又一新媒体，是企业客户关系处理、企业内刊、企业内部沟通、广告传播的一种新途径。它的实质是最新电信增值业务与传统媒体相结合的产物。具体来说，手机报是将传统媒体的新闻内容通过无线技术平台发送到彩信手机上，从而在手机上开发发送短信新闻、彩图、动漫和WAP（上网浏览）等功能。手机报，已经成为传统报业继创办网络版、兴办网站之后，跻身电子媒体的又一举措，是报业开发新媒体的一种特殊方式。

由于手机的私密特性以及手机屏幕狭窄的物理特性，手机报只能传播比较简单的信息内容。2004年7月18日，《中国妇女报彩信版》正式开通，成为中国第一份手机报，至今已有数十家报纸推出手机报。在运营模式、隐私保护等方面，手机报还在进行探索。

手机报的操作模式，一种是彩信手机报模式，这种模式类似于传统纸媒，就是报纸通过电信运营商将新闻以彩信的方式发送到手机终端上，用户可以离线观看。另一种是WAP网站浏览模式。这种模式是手机报订阅用户通过访问手机报的WAP网站，在线浏览信息，类似于上网浏览的方式。还有一种是App应用客户端模式，这种模式是针对于智能机用户，通过手机下载相应的App应用客户端，可以第一时间进行新闻提醒，新闻推荐，使用起来较前两种模式更为便捷，直观。

从手机报的实践看，手机报主要通过三种手段实现赢利。

一是对彩信定制用户收取包月订阅费，如《中国妇女报》手机版用户，每月的包月费用为20元。

二是对WAP网站浏览用户采取按时间计费的手段，如重庆联通对其手机报用户制定的最低价为5元看40分钟（600K）。

三是借鉴传统媒体的赢利方式，通过吸引用户来获取广告投放。

手机报在利益分配面前出现了不同种类的分成方法。如《中国妇女报》手机报的分成是，中国移动收取流量费，占四成收入；报纸和好易时空分享剩下的六成收入。在这六成收成中，报纸与好易时空按三七开分享订阅收入，按七三开分享广告收入，但好易时空的保底分成收入是3万元。再以地方性模式《浙江日报》手机报为例，浙报和浙江在线分成40%，移动60%，然后移动再跟凯信分成。这些例子表明，手机报在利益分配方面，主要是根据订阅量由移动、网络公司拿大头，报刊拿小头；而在广告运作方面，手机报广告本来就不多，也没有现成政策，所以还不足以形成“热点”。

微博

随着Web2.0时代的到来，社会化网络服务（SNS）凭借其社会性、开放性、互动性等特征，成为互联网应用的主流形式。当下主要的网络应用形式都注入了SNS的元素，如社区、即时通讯、博客、微博等。

据新浪微博数据中心数据显示，截至2012年年底新浪微博认证的媒体微博总数突破11万个，包括17221个媒体官方微博和92945个媒体从业者微博。

人民网舆情监测室对新浪微博中17221个媒体机构微博的一级指标进行

统计分析后，得到400位活跃度较高影响力较大的知名微博，并对其进行二级指标统计。汇总两次统计结果，得到接触指数、互动指数、媒体发声指数和舆论影响指数四项指标，对其进行权重叠加最终得到综合排名前十的各类媒体微博。其中@财经网、@南方都市报、@人民日报名列“媒体微博综合榜”前三甲；@人民日报、@广州日报、@南方日报等荣获“十大党报微博”；@南方都市报、@新闻晨报、@扬子晚报居“十大市场化报纸微博排行榜”前三名。

从粉丝数来看，目前新浪微博平台上，百万粉丝的媒体微博数超过200个，而近年来传统报纸发行量达到百万的不超过25家。新浪媒体微博互动数高达5.6亿。统计显示，媒体微博的活跃度极高，约30%的媒体发表微博数超过一万条。更值得一提的是，媒体微博目前发博数超过400万条，而这些微博被转发数达3.8亿次、被评论数达1.8亿次。

截至2013年8月19日以新浪微博粉丝为例，《人民日报》932万，《南方都市报》485万，《新闻晨报》436万，《广州日报》373万，《新京报》352万，《扬子晚报》272万，《京华时报》264万。

在许多社会公共事件中，媒体微博发挥了发布速度快、传播范围广的特性，利用碎片化信息建构了完整的新闻事实，而传统媒体退居微博之后，对碎片信息进行再加工、深加工。社会化网络服务的加入，彻底改变了传统报纸的生态，传受双方更加平等，报纸微博继承了报纸媒体的公信力，同时又为其母体提供导入链接，激活了以报纸为中心的多样化数字平台。

《2012年新浪媒体微博报告》指出，在传统媒体的全媒体转型和媒介融合之路上，媒体微博发挥了重要的“试验田”的价值，弥补了传统媒体在应对网络新媒体冲击下时效性、互动性不足的先天缺陷，很多媒体依靠新老媒体的互动配合赢得了舆论主导，媒体微博也越来越受到传统媒体的重视。从总体情况来看，媒体微博未来几年的发展前景将是十分广阔的，媒体微博仍将在未来一段时期保持高速和稳定增长态势。不少媒体微博有专门的运营团队，在运营层面已有较为成熟的套路，能够及时更新微博，为微博提供大量新鲜资讯和独特声音。2013年，媒体微博仍扮演微博平台议程设置、舆论监督、权威发布等的重要角色。在未来一段时期，有关媒体微博管理将进一步规范化。

但是，纸媒在如何将数百万的粉丝变成潜在消费受众，如何找到微博的盈利模式，还是摆在报业同仁面前的一个未解之谜。

App应用

App 是英文Application的简称，由于iPhone等智能手机的流行，现在的App多指智能手机的第三方应用程序。

美国苹果公司开创通过App应用传播信息的模式。苹果公司将各种信息服务转变为可以售卖的应用程序，用户只需要交付一定的费用就可以通过终端设备（iPhone、iPad等）从应用商店（App Store）里购买各种各样的服务。苹果开创的App信息传播模式迅速扩散，这也为报业数字化提供了发展平台和思路。报纸通过把信息内容制作成应用程序，放置在应用商店里销售，定期更新，就可以将内容丰富、形式新颖的新闻信息提供给订阅者。2010年5月17日，《南方都市报》正式推出iPad电子报，成为第一个登录苹果应用商店的中文媒体。

为了拥抱移动互联网时代，各报社争先恐后地推出自己的App（手机应用）产品，但是最新的调查发现，大部分媒体的App产品都未获得成功。

平面媒体的App有可能成为一个带来大批收入的产品吗？在业内有许多不同的声音。

一位投资过多家媒体的某大型投资公司前投资总监表示，纸媒的App是传统媒体的有益补充，但很难独立赚钱，因为App的规模小而且内容少。他建议把App作为平面媒体的客户关系维护、互动工具，平媒抓真实用户的突破口，而非新的平台，这样才能找准定位。

一些媒体正在尝试在移动终端上进行App客户端的盈利尝试，并取得了一定效果。《第一财经周刊》的电子版主编刘春告诉记者，《第一财经周刊》2012年的iPad版获得了300多万元人民币的营收，其中有110万元来自电子杂志订阅付费（共有约2万订户），还有约200万元的广告收入，其中大部分是品牌广告。

在所有媒体的新媒体业务中，专业类媒体似乎更容易成功。英国《金融时报》2011年来自于数字业务的收入已经占到其总收入的40%，2012年达到近50%。《金融时报》在2011年在数字用户上的订阅量上升到26.7万，同比增长29%。印刷版和数字版的订阅量加起来达到了60万，达到了历史的最高点。

像《第一财经周刊》一样，大部分媒体选择在付费环境较好的苹果App Store中率先推出自己的收费版本电子杂志。

一个不容忽视的事实，2012年以来苹果App Store中应用收入的增长出现了明显的放缓甚至停滞的现象，因为Android设备的出货量猛增，使得市场主流正由苹果iOS平台逐步向Android平台转移，媒体必须寻找App Store之外新的增长点。

这让大部分纸质媒体显得非常困惑，因为Android上至今缺乏良好的付费习惯，如果媒体让自己的内容免费在Android上出版，很可能会极大地冲击原有纸质媒体的发行量。仅仅依靠移动广告收入，很难养活原有媒体庞大的采编团队。

百道网CEO程三国表示，移动终端的兴起给传统媒体带来了一些转型的机会，因为移动互联网比PC互联网更加容易收费。

他表示纸质媒体的App业务要想盈利对媒体的要求特别高，首先需要有强大的品牌支撑，有足够多的忠实读者，此外其App自身的用户体验要足够好。从这个角度来说，并不是每个平面媒体都能抓住这样的机会。许多发行多年的纸质媒体，可能就死在转型的前夜。而那些转型成功的媒体，有机会引来一波崭新的浪潮吗？

第三节　电子商务探索

数据显示，2011年中国网民在线购物交易额达到7849.3亿元。目前国内电商发展速度是200%，而物流增速只有40%，远不及电商。巨大的市场让众多快递企业想起“跨界生意”。

自办发行网络企业算半个“快递”企业，在传统报业发行的压力下，按捺不住电商的诱惑，纷纷将腿伸向电商行业的下游和上游。

时至今日，凡是有自办发行网络的，无不涉及代送的业务。但是真正自建电子商务平台的自办发行公司，比例不大，在电子商务上做的成功的更是少之又少。很多公司几乎都有相同的感觉：应该做电子商务，这是趋势。但当真正做的时候，却不是那么回事，好像没那么容易。

自发办电商的优势

独立自办发行公司的经营压力越来越大，不得不整合发行网络资源，代理外报外刊，代理投派业务。显然报刊行业不景气，赚钱越来越难。但随着互联网与普通老百姓的生活越来越密切，不仅是年轻人甚至上了年纪的老人也越来越适应了网上购物，快递行业随着电商的发展也迅猛发展。

当然问题也随之而出。卓越亚马逊曾对影响消费者网购的因素做过调查，结果显示，上网能否买到需要的商品，即网站产品的丰富性成为首要因素；商品的价格是否合适、能否快速准确或适时地收到货物分别排在第二和第三位。

国内B2C网站自出生开始，就不得不面对绕不开的“物流阴霾”。糟糕服务，从包装环节开始，什么商品用防水材料，哪种商品用普通纸盒包装，都没有统一的做法；也无法从对方的网站上，查询到相关货物的运输线路、车辆分配情况以及包裹追踪等信息，货物就像掉进了黑洞一样。由于配送流程不规范，第三方物流无法保证送货的准确时间；因为害怕纠纷，他们也不愿意为购物网站提供特殊服务，比如让顾客开包检查再签收或携带刷卡机去收款；并且，最后代收款的返还也很慢，第三方物流的送货员先要将款项送回配送站，再转送到当地城市的总站、省总站一直到总公司，最后再交账给网购企业，整个回款过程往往需要5到7天。

物流成了众多电商的发展瓶颈。电商觉得第三方物流不给力，制约了电商的发展，于是开始自建物流网络，自行投派，服务各方面都不错，电商的营业额也突飞猛进。但是年底一看物流成本，发现真正赚的也并没有预想的多，物流成本太大！第三方物流公司也不傻，觉得电商好赚并且其行业蒸蒸日上，与其卖苦力赚辛苦钱，不如自己建电商平台，开展B2C电子商务，赚点省力的钱。于是就有顺风等物流公司开展了电子商务。

再说回发行网络，除了发行自己报社的报纸的“主业”之外，代理其他的派送业务都是属于“副业”，赶一只羊是赶，赶一群羊也是赶，代理派送给发行公司的经营带来了丰厚的“外快”。于是一些发行公司大力发展代理业务，跟众多电商合作，跟传统商家合作投递DM单，跟票务、银行等单位合作投递票务和对账单等，尝到不少甜头。一些市场敏锐性高的公司更是跳出“代理”局限，自办B2C电子商务。

利用发行网络自办电子商务，的确有很多优势：

第一，电子商务是互联网时代的大趋势，电子商务的发展空间极为广阔，马云早就说了，21世纪，“要么电子商务，要么无商可务”。自办发行的传统读者从某种意义上说，也是电子商务的准客户。

第二，自办发行的发行站、投递线路构成了一张密集的投递网络，这种密集的投递网络是很多快递公司都无法比拟的。

第三，自办发行网络这种密集的配送网络是一般电商无法建立的。发行办电商，在服务上，是依靠第三方物流所无法比拟的。

第四，发行办电商，有其区位优势，在配送时效性强或易碎物品如鲜蔬、水果、食品、酒水、工艺品、日用品等时，比其他物流公司更有优势。

发行办电商的劣势

发行办电商的劣势也是显而易见的：

第一，发行是报业的三个车轮之一，其主业是围绕报业经营而运行，如果在电商上发力，势必影响传统报纸的发行。一不小心就陷入了舍本逐末的状况中，出现两种情况：要么电商做好了，发行没做好，或者是电商和发行都没做好。

第二，发行行业一般缺少互联网基因。传统发行是属于物流配送中的报纸配送，跟电子商务中的物件配送有相似的也有不同的地方，作为投递员，需要转换观念。更为重要的是，B2C电商是互联网行业，隔行如隔山，千万不要以为自己做了报纸的配送就真正懂得物流行业，随便问一下做报纸物流的管理者，很多常见的术语都没听说过。虽然不排除一些发行公司能够聘请行业高手，将电商经营好，但原发行公司的员工如果没跟着互联网业务的管理运转，电商能做好，一定是偶然的。

发行要不要做电商？

那么，自办发行公司应不应该做电商？如果做电商应该注意什么？

笔者认为，有条件的公司应该尝试自建平台去做电子商务。但是要扬长避短，不可盲动，不可跟风，不可为做电商而做电商。

做电商的发行公司，要分析所处城市的市场情况和自身网络的优劣。以下几个因素必须考虑：

第一，要考虑发展电商是否会影响到“主业”？发展电商是为了缓解经营压力，为了更好地服务于报业发行这个“主业”。如果舍本逐末做电商，必定会让报业受到重创。但是如果发展电商是报业产业转型中自然延伸的一环，比如说报纸载体替换为其他载体，不再需要配送报纸，为了发行网络再利用，电商则可以大胆开展。

第二，做电商要守得住。企图来快钱，一口吃个胖子的思想，往往会让人很失望。其实电商跟传统商业一样竞争激烈，不是开家店就可以坐着收钱的，同样需要经营，同样需要做营销，甚至需要时间去熬。发行公司除了有一个落地配送的网络，还具备什么条件，技术条件有吗？网络营销条件具备吗？物流真的专业吗？

第三，要考虑所在地区是否适合做电子商务。发行公司所处的地域经济状况如何？是一线城市，二线城市，还是三四线城市？你的网络真的能覆盖该地区吗？

第四，发行做电子商务的商品定位是什么？这些商品是否适合该区？价格有什么优势？

第五，发行公司有做电商的储备人才吗？所有的工作最终都归结于由人去做。如果人力资源条件不具备，那“电商”真的要像触电一样伤人了。

第三篇 云

朝辞白帝彩云间，千里江陵一日还。
两岸猿声啼不住，轻舟已过万重山。

——（唐）李白《早发白帝城》

第一章　云发行系统

云发行是个系统工程，是报业数字化转型中，关系到内容、载体和经营的一系列转型过程。简言之，云发行就是将数字化新闻资讯内容通过各种手段传递到读者，并实现盈利的过程。云发行与传统发行最大的不同是：云发行传播的是数字化内容，而传统发行传播的是纸质化的内容。

传统报业的萎缩，不代表报纸的消失。在未来相当长的一段时间内，报纸还将与新兴媒体“与狼共舞”，在未来5至10年甚至更长时间内，纸质媒体的营收或许仍要占“半壁江山”，报业正步入“双腿”时代。

但毫无疑问，数字化媒体是要大踏步前进的。本章在总结*THE DAILY*失败和梳理国内报业盈利模式的探索后，详细阐述了“云发行”的可行性、云发行系统的原理和探索报业转型的“落地”问题。

第一节　数字化转型，盈利是关键

我国报业转型的实质是盈利模式的转变，任何偏离这个中心的转型都是错误的。而向数字化的转型，是因为我们的报业已经被数字化逼迫得几乎无路可走，只能顺应这个时代。我国的报社毕竟不同于美国的媒体集团，可以削弱报业向电视娱乐方向偏移。我国报业集团的单一经营模式，致使我国报业只能在数字化方向上“一条道走到黑”。遗憾的是，一些报社的确是“走到黑”，从此也见不到光明，无路可走。另一些报社，走着走着，忘记了初衷，不知道为什么要进行数字化转型了，出现数字化转型中的诸多误区。

微博、微信、微报等作为数字化转型的辅助应用，在报媒的影响力上，都是十分有效的，但以此作为报业转型的盈利模式确是不可行的，它不能让广告商为此斥资投放广告。“3D”、“云拍”等作为营销手段我们也并不排斥，但不适合报业常态的应用。网站收费和“付费墙”制度的实施，读者的接受或许还需时日，为时尚早。

我国报业数字化转型的心态

梳理一下我国报业数字化转型的心态，通常会有三种情况：

1. 扩大纸媒影响力

不是要通过新媒体赢利，而是希望利用新媒体扩大纸媒影响力。这是个非常普遍的想法。《新京报》社长戴自更说：“我们电子版的广告收入是小儿科，这些新媒体的东西对于我们而言，都属于业余玩票性质。”报社对新媒体投入不大，心里也清楚，对新媒体的赢利空间并不抱太大希望，而只是希望新媒体能在提高纸媒影响力方面发挥点助力的作用。《扬子晚报》总编辑刘守华说，“新媒体对于报纸广告的投放至关重要，广告商在一些比较时髦的新媒体上，比如iPhone上都找不到你这家报纸，那说明这张报纸影响力不够”。

2. 延长纸媒生命周期

持有这种观点的人一般都对报业前景比较担忧，比如杭州日报报业集团总编辑赵晴认为：“纸媒在现有变革时代下，在新媒体迅速成长时代已在逐步接近天花板，我们不是赶时髦办一个网站，而是为了延长纸媒生命周期，解决纸媒未来遇到的严峻形势，未雨绸缪。即便以后纸媒遇到较大冲击时，仍有品牌性媒介支撑。”

3. 跑马圈地

更多的人是持有跑马圈地的心态，在为未来打基础，以免别的报社新媒体已经很成熟时，自己还没有起步。四川日报报业集团社长余长久说：“现在报业发展这么好的情况下，应该拿出一部分报业的利润，投入到新媒体。就是退一万步说，这些投入失败了，但为了持续发展，这个钱也亏得值。”

这种心态使很多报社对新媒体的投入非常谨慎，《京华时报》社长吴海民说，报纸做新媒体目前投入巨大，还存在巨大风险，这个风险还是留给新媒体自身吧，现在报纸做任何赌注都是不值得的。

跑马圈地，对每个新东西都好奇的结果可能就是屡屡失败，但很多报社都不在乎，更多的是出于对未来探索的心态。余长久说："如果不去闯、不去试，盈利模式的问题可能永远解决不了。"成都传媒集团总编辑何冰表示，在成都传媒集团，允许投资新媒体有试错的空间，如果失败了，算是发展的一种过程。南方日报传媒集团社长杨兴锋认为，为了在平面媒体发展到达顶点之前，寻找新的替代品，实现新的增长点，这些都是值得的。"只在旁边看，连学费都不愿意交，以后就会显得非常被动。"南方报业传媒集团应对新媒体，实行"十六字方针"——"高度重视、深入研究、谨慎投入、重在探讨"。

很多人认为新媒体代表了未来的方向，但是由于没有找到赢利模式，只能是不敢不投，不得不投，但又不敢投入太多。这种撒胡椒面式的"玩票"，根据我们的测算也需要耗费较多的成本，一个网站，除了买带宽、发放人员工资，还有开发、产品营销等投入。举个例子，北青网共投入了1000万元，但是，北青网总经理徐建仍然认为是"有些少"。成都传媒集团旗下的博瑞传播甚至豪掷4.41亿元收购梦工厂，进军网游市场，并签订三年对赌协议。这些"票"玩得可都不小，是否需要重新思考"玩票"的价值和意义？

有"玩票"的兴致取决于是否有经济基础，一个连饭都吃不饱的人是不可能跑到戏班里"玩票"的。同样，报社如果经济实力不佳，也不可能投入新媒体。《北京青年报》社长张延平说："我们需要在传统媒体还有影响力、还有点盈余的时候把新媒体做起来。"他的话非常明确地说明了这点，很多报社做新媒体是建立在报纸还有盈利空间的基础之上。对于很多赢利状况不佳的报社，还是需要牢记"'玩票'有风险，入市需谨慎"。

数字化转型的目的是什么

2013年10月15日，媒体界出现一则大新闻：上海的解放日报报业集团和文汇新民联合报业集团确认要“在一起”了。两大报业集团为什么合并以及合并之后怎么办，成了社会解读的关键。“为什么合并”可能会有报业转型方面的考虑，也可能存在更上层的宣传考虑。而“合并之后怎么办”就更加现实，作为报业，一定更关注的是“合并后”新的报业如何运营。

在《网》篇，我们已经梳理过我国报业数字化转型的探索，如办网站、手机报、微博、微信、APP应用等，很多的探索对报业的发展也是卓有成效的。但作为报媒，我们必须始终明白的是，转型的最终目的是什么？

我们已经分析过报业数字化转型的种种心态，这些心态不能说都是不好的，但至少说明仍然没有明确的方向，或者是在所谓的转型中，迷失了方向，不知为何转型。

比如媒体微博，发挥了重要的“试验田”价值，弥补了传统媒体在应对网络新媒体冲击下时效性、互动性不足的先天缺陷，很多媒体依靠新老媒体的互动配合赢得了舆论主导，媒体微博也越来越受到传统媒体的重视。不少媒体微博有专门的运营团队，在运营层面已有较为成熟的套路，能够及时更新微博，为微博提供大量的新鲜资讯和独特声音；在发挥纸媒作用、自身影响力和品牌宣传上起到应有的作用。从这些方面，微博的做法值得推崇。

但是，如果以此作为数字化转型方向，显然是远远不够的。既然利用微博直接获取经济效益的方法还没有，那么微博也就只能作为报业数字化转型的一个辅助方向，而不是报业数字化转型的真正方向。

“3D报”、“云拍”都是好策划，却也不是转型的方向。

自比利时日报《最后一点钟报》2010年3月9日推出全世界首份3D版特刊后，2010年4月16日，由湖北省十堰市的一家电影院经营者亚新文化发展有限公司提供创意策划和3D化技术支持的中国首份3D报纸《十堰晚报》诞生在湖北十堰市，成为国内首份3D报纸。

2010年5月，《南方都市报》也首度展现出自己的3D特刊——《原味广州》。

2010年6月1日，《安徽商报》也推出3D报纸广告。

2010年6月9日，《扬子晚报》针对2010年南非世界杯推出3D号外版，效果是戴上3D眼镜，梅西就向你冲了过来，足球宝贝仿佛触手可及，刚刚上市就被一抢而空。

据专业人员介绍，尽管制作3D报纸的流程与制作平常的报纸差不了太多，但在图片、排版以及印刷上多了许多更高、更专业的技术要求。

当读者佩戴互补色立体眼镜进行观看时，如果左右眼镜片的透光颜色与互补色立体图的图像对应的互补色相互一致，就可以看到立体图片了。以上述互补色立体图为例，立体眼镜的镜片应当是一只眼镜的镜片透绿光、另一只镜片透红色光和蓝色光，那么，读者佩戴立体眼镜，每一只眼睛就只能看见左右图像中的一幅图像。由于左右眼镜片分别看到的两幅图像是一对立体图像，因此大脑就将这一对图像合成，形成立体的影像；另一方面，虽然这一对图像的每一幅图的色彩都不是全彩色的，但是，由于两者之间的色彩是互补的，大脑有可以将图像合成为全彩色图像的功能；最终，读者就可以看到一幅全彩色的立体图像。

3D报纸热了一阵子便消停下来，其制作成本虽然并不算高，但终归消费成本要高一些，而且还要配送3D眼镜，更为重要的是，读者如果长时间佩戴互补色眼镜，就像戴任何的有色眼镜一样，也会对眼睛造成伤害。所以，3D报纸作为一两次品牌宣传尚可，但真正整天都出3D报纸是不现实的。

3D报纸之后，是云报热。

《京华时报》首创并联合全国29家报社应用的“云报纸”，就是利用图像识别的技术，让读者可以通过智能移动终端对报纸感兴趣的图片进行拍摄，从而打开整个云端对应的更多的多媒体的互动信息。

云报纸首先在新闻上突破了版面的限制，可以通过报纸的入口实现网络的直播；其次，也突破原来报纸形式上的限制，可以与读者有更多的交流和互动；再次，突破了报纸时间上的限制，可以24小时报道之前来不及见报的内容。另外，云报纸与广告和电子商务的合作，在很大程度上也带动了报纸的经营。

这一切看上去都很美。

但如果作为读者，看报纸时再拿出手机拍报纸上的图片，你会吗？可能有人会这样，但占比一定很少。一般人会选择直接用手机上网，不至于这么麻烦，除非十分感兴趣的新闻，或查找资料。但看普通新闻或广告，一般不会选择这种延伸阅读方式。所以这个技术平台能取得多大的经济效益，笔者持怀疑态度。

好的策划也许能带来经济效益，对品牌宣传的作用也是无可厚非的。但没有报社将这作为报社数字化转型的方向，或者将来作为盈利模式。

“付费墙”

据美国调查公司皮尤研究中心的实地调查显示，在全美1380种日报中，数字版收费的为450种。收费化浪潮不仅涉及主要报纸，且正迅速扩大到地方性报纸。据《日经新闻》报道称，今后除《今日美国》之外，其他所有报纸的数字版均将收费。

不仅美国，日本的媒体也有收费的趋势。比如，《日经新闻》去年4月，数字版有偿订阅读者数已超过20万人，《每日新闻》有发布有偿英文网站，《产经新闻》也在考虑向手机报的读者们收费；另外，《体育新闻》设置有专门的有偿赌马网，《读卖新闻》也有专门的医疗情报有偿阅读网站，目的是拓宽读者群，以及向新闻以外的领域创收。这些分门别类的有偿信息也是日本纸媒数字版收费趋势的特征之一。

美国《纽约时报》于2011年3月18日（周五）正式宣布，向访问其网站的用户收费。据美国“SIFY”网站的报道，最先是对加拿大用户开始收费，随后从3月28日起开始对美国用户收费。《纽约时报》网站提供3种收费标准：最便宜的是每月15美元，可用网站和智能电话(smartphone)；其次是每月20美元，用于网站和iPad应用程序；最贵的是每月35美元，适用于任何方式的登录。

国外媒体的网站为什么可以实施“付费墙”？原因有以下几个方面：

一是无论美国还是日本，其报业的市场化程度十分高，参与竞争的程度非常高，无论是广告量、发行量还是品牌价值，都是实实在在的。那些有竞争力、品牌价值大的报纸有条件对其网站进行收费。

二是欧美和日本的报纸本身就比较昂贵，动辄是我们国内报纸价格的6～10倍。这种价格下的报纸发行量都有几十万份，说明读者的数量普遍较高，读者对报纸的忠诚度较高，而网站的收费却比买报纸便宜很多，所以这又为收费准备了条件。

三是对纸媒网站收费的国家，多是欧美发达国家。经济条件是基础，加之这些国家的网络化程度高、人们对网络的依赖性高等，都为报纸网站收费创造有利条件。

四是西方报业收费实施成功的也只限于品牌大、专业性强、经济类或具有不可替代性的报纸，那些没品牌、专业性不强、可替代性强的报纸很难成功地实施“付费墙”。

我国报业，显然还远远不具备上述欧美和日本的条件，所以我国的纸媒网站，在相当长的一段时间内都不可能实现收费制。不只是报纸的网站不可以收费，包括报纸的App也是一样。

2010年1月1日，《人民日报》开始对其数字内容收费，收费模式有三种:每月24元；半年128元；全年198元。但是，同年3月5日《人民日报》就恢复了免费，这次收费尝试来得快，去得快，“得到了广大读者的理解与支持，同时也有一些不同的声音”，但显然收费失败了。

另外一家实验收费的是温州日报报业集团。其数字报纸自2007年4月8日开始收费，据说截至2010年年初已拥有收费订户5000余人。这一成绩与该报业集团的特殊优势有关。温州百余万商人活跃在世界各地，有着浓厚的商业传统和读报习惯，因而对数字报纸的需求更为明显。但是到2012年10月，温报集团的收费却难以为继。原因有两个：一是因为报业集团内部各报纸之间竟然没有就数字报纸收费达成共识并统一行动，导致一家的收费内容在同一集团另一报纸网站却可免费获得；二是因为报业集团以往的成功并非完全依靠其内容价值，而是利用了行政力量（如商会）和其商业信息垄断地位（温州地区唯一一家市级媒体集团），这是一种不可持续的非市场化竞争方式。虽然大量海外读者愿意为特色信息付费，但温报集团却未能继续有效地满足读者这些需求，可以说，这是一个“好主意、坏执行”的令人遗憾的例子。

我国的报纸价格低，已经排在全世界的前列，加之网络的普及，移动互联网更是方便至极，所以传统的综合性日报，即便是像《人民日报》和《温州日报》具备如此优势的报纸，收费也终将失败。

现代人们获取资讯的渠道太多，资讯的存在也太杂，新闻不是垄断的行业，因此报社作为在媒体市场竞争中的主体，唯一能做的是报道大家最为关注的新闻，筛选出好新闻，评论出有见地的观点，以读者最容易接受的方式传播给他们，这才是新闻媒体行业的真谛。如何平衡好上述关系，就是经营的艺术了。

事实上，美国纸媒网站收费的做法，并不是一帆风顺。虽然已经有众多纸媒网站收费，但效果如何不得而知。而《纽约时报》的收费也是十分谨慎并且一波三折的。

2011年3月28日，《纽约时报》网站开始对其内容实施酝酿了两年的计量式收费，为美国报纸网站的收费趋势注入了更加强劲的动力。实行网站收费一年来，《纽约时报》的表现还是相当不错的，根据Evercore Partners分析师道格拉斯·阿瑟的预测，《纽约时报》2012年数字订阅收入为9100万美元，预计将超过广告收入，这是有史以来的第一次。其实早在2005年，《纽约时报》网站就曾经尝试过收费，但试行一段时间后发现，愿意付钱上网的寥寥无几，干脆就改成免费了；而且，此后报纸行业形成了一个观念，即读者已习惯于免费，想让他们花钱上网读新闻，是不可能的。

2010年，美国报业的广告收入，包括数字版和印刷版，居然下降了6.3%，至258亿美元。这是美国报纸历史上表现最差的一年。相比之下，电视的收入涨了10.3%，杂志升了2.9%。正是在这样的背景下，《纽约时报》不得不考虑改变做法，尝试网站的内容收费。《纽约时报》敢这么做，还有一个原因，那就是英国的《金融时报》（*Financial Times*）和《华尔街日报》（*Wall Street Journal*）都已开始收费。

无疑，以《纽约时报》为代表的数字版报纸收费是成功的。但是，作为其他许多报纸，在收费与不收费上，估计还要做出艰难的抉择。而在中国，数字版的报纸，收费条件还远远没达到。

微博、微信、微报等没找到赢利点，网站、App实施付费墙，在我国目前条件不成熟。我们的媒体转型应该怎么办？

第二节　*THE DAILY*失败的思考

*THE DAILY*的特点

报业大亨默多克创办*THE DAILY*的失败，引起全世界对于采用平板电脑来实现报业数字化转型的恐慌，对于失败的解读和思考一直还在延续。解读的结论有两种：一种观点认为，平板电脑代替报纸已经断然不可能，报纸就是报纸，平板电脑就是平板电脑，将两者组合在一起，不伦不类，无异于让东方年轻的邓文迪同年长她37岁的默多克结婚，终将离异。该观点认为“数字化报纸”有很多局限性，从而得出“数字化”也无法拯救纸媒的结论。另一种观点认为，*THE DAILY*失败与默多克自身的缺陷有关，默多克虽然是报业大亨，但他毕竟是人不是神，而且年事已高，又家事缠身，在经营细节上考虑不足，导致失败也不难理解。

传统媒体同互联网高科技的结合，能否冲破报业的发展的藩篱暂时尚无定论。但是从*THE DAILY*的失败，我们还是可以看出，其策划和实施过程的确有诸多败笔。

一、*THE DAILY*缺乏品牌依托，更没有报魂

*THE DAILY*是在没有品牌依托下产生的。尽管*THE DAILY*的班底是《纽约邮报》，但毕竟没有使用《纽约邮报》的名字，况且《纽约邮报》的品牌也并不咋地。在使用*THE DAILY*名字前据说也考虑过用《国家邮报》的名字，但这跟用*THE DAILY*没有任何本质的区别。

*THE DAILY*的采编队伍有100多号人，这也算大了。但*THE DAILY*没有明确的报道范围和采编重点，特色不突出，在这种情况下，很多读者实在找不到每年要花39.99美元去阅读该报的理由。

二、*THE DAILY*付费阅读

采用“付费墙”严格来说，不应该算是*THE DAILY*的死因，但*THE DAILY*应用程序每周订阅费为99美分，每年39.99美元，这价格虽然比印刷版低出很多，但在移动互联网时代，信息随处可得，这个价格还是相对昂贵的。更为重要的是，作为没有任何品牌依托的*THE DAILY*，过早地采用付费墙，无疑就像两种相克的食物混在一起，导致会致命的恶果。

三、*THE DAILY*缺乏互联网基因

互联网基因是什么?

点心 CEO 张磊说，成功的互联网运营要建立三大壁垒：技术壁垒、市场壁垒、数据壁垒。而这三大壁垒围绕的核心，就是如何获取用户，留住用户。

而获取用户留住用户的关键，就是用户体验。*THE DAILY*的编辑们以传统报纸的读者体验用在iPad用户上体验上显然是表错了情。

*THE DAILY*的编辑们依然采用传统媒体的思维去运作一个完全数字化的产品。尽管*THE DAILY*是新闻集团开展数字化业务的一次尝试，但*THE DAILY*的主编来自《纽约邮报》，而编辑们则来自《太阳报》、《纽约客》和ABC等许多大媒体。因此，虽然*THE DAILY*是一份完全数字化的报纸，但它的运作方式依然与纸媒无异，与不少网络化的纸媒大同小异。思维方式和内容定位的错误必然会导致其与《德国金融时报》、《法兰克福评论报》一起灰飞烟灭。

况且，新闻集团高层对待*THE DAILY*这类数字业务的态度摇摆不定，这影响了数字媒体业务的执行和创新，不到两年的时间*THE DAILY*已经花掉了3000万美金，即便新闻集团原计划给*THE DAILY*5年以上的时间来发展并获得盈利，新闻集团高层对发展数字化业务的信心还是被击败了，*THE*

*DAILY*没有得到充分的信任与支持，最终导致*THE DAILY*的关闭。

作为全球第一份iPad电子报，*THE DAILY*不缺天时，背靠新闻集团这样的传媒大亨；处在经济发达、互联网程度高的北美，*THE DAILY*也不乏地利。而*THE DAILY*偏偏缺少人和，即懂得数字化媒体运作的编辑团队和信任支持其发展的公司高层。可以说，*THE DAILY*最终走向失败，偶然中蕴含必然因素。

四、靠下载App应用赚钱是不靠谱的

尽管*THE DAILY*是苹果iTunes商店里订阅收入最高的新闻产品，尽管*THE DAILY*每年39.99美元的订阅价并不便宜，但这又能说明什么呢？说明就算下载量在iPad上当了第一，而且售价不低，仍然赚不到钱。

五、*THE DAILY*地域定位不清

THE DAILY（《日报》）在被称为这个名字之前，它曾被考虑的一个名字是《国家邮报》。因为早在1977年，默多克在纽约购买了《纽约邮报》后，一改报纸原来的风格，开始增加暴力和性的有关新闻，以及丑闻和案件的报道，并通过渲染和夸张的语言来吸引读者，*THE DAILY*的主编Jesse Angelo就来自邮报。将一个新的数字报命名为*THE DAILY*，没有任何地域上的定位，就算是原来《纽约邮报》有老读者知道，那又能怎么样呢？ 邮报的老读者不一定用iPad，用iPad下载该报的又不知道在哪里，这就造成读者群分散而且很难界定，也必然造成广告商特别是区域性强的零售商的疑虑。

六、发行平台过于单一，成本过高，用户数量不足

*THE DAILY*的发行平台只定位于iPad。现实却是用户已经越来越习惯在平板电脑、智能手机、个人电脑以及纸质出版物之间无缝“转换”消费新闻。此举逼迫读者只能在一个平台上进行互动，严重限制了用户的增长。同时，*THE DAILY*的成本过高：一年3000万美元的预算，每周50万美元的运营费用和一个120人的采编团队，高额的投入成本却没有足够的付

费用户支撑。截至2011年10月，*THE DAILY*的付费用户仅有8万。2012年7月，*THE DAILY*裁员近1/3，但依然无法改变巨额亏损的现状，12月初，新闻集团宣布*THE DAILY*亏损3000万美元，这份iTunes商店里订阅收入最高的新闻产品只能被迫停刊。

报业的“双腿时代”

报纸为什么会存在？这是一个复杂的问题。

但是有一点，人活在这社会上，社会性是人的本质属性。为了不与社会脱节，获取社会的信息，新闻信息是必需的。获取信息有很多途径，如广播、电视、报纸、网络等。很显然，广播是听的，有其先天缺陷，电视只能看，而且要在家里看，出了门就不方便看。报纸的好处是方便，可以随时随地看，看一半也可以放下来，有空接着看，看了还可以给别人看，看到有好的信息还可以收藏起来。还有一点是，报纸便宜，特别是中国的报纸更是便宜，而广播、电视都不具备这些。所以当互联网出现，特别是移动互联网出现并盛行前，没有什么可以替代报纸媒体。

但是当移动互联网的出现，报纸的这些优点，互联网都具备，看新闻甚至不花任何钱就可以阅读，更为突出的是，还可以互动、可以分享、可以链接等，所以很快报纸就被移动互联网抢走了蛋糕，导致报业的大幅萎缩。

那么，在这种情势下，报纸必须走出去，向数字化方向转移。结合我们上面总结出的*THE DAILY*失败的教训，我们认为，适合报业发展方向的数字化转型，以下几点是值得我们去思考的：

一、“双腿走路”，是报业的必经阶段

在今后相当长一段时间内，报业的发展恐怕需要学会“两条腿”走路才能走稳，以前能一只脚“鹤立鸡群”，是因为报业的对手都是“鸡”而已，如今不同了，报业的对手如狼似虎，报业这只“单脚鹤”，再也无法那么气定神闲、悠然自得了，是时候放下另外一条高贵的腿出来，准备随时奔跑或者起飞了。

报业的“两条腿”，一条是传统的印刷版报纸发行，另外一条是数字版发行，而且必须有两条腿才能走稳。只靠纸质报纸发行，我们已经论证了很多，行不通是一定的。而单靠数字版发行，可能也要像*THE DAILY*一样死得很惨。报纸也许像那位美国佬菲利普·迈耶说的“正在消失”，“正在”持续多久？30年？ 30年后的情况谁也说不清楚，也许30年后，报业的数字版发行又可以鹤立“兽”群了，那是后话，毕竟“三十年河东，三十年河西”，媒体行业风水轮流转也是符合自然法则的。

*THE DAILY*的失败，也从侧面证明了传统纸媒在电子化、网络化的道路上还不是一蹴而就的。新媒体的冲击，不会立即取代纸媒，两者会在相当长的一段时间内并行不悖。但如果报业能够运用互联网发展的优势，摒除传统报纸发展中不适应互联网时代的因素，那么，我们的报业将会顺利地实现由单靠纸质媒体的“一条腿”向拥有纸质媒体和数字化媒体两条强健的“双腿”走路的转变。

既然需要两条腿才能走稳，那么就意味着数字版的发行必须依靠传统报纸的品牌，才能稳健前行。

二、Pad是最适合报业数字化发展的载体

进入互联网时代，碎片化的生活导致了人们不可能像十年前那样上班——“一杯茶、一支烟、一份报纸看半天”。人们生活在高节奏的状态下，上班可能不在办公室，吃饭也不一定在餐厅，地铁上也可能在娱乐，人们没有很多时间花在电视上，没有很多时间花在报纸上，没有很多时间花在台式电脑上，而大部分获取信息的时间是在零零碎碎的工休间、上下班途中、睡觉前，甚至是在上洗手间的过程中。而在这个过程中，什么方便？一是手机，一是平板电脑（Pad），Pad具备屏幕大的特点，玩游戏、看视频和照片的效果都比手机好。当然，现在手机和平板的界限越来越模糊，Pad越来越“迷你”，手机也越来越大屏化，很多Pad也可以用来打电话。

所以，作为我们报业的载体，当首选Pad(包括迷你版的Pad)。这一点，*THE DAILY*当初的考虑没错，而且亚马逊的Kindle电纸书也是明证。

三、Pad报纸新闻短时间内不可以收费

我们处于信息过剩的时代，各种互联网新闻网站的新闻既快又多，还有各种免费的移动新闻App，数不胜数。我们的受众没法接受看一般传统的新闻信息也要缴费。而且，在我们国内，新闻行业还要肩负着舆论导向的职责，大家都看不到你要宣传的东西，谈何舆论导向。

有人会说，读者看报纸都是花钱买的。但是，报纸的售价绝大多数是低于成本的。在厚报的时代，报纸看完卖废报都差不多值购买时的价格。这跟免费看报有多大的差别？

四、新闻和广告必须像传统报纸一样是一体的

报业的运营模式是靠两次销售，第一次销售是发行，通过发行，将报社采编、出版并印刷出来的报纸发行出去（销售或赠送的办法）。第一次销售完成后，才有第二次销售的可能，就是广告的销售。所以广告的销售是建立在第一次销售之后，相对来说是“水到渠成”的。说得难听点，是顺便的事。读者在看报时顺便地看到广告的事实。用互联网的术语，可以叫“流氓插件”，至少也是“广告插件”吧。

所以报纸的广告对于读者来说，是带有某种“强制性”的，这个“强制性”也可以叫报纸的新闻和广告的“黏度”。违背了这个“黏度”，广告就没法实现。而商家最不愿意看到这一点。

而报纸要通过Pad形式传播信息来实现报业的运营，达到报业盈利的目的，也必须让广告跟着新闻走才能实现。我们知道过去一些报社会通过手机报、微博、微信等方式传播新闻信息，但这些工具很难实现新闻和广告的一体化，就是广告和新闻的黏性小，很难实现经济效应。所以即便一些报社的微博粉丝动辄达到数百万，其实际的经济效应不敌实际发行量的一万份，尽管微博粉丝的数量为报社的品牌宣传是有作用的。

五、必须有一支发行队伍

第一，任何一家企业，营销都是最重要的，销售队伍最终实现企业的

价值，必不可少，而作为新媒体产品Pad载体再好，也需要宣传和拓展，需要向潜在读者推销。第二，Pad背后承载的是一家报社的新闻信息传播，不仅要实现第一次销售，还要为第二次销售做准备，作为报社，特别是地方性报纸，其地域定位是非常明显的，广告商在报上做广告，是看中了在指定地域的宣传作用。第三，这是由传统报业向数字化转型的必然过程。读者由传统纸质报纸转向用电子物读报，需要一个观念上的转变，特别是老读者，发行人员甚至要教他们如何使用，向他们介绍有什么好处，比传统报纸有哪些优势等。

发行队伍的重要性，就如同在军事信息化的今天，仍然需要军人一样，只是对军人的素质要求更高。作为发行队伍，要小而精干、综合能力和综合素质更高。

六、转型的报社必须要有互联网基因，有互联网技术的支撑

传统纸媒的运营机制是十分成熟的，其专业化的新闻队伍、长期形成的品牌、广阔的信息渠道、丰富的经验，以及公信力高、易被公众接受等优点，在向数字化转型中，需要吸取；但当载体发生变化时，我们就要重视在数字化媒体中传统纸媒不具备的特性：用户体验、互动、链接、开放和共享等。从某种意义上，报业的转型成功与否，很大程度上取决于能否完美地将互联网企业的基因嫁接到传统纸媒上。

第三节 云发行系统

云发行，就是云载体的发行，其核心是云载体。云发行是云计算技术在报业发展上的综合运用和系统工程。

纸媒的盈利模式是通过“两次销售”完成的，无论报业经营的载体是什么，这个规律都是报业不可违反的规律。在传统报业以报“纸”作为载体时代，这种运营模式已经十分成熟，但是当这种运营模式带来的利润越来越少甚至几乎无法盈利时，再加上其他媒体来势汹汹地围追堵截，我们的报业的自信慢慢消减，于是怀疑、气馁、绝望。怀疑报业的两次销售模式在互联网时期已经不再适合，报业转型的方向也无法找到，以致“报业寒冬论”甚上尘嚣。

没有不好的行业，只有做不好的企业。企业效益不好，不是行业出了问题，这个丝毫不要怀疑，就算同行跟你的遭遇全部一样，也不用怀疑。只是还没找到解决的办法而已，就这么简单。不要把大集团大企业看得那么神圣，跟菜市场卖菜没什么两样。同样是经营，同样是摆摊卖菜，你赚不到钱，是你的问题，你得从你的摊档位置、你的销售手段、服务态度、价格水平、菜的质量等方面去找问题。如果这个市场大家都赚不到钱，一定是这个市场有问题，而不是卖菜这个行业就没法做了。

报业经营出现问题，以前能赚钱，现在赚不到了，问题在哪里？这个问题其实大家都很清楚，就是载体的问题。报纸这种载体不再受青睐，大家把视线转移到各种各样的“屏”上了。“大家把视线转移到各种各样的‘屏’上了”这句话，就是市场导向。做企业的，我们没有理由不以市场为导向，没有理由不以客户（读者）为中心，为目标客户提供最适合的产品和服务。所以我们的报业转型唯一能做的，就是跟着读者的视线走，首先在“屏”上实现突破，然后围绕“屏”这个载体展开各项工作。

云发行的载体

根据报业的盈利模式规律，那么这个纸媒替代品“屏”至少满足以下条件：

（1）能看到我们的报纸；

（2）有时间看我们的报纸；

（3）方便看我们的报纸；

（4）看报纸时也看到广告；

（5）时时看到我们的报纸和广告；

（6）免费看我们报纸。

以上六个特征前五个是层递关系，“时时看到我们的报纸和广告”是最高目标，也就是说，如果达到这个目标，我们的报业转型也就基本完成了。我们要找出能基本替代报纸的载体，就必须找出一种同时符合上述六个特征的。那么常见的可以看到报纸新闻的硬件有下列这些：

（1）台式电脑；

（2）手机；

（3）平板电脑（Pad）；

（4）笔记本电脑；

（5）电纸书；

（6）读报机；

（7）各种楼宇广告屏；

（8）公共场所阅览屏；

（9）交通设施上的移动屏；

（10）家庭三网融合屏。

在这些硬件设施中，都符合第一个特征。在互联网时代人们获取信息越来越碎片化的情况下，移动屏成为主力，只有在手机、Pad和电纸书里面筛选，这三种电子设备里，手机具有最不可替代性，按理说应该是最好的选择，但是报纸的版面（携广告）对于手机屏来说，过于小了，剩下的Pad和电纸书就成为“状元”和“榜眼”。这两种产品各有优势，以至于亚马逊公司生产的电纸书Kindle在美国风靡一时，至今势头不减。Kindle

显示的数字版跟真的印刷品最为接近，在阳光下也不影响，耗电量少，受到用户青睐是自然的；但不管如何，这种电纸书还是敌不过iPad。为什么？Kindle有优点一定会有其弊端，耗电量少，说明其功能一定没有平板电脑多，功能少，就无法满足现代年轻人的多种爱好需求。而现代人随身携带手机是必需的，也可能另有一台电子设备，比如平板电脑；但是一个人除了手机、平板电脑之外，再携带一个类似的电子设备，是极少的。所以，如果再从电纸书和平板电脑里选择，选平板电脑的人显然更多一些。

所以Pad“责无旁贷”地成为我们纸媒载体替代者的首选。当然，其他载体可以作为必要的补充。

那么普通的Pad能否满足纸媒替代品上述的五个特征呢？答案还是否定的。

Pad只是满足了前三个特征：“能看到我们的报纸”、“有时间看我们的报纸”、“方便看我们的报纸”，但是还有“时时看到我们的报纸和广告”和“看报纸时也看到广告”两个条件没有满足。要满足剩下的两个特征，就需要在软件上下工夫。

在软件上，我们一些报社常做的是App，一些报社的App做得不错，用户体验也很好，更为重要的是，他们也将新闻和广告融合在一起，跟传统纸质版报纸一样，这种做法值得借鉴。

在Pad上下载App的做法，将传统报纸的优势跟数字化的电子设备融为一体，是符合报业盈利模式的。但是这里有两个关键问题：一是读者为什么要下载我们的报纸App，二是读者下载我们的App是否要收费。*THE DAILY*对这两个问题置之不理，结果失败了。

有人会回答，免费下载不就行了。这种回答还是过于草率。

我们很多报业老总没有默多克出名，也没有新闻集团那么有名气，甚至没能取一个“日报”这么响亮的名字，凭什么？凭我们报纸的大品牌吗？凭借品牌会有一批拥趸。这样做我们是不是很被动？

怎么办？我们派人去读者家里劝说，让读者下载我们的App读报？读者会怎么说？读者会说：“我的平板我做主，我家里有订报纸，我手里的平板是玩游戏的。”一句话堵回去了。也许将这事反馈到领导那里，报社领导说这个问题好解决，送礼品给读者，让他下载我们报纸的App。行吗？人家下载之后再卸载，你会知道吗！显然还是行不通。

但是，读者说得好，“我的平板我做主”没错，如果平板不是读者的呢？而是报社的平板，报社发行的平板，读者还会这么说吗？不会！因为报社可以不给读者这么说的机会。

怎么做？报社必须有一个研发部门（当然可以跟IT企业合作一下），这个部门相当于报社的印刷厂，只是不印刷纸质的新闻载体，而是电子载体——Pad。这个Pad表面上与其他平板电脑一样，功能也一样，硬件配置甚至还高于普通平板电脑。但在这个操作系统里，报社须做“手脚”。新闻和广告一起的报纸版面内容与操作系统深层定制，其界面是我们的报社规划好的。读者每天必须一页页翻过我们的报纸后，才可以进行其他操作。读者如果不看报纸内容，可以快速一页页翻过。但也必须翻过，这是死条件，这是报社对读者唯一的一点点“要求”，但报社回报读者的是如下的优惠：

（1）以远低于同类平板电脑市场价的价格，购买我们的大品牌的Pad；

（2）坚持使用（报社从后台监测）的读者三年后可以以旧换新；

（3）长年免费看我们的电子版报纸；

（4）使用本报Pad的读者，可以享受金牌读者和本报网上商城上的一系列优惠等；

（5）其他优惠（不同报社根据实际情况而定）。

云发行的组织架构

报业的全媒体转型，是以新媒体为核心的转型，不仅仅是有了新的产品和平台就可以实现，还需要一系列的配套改革，特别是组织架构方面。转型的数字化报业的组织架构至少应包括以下职能部门：

1. 数字中心

步入数字化时代，报业面临巨大的挑战和机遇。报业要加快步伐，才跟得上技术和客户行为的不断变化。经营战略必须与不断扩展的数字化战略无缝交织在一起；这些数字化战略要涵盖互联网、移动、社交、本地等要素以及将来可能出现的任何创新。为了应对这些挑战，全媒体转型的报业必须设立数字部，这个部门负责管理数字化战略，并且在整个报业范围内积极推动变革。

2. 战略中心

现在的报业是个产品同质化的时代，即使实现了全媒体转型，也要在如何寻找客户的准确需求、建立差异化的产品形象、让产品利润最大化上做工作。同时现在的报业集团多元化、多品牌、多定位趋势越来越明显，如何进行品牌组合建立优良的品牌体系、专业的管理、实效的传播等显得非常重要，所以品牌战略是一个企业战略的决策性工作。

3. 营销中心

云Pad的营销中心实际上是发行部和广告部的融合，也就是说将报业的“两次销售”融合到一个部门。而营销中心内部还是分为两个团队运行。这样的好处是，让发行广告能够密切交流和互知冷暖，改变以往的互不理解和相互指责局面，从而更好地推动整体良性运行。该部门也同时负责收集来自发行和广告的市场信息。

4. 内容中心

云发行时代，内容中心与传统的采编中心有区别也有联系。内容中心可以包含采编中心，也可以不包含；内容中心更强调数字化的内容，因为采编中心的内容主要还是针对传统报纸的版面内容，而内容中心主要是针对发布到新媒体终端的内容，两者是有区别的，内容中心发布的内容有可能是经过改进或转化的采编内容。

5. 产品中心

云发行时代，产品中心为了快速的反应而生产出符合市场要求的产品，将传统的技术部和市场部融合在一起，形成产品中心，主要负责市场调研、分析和研发、改进产品。

6. 数据中心

云发行时代，媒体主体与读者（用户）间是双向的互动过程，此过程中，媒体主体积累的大量数据资源将是报业创新的依据和根源。

云发行的优势

（1）保持了传统纸媒的品牌导向、纯正血统和新闻公信力；

（2）Pad载体具有“轻、快、活”的特点，最适用于微博、微信等SNS渠道，易形成“圈子”；

（3）用户群以中高端群体、年轻时尚人群为主，与广告主的主力消费人群高度匹配；

（4）利用云报内容和广告的传递作用，可以将各类网民读者转化为报社的经营对象；

（5）云发行载体可以占用一个读者全天更多的时间，提高广告的受众时间和被关注的几率；

（6）报社拥有强大的区域资源和资源整合能力，具有“地空结合”的优势，确保推广的落地；

（7）云报可以为媒体搞地区性经营活动提供各种技术手段，包括社调、票选、电商等！

云媒体系统

云发行的基本架构由三部分组成：生产后台、前端显示、发行载体。

1. 生产后台

生产后台由云发布系统、互动平台系统、即时发布系统和电商平台系统组成，这个后台由内容中心和数字化中心共同完成。

大厨房DIY式的生产后台，优势在于多功能、可视化、智能化、易操作、高扩展、低成本 。包括：

（1）云报生产发布；

（2）专题聚合制作；

（3）分类信息制作发布；

（4）原版自动化智能解析；

（5）多媒体热区排版工具；

（6）一键多通道多载体发布。

▲云发布系统。将传统报纸原版通过数字化解析，通过网络可以发布到平板电脑、手机、各种终端屏上，读者可以通过移动终端看到传统报纸一样的版面设计，包括广告内容。比传统报纸更为方便的是，读者可以触摸版面上的某一条新闻或广告，会立即生成一份小型电纸书，读者可以通过翻页的形式翻看，并可以放大字体，当阅读完一条新闻后触摸返回键即回到版面页。除了文字内容外，新闻和广告还可以通过视频播放，图片可以多角度旋转或用3D等方式出现。

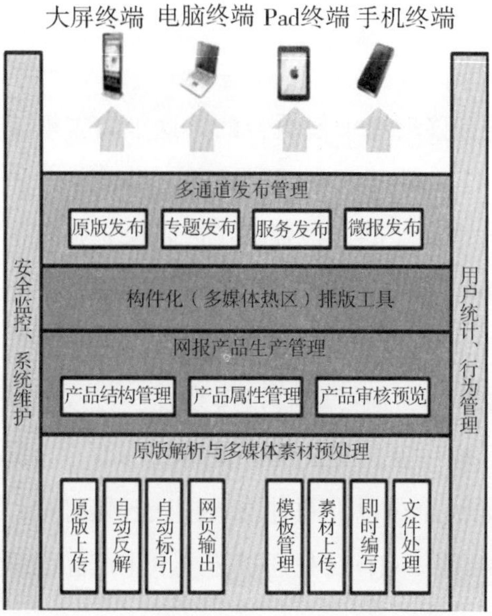

当出现重大新闻时，不再需要像传统报纸一样出版“号外”，而可以通过云发布平台，直接发布到报纸版面中，并实时推送到客户端，实现“报纸”同网络新闻一样的速度。

▲互动平台系统。这个系统的建设是为了充分体现报业的互联网特征，实现网友同报社的实时双向沟通。其一，报社可以通过此平台对重点热点新闻实时发

布；其二，报社可以将一些热议问题让网民讨论和征集网民意见；其三，网民之间也可以就某一议题进行互动。

▲即时发布系统。这个系统主要是针对微博、微信、微报等微信息进行的实时播报。只是把现有的微博发布系统同云发行系统整合到一起。

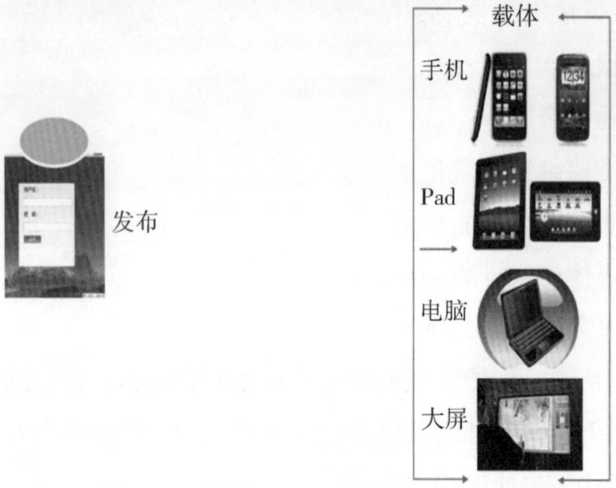

▲电商平台系统。此系统是将传统的投递系统和配送系统整合到一起，建立属于报业自己的电商系统，这个电商平台通过报业的发行终端直接建立在读者的阅读界面上，让读者有更多的接触报业电商网站的机会，实现传统网站无法比拟的经济效益。

2. 发行载体

▲Pad。使用平板电脑读报是所有移动屏中最适合的，这毋庸置疑。而且正以越来越流行的趋势迅猛发展，因为它方便、时尚。看视频、图片、玩游戏据说是持平板者的首选。当报业的云报强势（或者说是强行）进驻平板电脑，也许未来持平板电脑者又多了一份爱好。云报Pad的大小可以按照iPad和迷你iPad的大小作为参照设计为两种规格。

所以发行Pad是云报发行的主体部分，通过现有投递系统，可以迅速地将读者群中年轻一代读者替换为云报读者，年老读者也可以争取，这是云报可行性的基础。此外，还可以通过至少以下两种方式拓展云报订户：一是像传统拓展报纸订户的方式拓展云报Pad；二是通过传统电子产品的渠道进行销售。

▲楼宇触摸屏。报业的社会资源优势是其他社会广告媒体无法比拟的，再加上，传统楼宇广告屏一直延续着“看”广告的传统，导致这些广告屏往往形同虚设，广告受体实际上“不屑一顾”，广告效果越来越差，已是许多广告商的共识。而云报楼宇触摸屏，增加了新闻上的优势，增加了可触摸的优势，增加了可以翻看的优势，比传统广告屏的只能看、过眼云烟式的纯广告效果好百倍。

▲手机屏。使用手机屏读报的读者数量会很大，但手机屏只能是作为一种补充，因为对广告商来说，广告的效果明显弱于使用Pad的读者和其他载体的读者。针对手机屏的是做出云报App，让读者自由下载。

▲阅报大屏。阅报大屏主要是针对公共场所的读者设置的。公共场所的受体数量是庞大的，而且其社会效应会很好。所以，这一部分的市场绝对不能小视。特别是在机场、车站、码头、银行、政府机关、高等院校、医院、大型商场、高档酒店餐厅、娱乐场所、社区、公园等场所，是放置阅报大屏的最佳场所。

当然还有其他屏，如PC屏、家庭的“三网合一”屏，都是我们云报的发行或发布目标。

3. 前端显示

前端显示是受后台生产制约的。所以读者的体验是后台生产的依据和基础，没有前端很好的体验，后台生产就要不断改进。同时，后台的生产也需要用户体验才能得以改进。

数字化原版不仅满足读者有“读报”的感觉，而且点开数字化原版有可互动、可链接、可分享的互联网体验特点。对报业经营来说，更为重要了，数字化原版夹带的广告，为报业经营实现广告盈利提供了可行性。再有，新闻存在的方式，不再只是文字，还可以是视频甚至是广播。广告的存在方式也具备上述的特点。

互动社区、即时信息、电商网站的前端显示也符合了互联网的用户体验特征，满足读者对新闻信息获得的时效性、互动性特征，以及适应读者网购的习惯。

第二章 《羊城日报》云发行模拟案例

第一节 背景

由于经济形势的影响，特别是互联网、移动互联网等新兴媒体对传统纸媒的冲击加剧，2012年《羊城日报》的广告营业额较上一年降低了37.3%，营业额在全国的排行不仅退出前五名，更是退居同城《珠江都市报》之后；发行量更是较上一年下降了23.8%！报业经营的剧跌，令报社高层极为震惊，新上任不到一年的杨社长更是焦躁不安。

第二节 战前

为了摆脱困境，2013年元月15日开始，社委会连续两天召开紧急会议，以应对报社经营的颓势。

一连三天的讨论并无实质性的进展，但最终达成了一致意见：必须下定决心向数字化转型，为了杜绝“一言堂”，充分发动报社各部门，发挥集体智慧，开展一场“头脑风暴”。

发行公司总经理邹有为紧急召开应对发行问题的会议。邹有为作为社委会成员，刚兼任总经理一职不到半年，对公司的业务还没完全摸透。公司虽然有三个副总，但三个副总在位多年，都是老一套的思想，缺少改革和创新意识；所以，在报业转型的时期，发行的改革只能是靠各个部门出谋划策。加之邹有为对公司中层和下层的了解不多，这次会议刚好可以加强对他们的了解，所以格外重视。经过两天的讨论，邹总搜集到了发行公司八个部门关于经营的建议多达35份！其中关于发行的建议11份。

邹总曾长期从事营销和品牌宣传管理工作，有极强的市场意识和品牌意识。他在整理关于发行的建议时，注意到了一份来自市场营销部主任徐苏文的建议。用邹总的话说，这份建议当时让他“眼前一亮”。

徐苏文的建议是站在集团经营转型的高度，在后互联网特别是移动互联网的冲击下，报业应该首先以发行作为突破口进行转型。他认为过去很长时间，本报以及很多报社在经营上其实都有一个通病，骨子里是重广告轻发行的，虽然每到大收订时期，社领导说发行有多重要，应该以发行为中心，必须完成什么样的任务，但过了大收订又有谁会注意到发行呢？这种对发行的认知错误，导致了报业经营在遇到困难时，就会产生“经济形势不好”、“全世界的报纸广告都在下滑”、“报业是个夕阳产业”等悲观论调，而不会深入到问题的本身，去发现问题出现在哪里。

徐苏文是个性格直爽、风风火火的人。他是个爱学习的人，他钻研了中外关于报业发展方面的书籍，阅读了所有国内的发行著作；他是个非常敏感的人，他时刻注意报业的走向，对中西方报业数字化的探索十分关注；他是个实战经验十分丰富的人，他曾长期在一线工作并多次带领团队在拓展的前线；他是个爱思考的人，他无时无刻不在思考报业的转型、发行的转型问题。

徐苏文认为，报业必须向数字化转型，这是毋庸置疑的，而报业的转型必须首先在发行上实现转型，而且只能以此为突破口，才能实现报业的再次腾飞。他说，在发行上的突破，只能在发行载体上做文章！西方的探索有失败的也有成功的，这给我们积累了很多经验，让我们有更多的思考，国内的探索也给我们很多改革的参照。所以他建议，用Pad(平板电脑，我们称之为“云Pad”)作为报纸载体的替代者有得天独厚的优势，在营销上，也最具备可操作性。他信心满满地认为，这就是报业转型的最大契机。

按照徐苏文的方案，如果实现云Pad对传统订户的替换，50万订户替换之后，一年就可以节省3.6亿元人民币！而这只是单从发行节省部分来算的，还有新媒体发行量的增加带来的广告效果，新型发行方式的扩展带来的经济效益，以及发行扩展和附加部分的经济效益，将是报业盈利的更大部分。

邹总针对徐苏文的建议，专门找他讨论，并征询发行公司副总和其他部门主任的意见，最后，整理出了一份长达八页的报告，提交到社委会。

社委会经过多次讨论和修改，最后出台了2013年第一份文件（羊字经001号文件），简称“一号文件”。按照该文件的精神，在互联网和移动互联网对传统报纸的冲击下，为扭转经营下滑，增强竞争力，《羊城日报》将积极主动地进行战略转型。为此要求发行公司在报社的经营上先行一步。发行公司须改组内部组织结构和职能，改变战略方向，由传统发行向适应互联网时代的现代发行模式转变，由发行报纸向发行云Pad（新媒体报）的转变。报社的采编中心、网络中心和采购中心成立专门小组同发行公司对接，在新媒体内容、技术创新和设备采购上给予全力配合。

根据“一号文件”精神，发行公司迅速对2013年发行工作做出部署，其中针对新媒体发行有以下三点：

第一，总体原则，扩大云Pad的发行，传统报纸发行不再作为主要拓展方向；整合物流配送网络，发挥物流配送的区位优势，扬长避短。

第二，增设新媒体部和云Pad发行部，由徐苏文统管和协调，其中新媒体部负责技术、产品开发、同编辑部门的对接等职责，云Pad发行部负责云媒体产品——云Pad的发行拓展工作。并确定徐苏文统管的两个部门作为公司向新媒体转型的核心部门。

第三，云Pad拓展将成为公司的一种常态，逐步由老市区向外围推进。同时规定了新媒体部和云Pad发行部的工作计划表：要求新媒体部在四个月内实现产品的到位；云Pad发行部在这四个月内要完成人员招聘、队伍培训的任务，力争在6月初开始拓展工作。

2月17日，正月初八，春节开工第一天，发行公司邹总就召开了发行公司副站长以上的会议，会议在报社的大会堂举行，此次大会的目的，一方面按照公司的惯例，公司领导给与会的400多人发“利是”，向大家拜年；另一方面是为公司的新战略做宣传，为新成立的云Pad拓展部召集人才。邹总号召大家转变思维，锐意进取，不畏艰难，为公司、为报社的战略转型的胜利做贡献！希望大家积极推荐，踊跃报名，参加新媒体部门员工的选拔。他告诉大家，云Pad拓展部不仅是本公司的核心部门，也将是报社最有活力和发展潜力的部门！

第三节　云Pad

云Pad，是一个新鲜事物，是纸媒数字化的产物，是承载新闻和广告的一个新载体。云Pad的出现，是传统纸媒经历过报纸、办网站、办数字版、手机报、微博、微信等数字化探索后的一个唯一有望直接带来经济效益的探索。

云Pad有什么特点？首先不是传统的报纸网站，也不是报纸的数字版。它是通过云Pad制作系统（云服务平台），用全自动生成工具快速生成云Pad内容（一份80个版面的云Pad内容，只需20分钟就可自动完成解析和发布），然后发送到各种终端的阅览屏。这就是云Pad系统。而其强大的全媒体应用集成工具，可以在云Pad任意页面任意位置上，就任意需要深度关联的内容制作文集、相册、音乐、视频或其组合，并制作立体化广告和电子商务网站挂接等等，只需轻点鼠标几秒钟就可以搞定。后台其他具有可扩展性的功能，如发快讯、做专题等，都十分简便快捷。

将云Pad同传统发行结合起来，是云Pad拓展部主任徐苏文思索了很久的问题。他这种思想的来源是偶然的。说是偶然，是因为他2010年去深圳偶然参加了深圳“高交会”，在闲逛中，走到一个叫“联著”的展位，看到有人在用大型的触摸屏看报，这引起了他的极大兴趣。出于对媒体经营的敏感，他在思索如何将这些大屏幕应用到发行中来。如果将报纸都换成大屏幕，那不是一样让读者看了我的报纸？那报纸传播的目的不是一样达到了？既然大屏幕可以，那为什么小屏幕就不可以？如果把屏幕缩小到iPad那么大，不是更实用，人们更喜欢？正由于徐苏文在发行上长期的这样思考，所以又可以说，云Pad终端在他工作中的应用是个必然。

所以，当徐苏文接到公司这个任务，就迅速地积极地同“联著”联系，并多次前往该公司进行考察。经过几轮的接触，确定了定制产品的要求：

（1）产品包括一套云服务平台。

（2）两种云Pad终端产品设备：9.7英寸云Pad和7.9英寸云Pad。

（3）云Pad基本参数要求见下。

屏幕尺寸	7.9英寸	9.7英寸
操作系统	Android4.2	Android4.2
处理器核心	双核心	双核心
存储容量	可扩展16GB	可扩展16GB
屏幕分辨率	2048×1536	2048×1536
摄像头	双摄像头（前置：120万像素，后置：500万像素）	双摄像头（前置：120万像素，后置：500万像素）
产品重量	320g	660g
WiFi功能	支持802.11a/b/g/n	支持802.11b/g/n
屏幕描述	多点电容式触摸屏	多点电容式触摸屏
产品定位	阅读娱乐平板电脑	阅读娱乐平板电脑
处理器主频	1GHz	1GHz
显卡核心	四核心	四核心
网络模式	支持3G、4G	支持3G、4G
颜色	黑色、白色、天蓝色	黑色、白色

（4）Pad专门定制系统：用户体验中，每天首次使用必须一页一页翻完本报的“云Pad”后，方可操作其他功能。翻看之后同普通平板电脑无异，屏幕界面的首界面是本报的云报界面，次界面是其他应用界面。首界面包括本报云报、系列报数字报、微博、微信、预留便民平台等。

（5）大小两种尺寸的云Pad总共生产量为13万台。9.7英寸云Pad生产总量为8万台，销售价格控制在1200元/台以下，其中黑色5万台，白色3万台；7.9英寸云Pad生产总量为5万台，销售价格控制在1000元/台以下，其中黑色2万台，白色2万台，天蓝色1万台。

（6）签订合同后，四个月内首批Pad交付7万台，大云Pad交付4万台，小云Pad交付3万台。剩下6万台，按照三个月平均数量、平均型号和平均颜色交付。

云Pad拓展部将这些要求形成报告后，上报到公司，公司上报到集团。很快就得到批复：可以按要求签合同下订单。

第四节　选将招兵

根据公司的总体作战方案，徐苏文被任命为该项目的总负责人。徐苏文对即将成立的作战团队结构进行如下设计：团队总人数除徐苏文之外，共60人；下设6个小分队，每支小分队10人，1名队长9名队员。人员的甄选问题，徐苏文强调用人的基本原则为：先选“将”再招“兵”，“将”由自己亲自把关；“兵”由“将”选，徐给参考意见。“兵”指普通队员，“将”指6个小分队的队长。人员甄选办法：

（1）征聘人员的基本要求为：

①队员要求高中（含）以上学历，队长须大专（含）以上学历，身体健康；

② 性格活泼、开朗、乐观，上进心强，理解能力好；

③ 善于与人沟通、具有良好的服务意识与团队合作精神；

④热爱销售业务工作，敢于接受挑战，能吃苦，能承受一定的工作压力；

⑤ 具有销售业务等工作经验者优先考虑。

（2）征聘途径：从本公司的报名者中挑选40名，社会招聘（网上招聘、人才市场招聘、校园招聘）20名。

（3）初定薪金和福利：工资（基本工资2800元+职位工资）+业务提成，队长“职位工资”为1200元。公司购买“五险一金”，提供集体宿舍。

提成方式：销售云Pad的队员的提成为销售额的5%，队长提成为：其所管理团队的销售总额的1%。

（4）招聘操作过程中，放宽招聘名额到原定名额的120%，预留招聘期间、军训期间和培训期间的人员流失。

（5）具体招聘工作由人事部负责操作。15个工作日内结束招聘工作。

第五节 培训

对于一个团队，军训是非常必要的。军训除了学习必须掌握的基本知识、基本技能和增强体质以外，还有利于克服娇生惯养、害怕吃苦、作风散漫、意志薄弱、缺乏集体观念和纪律性差等缺点，有利于增强组织纪律性，养成顽强勇敢、坚韧不拔、吃苦耐劳、不怕困难的优良品德，弘扬团结友爱、互相帮助的集体主义精神。

员工军训有利于公司管理制度的落实 。员工从不同的地方汇集到一起，有着自己的生活习惯和兴趣爱好，这就需要规章制度来加以规范，但由于一些员工的自由散漫作风，往往使一些规章制度难以落实，而通过军训员工可以感受到军训严格的纪律性，培养员工服从命令听从指挥的习惯，能使员工克服各种缺点。

从3月18日—23日，实际招聘到的70人，参加了番禺某青年训练营为期一周的封闭式军事训练。

通过军训，大家在组织纪律、身体素质和精神风貌上都焕然一新，队员之间也增进了了解，一部分队员的组织能力初步体现出来。

4月1日—5月20日，在此时间内进行了为期近50天的业务培训。培训地址选择报社在白云区的培训学校进行。培训内容主要涉及五大块：

（1）企业文化、团队理念；

（2）营销思维、营销技能、营销实践、日常礼仪；

（3）媒体传播基础知识、财务基础知识；

（4）互联网和移动互联网基础知识；

（5）传统订报纸实操。

培训老师除了上述的第三和第四条分别有报社培训学校老师和本公司终端提供商进行培训外，企业文化、团队管理和营销方面均由徐苏文主任亲自担纲。

这里有必要对徐苏文主任的简介做一些述说。

徐苏文1964年生于江苏南京。早年曾随同乡一起参加“十万大军闯海南”，1987年开始接触报纸发行，1992年在南京成立了中国首家民营报刊发行公司——南京苏宁报刊发行公司。发行公司曾做得风生水起，为当地的《金陵晚报》《扬子晚报》和全国多种报刊在南京的发行做出了莫大的贡献。

1999年加盟《羊城日报》，主要从事该报在广州城区之外的拓展工作，涉及范围包括上海、珠三角六市、粤东等地区，并为该报在上海的分印、在汕头的分印奠定了基础，巩固了该报在珠三角的统治地位，有力地遏制了对手报在上述地区的扩张。

徐主任自小好学，上中学期间曾搭帐篷在秦淮河河畔读完《资治通鉴》和“二十四史”。在《羊城日报》期间，徐又利用业余时间苦心研究中国纸媒经营发展趋势，钻研发行与营销的关系，学习中外管理学知识，以及国学、兵法、哲学知识，并将学习的内容应用到管理工作和日常培训中去。在实践中学习，在学习中实践，积累了丰富的发行实战和团队管理经验，这是徐主任取得所有成绩的关键。徐对发行经营和管理如痴如醉，乐此不疲。用徐本人的话说是，“已经发誓献身于中国的发行事业”。

2009—2013年，徐苏文被调配到发行公司的关键部门——市场营销部，负责《羊城日报》的营销管理工作。而新成立的“云Pad拓展部”和未来的管理工作，对徐来说又是一个新的挑战。

徐苏文对发行人员的培训思想概括起来就是“想到”、“说到”、“做到”，主要分为三部分：第一是沟通能力的培训；第二是销售实践能力的培训；第三是团队作战的培训。此次培训内容如下：

（1）“结果是想出来的”，主要讲解几个重要的成功法则，包括吸引力法则、移山法则……

（2）“发行是说出来的”，主要培训员工的沟通说服能力、绝对成交能力，以及销售的基础知识和发行的基础知识等；

（3）“团队是打出来的”，从团队作战的角度，培养企业文化、团队理念、军机，实战演练。

第六节　思想

5月22日，公司召开拓展动员大会，邹有为总经理发表重要讲话。邹总说，我们处在一个日新月异的科技时代和信息时代，我们的媒体行业，我们的发行同仁，必须紧跟时代步伐，才能立足和生存。这要求我们发行人必须求新求变，求实求成，不仅要有吃苦耐劳的精神，也要有源源不断的创造力。邹总鼓励大家不畏艰难、开拓进取，争取取得拓展首期（五个月）的大胜利。最后强调，五个月胜利归来时，一定为大家大摆庆功宴！

徐苏文对各个小分队的状态非常满意，对大家夺取拓展的胜利有足够的信心。大会结束后，徐苏文对小分队的作战区域和生活保障等问题也做了细致的安排：

第一小分队（队长郭晓武）负责天河区的拓展工作；

第二小分队（队长周课）负责越秀区的拓展工作；

第三小分队（队长于付合）负责荔湾区和白云区的拓展工作；

第四小分队（队长周辉煌）负责海珠区的拓展工作；

第五小分队（队长张建）负责黄埔区、花都区的拓展工作；

第六小分队（队长吴志）负责番禺区的拓展工作。

各个分区的拓展范畴包括小区居民、商铺和小型工厂等。市内50个发行站必须同该区域内的拓展小分队保持密切联系。老读者转订云Pad的，该线路的投递员会提成30元/台，销售成功，投递员可以直接从拓展队员索取30元/台，一个订户家庭订阅多台，按照30的倍数计算提成。

六月的广州，多雨而闷热。六支小分队的66人（中途离开4人）按部就班地展开工作。

在未知的世界面前，人总是有恐惧的。这批队员从20岁到40岁，有刚从学校毕业的学生，有做过小买卖的，有从事过服务行业的，有从事过保险营销的，有做过教师的，有做过直销的，有从工厂出来的，还有刚洗脚上田的，除了40个本公司内曾经从事过物流配送的之外，都还不知道发行是做什么，即便有点认识，也只不过认为发行就是订报送报卖报而已，怎么订怎么送怎么卖还是不清楚。因此，当他们面对新媒体终端这种新兴事物，面对南粤独特的人文环境，即便进行了一周的军训和近50天的培训，这些来自五湖四海，各行各业的，有着不同语言和文化的60多人，多少有些迷茫，不由得寻思：难道这就是我们想要的工作环境吗？

对于市场，徐苏文也难以预料。但从他犀利的眼神中，总能看出十足的信心！

组建新媒体拓展小分队的设想，源自徐苏文对发行的长期思考，徐苏文25年的发行历练，见证了中国改革开放后中国报媒的变迁和发行的潮起潮落。长期的市场经验培育出了徐苏文敏锐的市场意识，纸媒在互联网和经济形势的双重围困下，日益举步维艰，徐清楚地意识到，纸媒的发行只有率先突破重围，才能找到出路。

拓展初期，小分队的生活是艰苦的。按要求，每个小分队的队员必须住在一起，每个小分队的租房要求：租住在居民小区内，三房一厅或三房两厅，租金由公司出，水电费由该小分队队员和队长平分。

小分队的管理实行半军事化管理，每周休息一天，另外一天算作加班，休息时间各小分队可以自行安排在除周五至周日之外的任何一天。除休息日外，各队员必须保证在宿舍住宿，以便于管理和业务上的工作交流以及日常的培训。

10～11人住在一套三居室里，也就是说每个房间要住3～4人。每个房间要放两个铁架床。这就是小分队简陋的“家”，一个全部由男人组成的家。在这个家里谁都可以选择留下和离开，关键是看他能不能做出业绩，能不能忍受这个家的困境，能不能适应这个家的团体生活。

工作开展后的一周内，又有两名队员选择了离开。这是预料中的。

住的地方一安顿好，徐苏文就召集六名小分队队长开会，讨论如何开发市场。广州，这是一个熟悉又陌生的市场，说熟悉，是因为部分人在这座城市已经很多年，对广州的人文地理等都比较了解；说陌生，是因为对于新媒体，采用传统的方法能否奏效，不得而知。而这个季节，对于那些已经订过报纸的读者，会不会换用我们的云Pad？如何破解这些难题，是摆在徐苏文和各个小分队面前沉重的议题。

但徐苏文说："困难会时时刻刻都有，要做好这个市场，没有坚定的信心，必胜的信念，断无出路。我们大家首先得打破常规思维模式，要反思维、反常规、反季节；谁说这个时间就不可以做发行呢，更何况我们不是订报，我们是向客户销售Pad，我们以1000元的价格卖给他们，还送给他们免费读的'报纸'，尽管这个报纸不是纸质的。我们这是送福音啊。如果你从思想深处认定自己是在帮助你的客户，你的那些旧思维也就改变了。事实上，我们做的的确是帮助客户，给客户提供了方便，并且省钱、环保甚至一劳永逸：一个家庭订了我们的云Pad，以后就不用再订任何报纸了，这种大好事，送上门来，不是客户的幸运吗?我们对于客户来说，还不是福音是什么？"

是啊！大凡能做出超常业绩贡献的人，的确不会像一般人那样去思考问题。徐苏文要拿下这个市场，他就是要反季节、反思维、反常规！"规矩从来都是人定的，从来就没有一成不变的东西"，这是他常挂在嘴边的一句话。后来的实践证明了他不是暴虎冯河，这就是被公司一部分人称作"疯子"的徐苏文带领的六个小分队的所作所为！

第七节　收获

6月6日，发行大战拉开了序幕。湿热的天气，时不时下一阵雨。上午8点钟，六个小分队在广州的不同区域，整齐的街边列队、统一的服装、威严的面孔，同时响起了嘹亮的声音：“发行是崇高的事业，我们传递信息，播种文明，推动社会进步……”

这群统一身着红色衣服的人是在干什么?在大街上大呼大叫什么?不时有人驻足投来惊异的目光，也让一些躲在屋子里的人探出头来想看个究竟。

这是队员们在大声诵读发行公司使命宣言，队员们不免有些心情激动，声音也特别高亢，似乎是在向这恶劣的环境发出“挑战”：我们一定要征服你，我们一定会胜利！小分队每日早上出发前，必须要集队，高呼发行公司理念以及小分队的口号，这是徐苏文立下的规矩。据他说，这样最能激发斗志，振奋精神。有个队员对此大惑不解，他在后来的一篇文章中写道:“都什么年代了，这帮人是不是中了邪，要么就是精神出了问题”，但很快，他也被小分队的理念折服了。

队员们的热情十分高涨，宣读完使命宣言，就很快地按事先划好的区域进驻各自的“领地”。从此，在广州的大街小巷、企业工矿、行政事业机关单位随处可以看到这些红色的忙碌的身影。

按照小分队的总体部署，家庭订户拓展，在小区内采取签名赠报方式，先获取联系方式，然后上楼各个击破；对零散的“钉子户”，采用“诱导”和“攀比”方式让其“降服”；商铺和工厂采取陌生拜访的“硬碰硬”形式。

Pad拓展的四个小分队的初战，遇到的难题不是如何进到小区，如何进到家门，而是进了家门如何说服客户购买我们的终端设备——Pad。

针对此，徐苏文告诫大家：发行工作中的语言应用，不在多，而在精，即不在乎你的口才有多好，而是要说的时候，说到点子上。徐苏文特别强调发行中的“说”，他经常对队员们说“发行是说出来的”，说，不仅是说话，更是说服，说而不服，说也白说。为此，徐苏文常组织队员在下班间隙进行实战演练，让一队员扮客户，另一队员扮发行员，“客户”想方设法拒绝“发行员”，“发行员”想方设法说服“客户”，你来我往，唇枪舌剑，这样对增强队员的说服能力十分奏效，晚上的训练在次日就可派上用场，因此，队员的反拒绝能力提升很快。

在同顾客的交流上，每个人可能都是不同的，要不拘一格。有的成交可能是在叹茶中获得；有的订单可能是在对弈中获得；有些可能是在谈诗论画中获得；有些是在谈论某则新闻中获得；也有些是在拉家常中获得……不一而足。

为了检验队员对实战演练的效果，徐苏文跟随第六小分队一个叫黄民喜的队员，亲自查看他是如何跟客户沟通的。黄民喜在获得客户资料后，按照地址，晚上8点多钟带着徐苏文去了客户家门口，敲门，里面传出一个男声音：“谁啊？”

黄：“你好，我是《羊城日报》的发行员。”

客户：“我已经订了《花城快报》了。”

黄：“我不是给你订报纸的。”

客户（40岁左右男士）开门：“不是订报纸的，是做什么？”

黄：“我们是来送一个好东西的。”

客户好奇地问：“是什么好东西？”

黄：“你让我进来，我拿给你看，如果觉得不好就不要。”

客户将他们请到客厅，盯着黄手中的“神器”（有包装），黄掏出包装中的云Pad。

客户：“平板电脑？这有什么用？”

黄将Pad开机后递到客户手中，客户10岁左右的女儿围了过来念叨上面显示的字：“‘广州云Pad，感受信息云时代！’平板电脑耶，好好玩耶。”客户用手指点击Pad，翻看了几页，说：“用这个看报纸，不必要了吧，我有订报纸了，再看这上面的报纸，不是重复了？”

黄："这个不仅是报纸，除了报纸，其他平板电脑具备的功能这里都有。"接着点开"设置"里的"关于本机"对客户说："你看，这配置都是很高的，不低于iPad的配置。"

客户微微点头。一位老人从房间里走出来探过头来："是什么？"

黄："是方便你看报的，阿伯。"

阿伯疑惑地走过来："这上面看报方便吗？"

黄点开当天报纸的一版，用拇指和食指一划，立即版面上的字大了很多。

阿伯："啊？字可以变大啊？这么好！"

客户对老人说："爸，你喜欢上了？"

小女孩："爸爸，我也喜欢！"

客户对小女孩瞪了一眼："去去，写作业去！"转而对黄说："这个多少钱？"

黄："报社从环保和推广的角度考虑，现在只要1200块钱！迷你的云Pad价格为1000元。"黄说着又掏出一个迷你云Pad。

阿伯："太贵了，我一年报纸才360元。"

黄："买了我们这个，三年报纸你都不用再订了。"

阿伯："你送三年的报纸？你怎么送？"

黄："阿伯，报纸就在里面了，从'云'里过来的，随时都可以看，也不用担心报纸送太晚了。"

阿伯有点懵了。黄补充道:"阿伯，报纸怎么进入这里面的，你不用担心也不需要明白，只要你每天可以看到里面有报纸的内容就行了，是不是？而且呀，你出去散步，在车上、地铁里都可以随时随地看报的。"

阿伯点头应允，似乎明白了一些。

小女孩抢话道："我知道，我知道，楼下晓明的爷爷就有一个！"

客户："贵倒不贵，我倒觉得太便宜，会不会质量很差？"

黄："当然不会，我们《羊城日报》不会这么骗你呢？再说了你若觉得不满意，两周内可以退，也可以换。而且，这是大牌子，Huawei的。尽管放心吧。"

客户："那好吧，那买一个！"

黄迅速从包里掏出专用发票，边写发票边说：“老板，你这个买给阿伯用的，你自己也买一个用用？刚才说了，这里除了多了我们报纸外，其他平板的功能这个都有。”

客户似乎有点心动。黄接着说：“上网啊，游戏啊，聊天啊，炒股啊，都具备。而且还有一个特别好的功能，就在我们打开平板的界面上——‘家庭商城’是我们公司的商城，以后送报员没报纸送了，就送日用品。你下班前在云Pad的‘家庭商城’上购买安全的大米、蔬菜、鱼肉等日用品，你回到时，我们的送货员就已经送到你门口的储货箱了。给你省了很多时间。你在外面市场买一个平板，配置还没我们这个高，也没有我们送的报纸，是我们价钱的两倍呢!”

客户朝着房间里喊：“老婆，你出来，”一个女士从房间里出来，“送你一个，以后省得跑菜市场了，要不要？”

女士面带喜色：“好啊，要，要。”然后又担心地对黄补充道：“不好用，我会退货的哦。”

黄：“当然，但是好用的话，你要帮我介绍客户哦。”

黄民喜收完钱，客户夫妻还称赞黄很专业，很会销售。出门后，徐苏文拍了拍黄民喜的肩膀，连连赞扬道：“行，你行！就这样干！”

白云区的人和镇，离第六小分队在荔湾区中山八路的驻地有30多公里，被派往白云区的两个小组每天早上在天河集合完毕，由一辆运报车和一辆“长安之星”送往，然后晚上再由这两台车接回，有时运报车或“长安之星”有任务，队员们就只好踩单车去白云区，踩单车单程需要两个钟头，一天就有四个小时在路上耽误，因此，上午工作时间很短，大约就两个钟，中午队员在外面吃点快餐，随便找个遮阴的地方休息，此时应该是他们这一天中最幸福的时间了，虽然中午常常是三十多度的高温，但他们往往一蹲或坐下来就能打盹或睡着。正因为如此，一名队员中午在休息时，收费袋被人剪断了带子而浑然不觉。

六月广州的天气，是多变的。一个周末，气象部门已挂起了暴雨橙色预警信号，第六小分队没有安排工作，但是队员没有把这恶劣的天气作为不利因素，他们要抓住周末很多家庭在家休息这个好机会。他们说这样的天气，更多的人会待在家里出不去，有时间同他们交流，他们正好可以在这样的环境下以情感动读者，用他们的热情和爱心去感动他们的准订户。想法是正确的，但过程却是艰辛的。他们撑着雨伞，迎着台风，赤着脚走街串户，他们的伞与其说是遮风挡雨，不如说是保护样机，他们宁可让身体的任何一个部位淋湿，唯独不让雨水将样机淋湿一点，就如同雨天的战士不让雨水淋湿自己的弹药一样。

台风带来了暴雨，也给一些小工厂带来了灾难。他们不得不在各自的工厂门口筑防水沙袋，从屋里向个排水，队员们此时岂能等闲视之，他们当然义不容辞地加入了抗洪的行列。他们真的赢得了准订户的认可，他们真的胜利了，面包车被淹熄火了，尽管当他们回来时是挽着裤角推着“长安之星”回来，尽管他们回来时身上没有一处是干的，但他们都收获了几份单，其中一名队员竟推销出去了七个云Pad！

如果不是亲身经历过，谁也不会相信有人会在那样的环境下工作。

小分队员感动了读者，也振奋了小分队的士气，小分队的感人故事迅速地传到了发行公司。8月，发行公司内刊——《发行交流》中大量报道了小分队的事迹，《水中“捞”订单》、《用真情打动读者》、《永不言败》等近十篇文章详细地描述了小分队的工作情况和生活环境。事迹也惊动了发行公司和报社的上层领导，不久，公司总经理邹有为偕同其他领导驱车到六个驻点慰问小分队队员，并作了重要讲话，表扬了小分队不屈不挠勇于战胜困难的精神，告诫小分队戒骄戒躁，继续发扬优良的传统，同时指出“选择了发行就是选择了艰辛，选择了责任和挑战”，没有坚强的意志和坚定的信心是做不好发行的。

家庭拓展小分队形势一片大好，但徐苏文不满足于现状，他着手打造一支无坚不摧的现代发行团队。

想到、说到、做到是他的发行之道。

在小分队组建初期，队员成分的复杂性给管理工作带来了一定的难度。但是最大的问题还不在此，而是思想上的不统一，对团队没有归属感：一部分队员刚进入小分队时并不看好这份工作，把这份工作作为自己工作的一个过渡，能赚点钱就待长一点时间；而其中的一批刚毕业不久的

"90后"，思想最容易动摇，他们认为这是在求职无门下的无奈选择；而部分曾经做过销售的队员，认为发行工作是一件很简单的工作。徐苏文针对这种情况，意识到当前解决"上面"（思想上）的问题比解决"下面"（行动上）的问题重要得多。他给队员分析了发行在报业中的地位，分析了新媒体发行的前景和意义，让队员逐渐认识到发行工作的挑战和前景，认识到发行人员的使命和责任，认识到发行工作并非想象的那样什么人都能做好。徐苏文对"90后"们时时刻刻不忘鼓励，也要求队长要多鼓励他们，多帮助他们，让他们不断建立对工作的信心，这样他们才能做下去，才能慢慢做出成绩。赚到钱了，对他们来说就是最重要的思想教育。

"爱"是徐苏文发行思想的一条主线，他吸取西方的营销理念精髓，要求队员用感恩的心去做事，用感恩的心去做人，要爱自己的产品，爱自己的顾客，爱自己的公司，同样也要爱自己。因此他要求队员必须树立正确的态度，包括对产品的态度，对顾客的态度，对公司的态度，对销售的态度，以及对自己的态度，指出态度是业绩好坏的决定因素，态度决定高度，没有好的态度，别说是发行，什么事也做不好，有了好的态度，别说是发行，什么事都可以做得很好。而所有这一切都可归结在做好一个人的问题上，归结在如何去实现自己的自我价值和社会价值上。

寻找准订户是发行队员常遇到的第一关。一名队员在白云区工业区收订时，曾连续几天将在门口喝功夫茶的老板看作门卫，也有一名队员将一公司的普通职员错看作负责人，而浪费了大量的时间和精力。针对如何准确寻找准客户，徐苏文介绍了一种有效的方法，即"MAN"原则：准订户的条件必须是有购买能力、有决定权力和有看报需要的人，抓住符合此三个条件的人将百分百命中目标。其实，小分队的每个男人（man）都是时时刻刻利用这个MAN原则寻找准订户，获取订单取得节节胜利的。

徐苏文也利用业余时间积极组织培训，不仅注重实战技巧上的培训，更注重向队员灌输发行的理念及公司的重要信念，时刻提醒队员做好《羊城日报》的新媒体发行，首先要认可公司的理念，这样才能同公司保持一致，才能想公司所想，急顾客之所需。

截至6月底，负责家庭拓展的四个小分队，在22个工作日里，66名将士，势如破竹迅速地拿下了近6000个订户！队员的提成总额为30多万元，平均提成达4600元，其中做得最好的一个队员的提成加底薪，税后实发工资为13000多元！

而此时小分队在订报上已不再满足一次只卖一个云Pad，他们结合徐苏文的“把握时机，大胆要求”的方针，特别要求大家灵活运用“要求法则”，就如徐苏文一再强调的：任何交易的达成没有要求是不行的，要敢于要求，适时要求，大胆要求。

六队一名队员叫张良，言语不多，深谙徐苏文的“要求法则”。他在摸清准订户的详细资料后，开口让一家小型针织厂老板购买云Pad终端，该老板拿样板机摆弄了一会说：“那我就买一个吧。”张良看这个老板这么爽快，当然不“善罢甘休”，说：“李老板真是个爽快人，难怪你的生意这么旺，都是你的管理做得好啊。”李老板谦虚地说：“哪里，这么小的生意，赚不了几个钱。”张良：“只要你的员工同你一心，愿意为你卖力，觉得跟你李老板值得，你害怕你生意做不大？”李老板：“那倒也是。”张良：“李老板何不为你的员工也买一部云Pad，这样作为福利，他们会更为你卖力干活，而且他们多看看网上的东西，多学习也是好事。下班后他们也多了一项娱乐方式，省得他们东奔西跑的。是不是？”李老板：“你的主意不错，可以考虑，下次吧。”李老板似乎意识到了自己正掉入发行员的一个圈套。从语气上，张良也意识到，于是说：“没关系，张老板，我可以先留两个样机在这里，你让他们试玩一下，看看他们觉得好不好，我明天再过来。”张良收了李老板一部云Pad的钱离开了。

第二天，张良如期前来，来到工厂的办公室，正好工休时间，除了老板还有两个员工正在另外两张桌子旁上摆弄云Pad终端机。一番客套话之后，张良问：“李老板，他们觉得这机子怎么样？”“很不错，很好用。”两名员工抢答道。李老板的表情中有点无奈，对员工说：“真的很好用吗？”员工没说话了。“那行吧，反正就七个员工，每人一个吧。算是给你们六一节日的礼物。”李老板开玩笑地对员工说。但李老板在掏钱包时，发现里面没那么多钱。张良迅速地从收费袋里掏出pose机，说：“可以刷卡，李老板。”李老板嘴角扬了一下，无奈地从钱包里拿出一张银行卡说："你们还真专业哈，哈。"张良收完款赶紧从门口的单车袋里拿出另外5台终端机奉送到老板的面前，对老板说："这都是新的，有问题可以找我。"然后再留了三张名片，并说："用得好，要向你们的朋友推荐一下啊。"整个流程一气呵成!

在这个小小的工厂，居然收获了七个订户单！张良窃喜：这老徐（徐苏文）的"要求法则"还真顶用，这一家为我的业务提成增加了350元!

8月，小分队队员生活渐渐稳定，条件稍稍有了改善，但依然十分艰苦，有些队员要常常花两个钟的时间骑单车去很远的地方收订，晚上再花两个钟的时间骑单车赶回住地。第四小分队住处的自来水水压不够，几十人的用水量非常大，每天晚上房间及洗手间到处都摆着储水的桶和盆。冲凉房和洗手间非常紧张，每天晚上开完例会冲凉都要排队，后冲的要等到12点钟。值得欣慰的是，没有人喊累、叫苦，晚上做完该做的工作，队员们或摆上功夫茶具喝几杯，或摆上象棋切磋，喜欢音乐的队员会搬张小凳子到阳台抱起心爱的吉他弹奏几曲……

第八节　新思路

50847个云Pad！5400多万元人民币！这是截至10月底小分队66人的销售业绩。

这组数字看上去很漂亮，报社的一些领导和公司的副总们都赞不绝口，邹有为总经理也甚是欣慰。

但是徐苏文却认为这点成绩真不值一提。徐苏文深入销售一线，知道这组数字的意义固然很大，但在销售中遇到了很多问题，这让他有更多思考。

11月初的一个周末，在报社大院车库，徐苏文遇到正在用车钥匙准备开车门的总经理邹有为。

徐向邹打招呼："邹总，下班回家了？"

邹："是啊，你还不下班？周末早点下班，好好休息一下吧，最近太操劳了！"

徐："没有，没什么操劳的。不过有一些想法想跟你沟通一下。"

邹："哦？那好啊。"

徐："周末忙吗？去体育中心羽毛球馆，打一场怎么样？"

邹："哈哈，我正有此想法呢，不想被你先说出来了。"

徐："那，明天什么时间见？"

邹："明下午三点半到达羽毛球馆。"

徐："OK!"

邹："明天见！"

徐："邹总好走，再见！"

邹总对徐苏文的认识就是在羽毛球场上的。后来徐向邹总汇报工作，常常是在球场上完成的。邹总早已习惯了。

周六的下午，阳光明媚。南国初冬的天气着实舒畅。邹徐几乎同时三点半钟准时出现在体育中心的体育馆。

经过球场上一个小时的拼杀后，邹徐都已大汗淋漓，两人都是羽毛球场上的悍将，球技不相上下，都以凶猛著称于整个集团。一个钟过后，徐问邹要不要再加一个钟，邹说："不要了，你不是要谈点事情吗？"

徐："只是聊聊我自己的想法而已。没那么急。"

邹："我急啊，你没讲，我总觉得有个啥事没做完一样。不打了，冲凉去。"

徐："待会还是到那家潮州餐厅？"

邹："当然，那还用说。哈哈。"

五点四十分，邹徐二人在体育中心西门旁的潮州餐厅二楼的靠窗边一张餐台落座。服务员上了一壶单枞茶，茶入杯，香四溢。徐喝了一口热茶，道："好茶！"

邹似乎有点急了："说吧，正题。"

徐："四个问题，放在肚子里好久了。"

徐顿了一下："第一个（问题），我们到上个月底，云Pad虽然是拓展了5万多台，但依照我们50万的订户计算，这也就相当于订户的1/10，这样下去是有点慢了。我们现在这样做已经几个月了，想必对手报早已开始研究我们的产品和方向了，同城的《花城都市报》向来反应很快，绝不会坐视我们吃这块大蛋糕，定会研究我们的产品，会做出比我们产品更好的产品来。当然，他们也需要时间去研发和生产。但如果我们继续以现在的速度拓展，这还是太慢。

"第二个问题，伴随着我们拓展的进度，在拓展密集的越秀区，该区的几个发行站的站长跟我反映，他们的站的份数开始下滑，站长说：这样以后我们的投递员没有报纸投递了，怎么过，是不是要下岗了？"

邹插话道："也是个问题。你接着说。"

徐继续说道："第三，我们拓展的客户，我们也做了一些回访，客户中一个互联网行业的甚至给我建议，说我们的产品可以做得更好，产品做了，为什么不围绕客户延长生命线，让客户和报社之间的关系更有黏性，他作为互联网行业的人认为，以用户为中心是他们那个行业的生命线。他建议我们在这个云Pad上延伸他所说的‘生命线’，否则我们的产品很快被对手替代，或者被客户所抛弃。这个客户的建议让我思索了好几天，我觉得我们的产品很脆弱，我们的确应该在这上面多做点功课。

“最后一个问题，是我考虑得不是很成熟的问题，我们现在在做的掌上产品，我们坐地铁，坐公交车，坐的士时，里面都有一个电视，还有我们住宅小区的电梯口，写字楼的电梯口，这些地方的广告屏，我们有没有机会去占据，用触摸屏去替代？我们报社有很多这方面的资源，既然‘分众’能做那么大，我们为什么就不能分一杯羹？

“除了这部分，还有，我上次出差福建，看到所住的酒店大堂就有《人民日报》的大屏，估计有一两米高的大屏，放置在大堂里，甚是醒目，广告效果是非常好的。既然福建的酒店可以，我们广东的就不可以？我们广东的餐饮业这么发达，那些高档的餐厅都放一个，那种效果，哪家广告商不看重呢？还有银行、医院、机场、高铁站、汽车站、码头、高校、办事大厅等等，都应该可以呀？”

邹总频频点头，喝了一口茶，放下杯子，对旁边的服务员招了招手，说：“靓女，点菜！”

徐说：“邹总，吃什么？今天不能再让你请我了。我请你。”

邹说：“今天还是我请，你今天讲出这么多的好思路，我一定要请你，下次你再请我。”

徐应允了。邹点了四个菜，要了两支“百威”啤酒。对徐说：“今天没开车，喝酒！一人一瓶。我们边喝边聊。”

“好！”徐答道。

邹总说：“你这四个问题，我听你这么一说，都是大问题。说说你的想法？”

徐斟了两杯啤酒，对邹总说：“先来一杯，干！”

二人都一仰脖子各灌下了一杯。徐再续上，说：“先说第一个问题吧。现在的拓展速度慢，我们必须加快速度，我的想法是，现在正值大收订的时期，我们可以让投递员也去推广云Pad。一条投递线一般都有200多份报纸，也就是说一般都有一两百个订户，他们跟订户熟悉，他们上门去推广，有优势，而且公司的两三千名投递员，一齐上去，那速度就不是问题了。我们这个大收订，能完成10万个老订户的替换，也算是成功了。”

“这里会有一个问题，”邹接过话头，“我们的产品是否能供应得上？”

徐答道：“问题不大，现在我们还有七八万台，而且我跟Huawei那边联系了，如果预付款及时，下个月一次交付十万台都没问题。”

“那就好！”邹说。

徐接着说：“关于站长对投递线路的疑虑，我当初也考虑过，建立电子商务平台是迟早的事，迟做不如早做。我们几千投递员，遍布于广州的大街小巷，这个投递网络，是很多专业投递公司都无法比拟的。如果我们任由其萎缩，实在是极大的浪费。虽然现在我们也代理了一些派件工作，但毕竟是给别人赚钱，不如自己建购物平台。我们不专业，可以请专业人士或者跟类似的平台合作。

“第三个问题，比较大，关系到报社的持续发展问题。我刚说的那位互联网行业的客户，他说的意思是要围绕用户做点事情。我们都知道QQ聊天工具，腾讯为了增加用户与QQ聊天工具的黏性，围绕QQ做了QQ游戏、QQ空间、QQ邮箱、腾讯网、朋友网、QQ音乐、视频、QQ网购等。”

说到这里，徐从口袋里拿出手机，打开“微信”，翻到里面的“游戏中心”，接着说：“最近两年才出来的微信也是，围绕微信社交工具，微信团队不断推出游戏，如‘经典飞机大战’、‘天天连萌’、‘天天爱消除’、‘节奏大师’等。我现在没事都会玩‘经典飞机大战’。腾讯早就发现了这个问题，要让一个用户对其忠诚，围绕主要产品，必须开发品种多样的产品，总有一款让客户喜欢甚至上瘾的产品。所以腾讯QQ活跃账户多达6个亿，同时在线的最多时达到1.7个多亿。而且其他很多的模仿者却连个零头的零头都赶不上。用户体验是互联网行业的生命，而这对我们这些互联网行业之外的纸媒，却很少引起重视。我只知道去年浙报集团以32亿元人民币收购了游戏平台杭州边锋和上海浩方100%的股权，我想这是我国报业的一大好消息。我对浙报集团一直非常关注，最近几年他们一直在互联网化上有动作。该集团自从2008年以来启动了一系列转型升级动作，他们转型的目标已经确立为‘全媒体，全国化’，这都表明浙报集团在互联网化上的坚定方向。”

徐拿起酒杯示意邹总喝酒，呷了口酒，接着讲第四个问题：“我们现在做的云Pad针对传统订户，是很有效的，但我们也会漏掉很多潜在的客户，比如说一些习惯看我们报纸的，但从来就没订过我们报纸，手上既有平板电脑也有手机，这部分人习惯于下载App，这部分人群非常大，弄不好这部分人群会超过我们订户的数量。所以我们针对这批人应该开发体验良好的App供他们下载。

“Pad和手机，这些都是掌上产品，楼宇阅报屏和公共场所大屏我们也应该引起足够的重视，我们完全可以在全城率先占领这块市场。技术各方面我已经做了了解，完全不是问题。”

说到这里，徐停了下来，看着邹总，不说话。

邹也没说话，斟满两杯酒后举杯对徐说：“干！”

邹没喝完，放下杯子对徐说：“还有吗？”

徐指着桌子上的酒瓶答道：“就剩这些了，不到一杯。”

邹：“我说的不是酒，是问你说完了没？”

徐：“啊，哈哈。”

邹：“这样吧，你说的信息量是有点大，我都一时接受不了那么多，你回去后，着手起草一份建议书，把你想要说的，全部都写在上面，我将它提交到社委会讨论。我根据你刚才谈的，第一感觉是可行的，社委会当前还处于转型徘徊期，需要更多的勇气和支持，完全可以像你所想的，将步子迈得大一些。”

徐：“可以。我一周之内给你。”

邹：“好！喝完这些，买单走人！”

第九节　大收订

2013年11月11日，星期一下午，发行公司在报社大礼堂召开全公司发行大会，投递组长以上800多人参加会议，邹有为总经理做了重要讲话。邹总分析了今年的发行形势以及本报社未来的发行方向，号召大家在今年的11、12月两个月里，加大收订力度，特别是云Pad发行力度。邹总说，年底是大家收获的季节，我们除了报纸，云Pad是我们强于同城媒体的利器，从我们公司云Pad拓展小分队的业绩情况来看，我们的产品是极其受客户欢迎的，但是我们要加快进度。现在这个时代，不是大鱼吃小鱼的时代，而是快鱼吃慢鱼的时代，谁快谁就能先入为主，先占领市场。我们力争在尽量短的时间里，完成报纸订户向云Pad用户的转变。实在无法接受电子产品的读者，我们也不能怠慢，服务仍然要跟上，读者需要一个过程去接受新产品。邹总劝慰大家不要担心报纸订户变为云Pad用户后会没事做了，会面临失业。因为我们正在搭建电商平台，大家会有更重要的事情去做，并能让大家赚到更多的钱。

随后徐苏文向公司汇报了从6～10月底的五个月内的云Pad拓展情况，并对云Pad拓展注意事项做了说明。他还特别强调了云Pad拓展的销售提成跟拓展小分队一样，是50元/台，他说，如果哪条投递线路的投递员，在剩下的两个月中能将读者中的50%变成云Pad用户，会建议公司为这些人加工资，或者调职到云Pad拓展小分队。

公司副总陈总和李总也分别做了发言，陈总强调会做好后勤保障工作，李总强调了公司员工的组织纪律，公司财务经理对收订回款做了详细说明。

这次大会是邹有为跟徐苏文谈话内容推进的第一步，也是十分紧急的一步，邹有为知道这一步，意味着什么，走得好，邹在社委会说话会更有底气，更有力量，也会给社委会犹豫徘徊者更多的信心。如果走得不好，集团互联网化进程可能会有不少坎坷，毕竟社委会成员中，还有几个不支持这种“激进”的变革，他们悲观地认为，报业运营模式是时代的产物，时代步入互联网时代时，报纸的衰落是必然的，是回天乏力的。而且这种论调还有不少的市场，这让邹有为很是苦恼。现在云Pad的拓展力度加大，正是驳斥悲观论调的最有力武器。

在徐苏文看来，成功是根本不用怀疑的，他的绝对信心来自市场的检验，几个月来的成绩就是明证，说明客户的认可度很高，何况5万多的订户很多是新订户，很多是抢占对手报的订户。这些人都能接受，我们的老订户替换云Pad是迟早的事。

事实上，正与徐苏文预想的一样，效果显著，动员大会开完不到一周时间，他从财务那里得到收订的数字：28000台！徐粗略地估计了一下，大收订结束，老订户这块售出15万台云Pad，应该不是问题。也就是说，到年底，云Pad总销售量要超出20万台。这个数字相当于原来投递份数的40%。

这一天是周四，徐苏文拿着从财务那里统计的数字，想把这个喜讯向邹总汇报，跑到邹总办公室敲门，开门的是助理小赵，小赵说邹总去开会了，已经离开约两个钟了。徐回头正要离开，一转身刚好跟邹总撞了个满怀。邹总回神一看，发现是徐苏文，说：“你，我正想找你呢？”

“邹总，我也要找你说件事呀。”徐说。

邹：“那你先说吧。”

徐把最新收订的统计表递给邹总说：“我们的进度果然很快，才一周的时间，就搞定了两三万订户，还是人多力量大啊。”

邹看着数字和金额，喜形于色：“这我就放心了。”

徐问邹：“邹总，你找我有什么事情吗？”

“你听我说，”邹总示意徐坐下来，转而让小赵倒了一杯水。徐觉得这事一定非同寻常。因为徐到邹的办公室从来就没享受这个待遇，喝水从来都是自己解决，站着或坐着都不会有人“示意”的。

邹清了一下嗓子说：“事情是这样的，刚才社委成员开会，市里面也来人了，说社长要调往某某市任副市长了，现在社里工作需要有人暂时代理主持，大家通过现场投票表决，先由我来暂时主持报社日常工作。

“所以这几天要忙交接了。你所汇报的事情更是一件大好事，我们完全有足够的信心推进报社的互联网转型了。你多到一线去了解情况，有问题及时向我汇报。”

徐：“好的，邹社！”

邹：“哈哈，还没宣布呢，别这样叫。你先忙去吧。”

徐离开了邹的办公室，心里想：这真是双喜临门啊！

时间过得飞快，眨眼间，新的一年又开始了。离农历新年还有十几天，空气中都已经弥漫着“春节”的味道。报社里的外乡人已经在筹划着回家的打算。而社委办公室里，社领导们正在准备着一个重要会议。

徐苏文自从上次会议要求投递员参与云Pad替换老读者后，就不断穿梭于市内各个发行站之间，对拓展小分队也不敢掉以轻心，所以他很少回报社办公室。1月15日下午，徐正在小分队跟一个队长谈工作，接到社办一个电话，要求1月16日上午到社里开会。

1月16日早上8点30分，徐苏文开车来到报社，他将车停在报社大院，关好车门下车，刚好看到旁边的“宣传栏”上有一则新的公告，落款时间是当天的。内容是邹有为被市里正式任命为社长。徐苏文顿时明白了，开会的内容大概是这个事情，应该是宣布新社长。

果不其然，下午的会议，主席台上除了邹有为、总编黄利芬、副社长刘太保外，还有市委宣传部和组织部的领导。会议由黄利芬主持。当市组织部的领导简单介绍了邹有为的简历和在报社的贡献后，就郑重地宣布市委组织部的任命：邹有为为羊城日报社社长兼羊城日报报业集团董事长！

随后，邹有为简单总结了前任杨社长为报社为集团所做出的巨大贡献，邹社指出，在杨社长的带领下，在全报社员工的共同努力下，在全国纸媒广告营业额普遍大幅下滑的2013年，《羊城日报》的广告营业额仍然比上一年上升3.6%。

邹特别强调，《羊城日报》率先在发行上实现了报业互联网改革的突围之路，云Pad总发行量达到23.5万台，超过预期！发行收入达到2.58亿元人民币，将云Pad发行量计入总发行量，发行比上一年增长8%。云Pad替换老订户的比例占33%。

邹有为最后说：“报业的互联网转型是报业全媒体转型的核心，在发行载体上的率先变革，实践证明是正确的，所以我们将更加坚信转型的成功。我和社委领导班子，将继续坚持这一方向，并加大转型力度，最终实现我们《羊城日报》全媒体转型的成功！”

第十节　布局

邹有为上任的第一件大事是确定报社的全媒体发展战略方向。报社虽然早在几年前就提出全媒体发展战略，但一直动作不大。事实上，社委会一些领导对全媒体发展的认识不够，意见不一。思想上的不统一，必定会导致转型的力度不够，邹总多次在社委会上呼吁加大推进全媒体战略的力度，都无果而终。

邹有为在一次报社全媒体发展战略研讨会上指出，要确定全媒体战略，必须在思想上建立共识：新媒介技术的迅速崛起，当下媒体竞争已经是融合内容、技术、渠道、营销、资本运营的全系统竞争，哪个成为短板都有可能让自己陷于困境。这就是为什么我们提出的转型，是以新媒体为核心的全媒体转型。不能适应、参与、主导信息革命浪潮包括移动互联网浪潮中的新媒体竞争，就一定没有媒体的未来。仅仅通过自身在内容与渠道上的渐近改良来应对新媒体的挑战，转型是注定不能成功的。

邹有为指出，我们的运营模式、新闻媒体制作平台都不能适应全媒体时代的发展，我们的组织架构在全媒体转型时代已经成为阻碍，我们必须建立起适应全媒体发展的组织架构。我们传统的编辑记者都要学习新技术以适应互联网形势，我们更应该以开放的情怀去召集优秀人才，特别是互联网人才，适当的时候我们可以去收购一些有潜力的互联网企业，我们必须以更大的格局、更大的胸怀去迎接全媒体浪潮，切切实实地投身到转型的实践中来。

功夫不负有心人，新社长邹有为终于让社委统一了全媒体转型的思想：集团对外发布《全媒体战略纲要》，将用3年时间投入50亿元推进以新媒体为核心的全媒体转型。

该纲要包括三部分：

（1）以云Pad为平台的新闻资讯、娱乐、社交和购物平台；

（2）以小屏、中屏、大屏为组合的全媒体运营系统；

（3）以用户为中心的制作系统、技术创新和产品服务系统、营销系统、资本运营系统、综合服务系统。

该纲要指出，这是以“后台+载体+平台”为指导思想的全媒体模式，是最符合纸媒发展和转型的运营模式。

根据该纲要的精神，邹有为加紧了组织结构的设计。

邹有为知道，新的发展战略，须有人去推动，不是靠某一个人，是靠

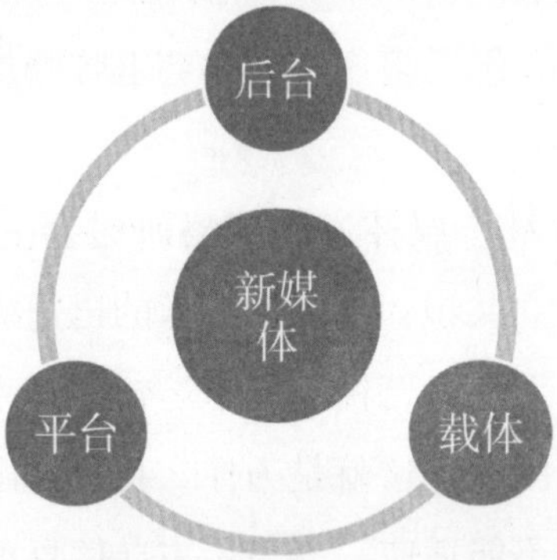

以新媒体为核心的报业全媒体模式

团队的力量，报社作为一个大团队，组织结构就是起到协调作用。所以他在组织结构调整动员会上强调，组织结构实际上就是权责结构，是员工在职、责、权方面的结构体系，是实现组织目标的一种手段。组织结构的本质是员工的分工协作体系。企业处在不同发展阶段，组织结构不应静态趋同。根据企业所在行业的特点，对组织结构的设计也有其不同要求。我们报业发展到一定阶段，有一些矛盾可能日益尖锐，如“组织内部沟通速度缓慢”、“部门之间缺乏合作”、“对客户的反馈迟缓”等问题，所以，调整并建立符合我们报业全媒体战略转型的组织结构体系，就摆上了议事日程。一日不改革组织结构，我们的战略转型就停留在纸上。

经过反复研究和论证，最后确定了要建立的六大中心部制：

（1）战略发展中心；

（2）新闻资讯中心；

（3）娱乐互动中心；

（4）产品研发中心；

（5）全媒体运营中心，包括媒体广告部、电商运营部、产品营销部、传统发行部；

（6）互联网中心。

六大中心部制，分别由四位社委会成员分管：邹有为社长分管战略发展中心和全媒体运营中心，总编黄利芬分管新闻资讯中心和娱乐互动中心，副社长刘太保分管产品研发中心，副社长唐耀明分管互联网中心。

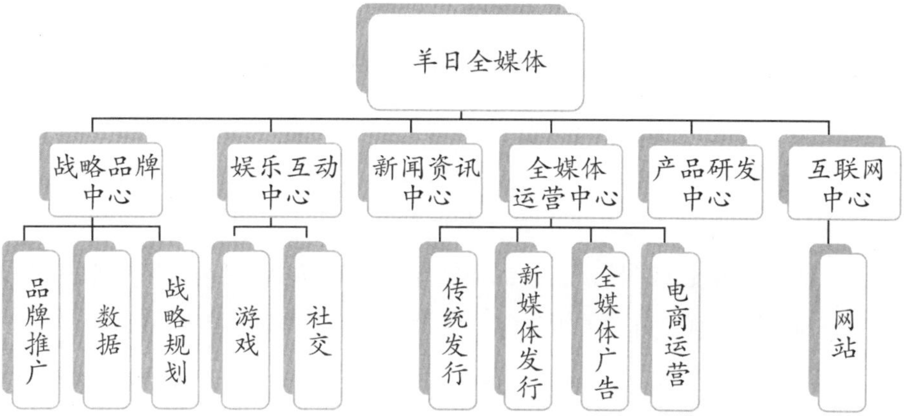

《羊城日报》全媒体核心架构简略图

从报社组织架构调整方案看，《羊城日报》将重点布局新闻资讯、社交、游戏、无线、电商和数据六大业务，强化平台战略。可以看出《羊城日报》的长期战略布局中，一个完整的平台矩阵已初具雏形。这个平台矩阵涵盖了《羊城日报》已经投入的相当一段时间的几大互联网领域，同时为未来发展和变化预留出足够的空间。

根据报社的全媒体战略，各个新的组织结构很快就投入到报业改革的活动中来。在一系列的全媒体转型中，2014年有四件大事值得记载。

一是2014年3月21日，成功收购云服务企业深圳美联科技公司。深圳美联是一家领先的科技传媒创新企业，是致力于帮助报业在互联网时代跨越技术鸿沟发展现代传播体系，助力报业创新升级传播格局、提升产业竞争力、加强舆论影响力的高科技企业。公司成立于2010年10月11日，创始人团队由来自国内顶尖高科技企业的高管构成。公司注册资本8000万元，获得发明专利受理通知书124项，实用新型专利11项，软件著作权15个。该公司在2012年和2013年分别盈利2500万元和6000万元。《羊城日报》看重的是该公司的科技创新能力，经过先后四轮谈判，最终以3.6亿元收购该公司。

收购美联公司，为《羊城日报》的互联网转型奠定了坚实的基础，为《羊城日报》的全媒体格局启动注入了活力。从此，报业真正开始腾飞，《羊城日报》真正步入云时代！

二是2014年5月13日，成功收购著名的乐喜游戏公司。收购乐喜游戏是报社从传统的"内容为王"的办报理念，向后互联网时代以用户为中心的办报理念的重大转变。收购乐喜公司是以用户为中心转变的一部分。根据报社的战略，报社未来不仅要在游戏方面有更大的动作，还要在报业的产业链上向视频、文化、娱乐等方面延伸。

三是2014年5月28日，通过纵向资本扩张的方式，同南方著名的米米广告公司合作，成立了羊广传媒公司，并计划一年内启动上市计划。

在羊广传媒公司，《羊城日报》占80%股份，米米广告公司占15%股份，另外5%由羊广传媒的高层以投资者的身份占有。羊广传媒公司负责传统报纸广告和发行，新媒体广告和发行两大块。这种合作方式最大的亮点是公司高层入股，这种将管理者的利益与经营紧密联系起来的做法，更加清晰地规定管理者的责权利，能有效杜绝过去形式上现代企业管理而实际上仍然是"吃大锅饭"的管理模式。

根据合作要求，羊广传媒公司在两年内整体上市。

四是2014年6月6日，羊城家庭购物网上线，《羊城日报》B2C网上商城开始正式运营。购物商城的建立，一方面顺利地实现了传统发行网络向电子商务的转变，为原投递员的就业找到了好的归宿；另一方面，购物商城作为用户平台的一个有机部分，在增加用户黏度、实现盈利效益方面，都是切实可行的。

第四篇　魂

载营魄抱一，能无离乎？专气致柔，能如婴儿乎？
涤除玄鉴，能如疵乎？爱民治国，能无为乎？
天门开阖，能为雌乎？明白四达，能无知乎？

——老子《道德经》第十章

第一章　报之魂

魂者，道也。《淮南子·说山训》里面有一段关于“魂”和“魄”的对话：

魄问魂曰：“道何以为体？”

曰：“以无有为体。”

魄曰：“无有有形乎？”

魂曰：“无有。”

（魄曰：）“何得而闻也？”

魂曰：“吾直有所遇之耳！视之无形，听之无声，谓之幽冥。幽冥者，所以喻道，而非道也。”

魄曰：“吾闻得之矣！乃内视而自反也。”

魂曰：“凡得道者，形不可得而见，名不可得而扬。今汝已有形名矣，何道之所能乎！”

魄曰：“言者，独何为者？”

（魂曰：）“吾将反吾宗矣。”

魄反顾，魂忽然不见，反而自存，亦以沦于无形矣。

老子在《道德经》中也说“营魄抱一”，就是说“魂”和“魄”合而为一才是“道”。“魂”，旧指能离开人体而存在的精神；“魄”，旧指依附形体而显现的精神。以此解释，报魂，即报纸的精神所在，它是无形无声的，只是当其依附于“纸”时，才称为“报”。当魂“反吾宗矣”，它就会“沦于无形”。

所以，魂实为报之“道”；报为“魂”之身，即载体。依淮南子的说法，报魂实际上也就是报业之道。

所以，报业如修炼“得道”，那么就可以以任何形态出现而不拘一格。按照老子的话说，“道生一，一生二，二生三，三生万物”。难就难在，我们的报业如何修炼“得道”，也就是我们常说的如何塑造“报魂”的问题。

第一节 失魂的报纸

工业化的发展会导致生产流程的标准化。按照标准生产，会提高效率，也会让产品有质量的保证，但工业化时代的企业，更需要“魂”。企业的“魂”是企业的文化，是企业的价值观，企业的“魂”决定了一个企业能走向何方，能走多远。报业亦如此。

什么是“报魂”

作为一个企业或一家报社，无论使用多么创新的思维、什么样的高科技，无论具有多先进的盈利模式、多么新奇的营销手段和周到的服务手段，时代终将大家排列到同一起跑线上，在一个“平的世界”上竞争。这个时候，各家拼的不再是技术、产品、营销和盈利模式等，而是企业或报社的“魂”。

凡有生命力的人或物，必定要有魂。灵魂出窍的人，是尸体；没有魂的企业是房屋加人加设备；没有魂的报纸就是字加纸加图片。所以，一份报纸要生存并保持其生命力，必须有魂。

何为“报魂”？

“报魂”就是报纸的精气神，是报纸秉持的立场和弘扬的价值观。报社作为一个组织，同个体的人有一些相似的地方，要有健康的思想、强健的体魄，也要具备独立的思想和独特的个性。

2002年美国南部阿肯色州《松崖商报》总编汤姆·麦当劳宣布辞

职，这份日发行量当时只有1.9万份的小报总编辞职，本没有什么大不了，但其辞职理由引起了美国的《纽约时报》《华盛顿邮报》等大报的报道评论，并成为当时一段时间内的大新闻。麦当劳先生辞职的理由是什么呢？

麦当劳任职的《松崖商报》隶属斯蒂芬森媒体集团，该媒体集团是美国著名的投资银行——斯蒂芬森公司属下的全资二级企业。斯蒂芬森家族一直是美国共和党的支持者，属下的《松崖商报》一直支持共和党的候选人。然而，2000年，汤姆·麦当劳担任总编兼社论主编后，情况发生了逆变，麦当劳是个自由主义者，长期支持民主党。他就任总编的那一年，时逢阿肯色州众议员选举，《松崖商报》没有发表支持共和党的社论，结果松崖市的共和党候选人落败，民主党人夺得了议席。

2002年，众议员议席的选拔在松崖再次打响，共和党的杰·迪克是斯蒂芬森家族的好友，他本还指望《松崖商报》能助他一臂之力，没想到其时任总编的汤姆·麦当劳不仅没有说他的好话，反而还倒插一刀。于是迪克给麦当劳总编写信，希望报纸在报道两位候选人时，能采取公正的立场，并希望《松崖商报》能取消一个定期刊登将矛头对准自己的专栏作家的文章。

麦当劳对迪克很反感，没有答应他的请求。于是，迪克向关系亲密的斯蒂芬森家族求助，后来，斯蒂芬森媒体集团向《松崖商报》发出书面“备忘录”，要求报纸站在支持共和党人迪克的立场上。

“我知道报纸的老板能够决定报纸社论的立场，但是，我认为他们不见得在道德上有这样的权利。”麦当劳在接受美联社的采访时说，斯蒂芬森媒体集团的书面指令，破坏了报纸的编辑自主权，他无法忍受这样的做法，所以决定辞职走人。

对于总编辞职风波，斯蒂芬森媒体集团很坦然，集团总裁谢尔曼·弗里德里克在接受《华盛顿邮报》采访时说：“斯蒂芬森家族在阿肯色的小石城已生活了很多年，他们对某一位候选人采取什么样的态度，是一件很自然的事情；要求一个老板和他所拥有的报纸之间没有什么关联，那是不合情理的。”也就是说斯蒂芬森家族有权决定报纸的立场。

弗里德里克说得很直白，也符合情理，但受到一些自由派学者的批评。他们认为弗里德里克的话“虽可以理解，但难以接受”。毕竟，在美国那种极为强调新闻自由的国家，包括报纸老板在内的任何人，如果对报纸的总编指手画脚，直接干预报纸的立场，那都不是什么光明正大的事情。

新闻媒体，对待任何一种性质的社会都有一些共同认可的普遍的价值标准：真善美、公平正义、惩恶扬善。这些就是报纸的力量。这种力量最终汇集成报魂，影响着世界。

报纸形式上的雷同

同质化不能完全说不好，至少反映了当今纸媒的成熟。一个产业成熟了就会有标准化，姑且说上面的同质化倾向于“标准化”生产。但如同生产企业一样，同样是机器，同样是由人操作，但生产的产品和企业的品牌就千差万别，为什么呢？是因为企业有企业的“魂”。

报纸的同质化是指在共同的报业市场和竞争关系中，一些报纸为了改变自身的落后地位，而寻求一条便捷的发展途径模仿和沿袭已成功的报纸运作模式，导致报纸之间的风格定位、版面设计、目标受众、报道内容、发行手段等都趋于一致。

自20世纪90年代开始，我国报业进入大发展时期，特别是都市报从无到有，然后出现大繁荣，发展之快，让人难以想象。

繁荣的背后，是晚报、都市报的同质化竞争，这种状况一直延续至今。在一二线城市中，同一城市的都市类报纸内容和形式雷同，各地市级报纸的内容和形式乃至标题都如出一辙，给读者的感觉是“大同小异”。这种现象缩小了报纸间的差异，削弱了报纸的市场竞争力，使报纸失去了个性化特色。

拿广州的几家报纸来说，在形式上，《南方都市报》《信息时报》《新快报》《广州日报》和《羊城晚报》都会分为“广州新闻”“珠三角新闻”“广东新闻”“国内新闻”“国际新闻”“体育新闻”“娱乐新闻”“天天财富”等，每周会不同时间出版“旅游专版”“汽车专版”“地产专版”“3C专版”“教育专版”等，当然，有些版面会有字面上的差别；在地方版上也是，短短几年内，多家报社相继推出了珠三角的地方版：《佛山版》《东莞版》《深圳版》《惠州版》等。

再仔细看看报纸内容，很多报纸看上去那么厚厚一大沓，除掉本市的新闻之外，不是“新华社电”就是东拼西凑网上的东西，真正属于自己的东西却少之又少。

总之，各家报社在竞争中秉持的原则，不是“我有的是你没有的”或“你没有的是我要有的”，而是“你有的我也要有”，同城竞争的报纸如何避免同质化，成为报业发展中亟待解决的问题。

内容上的“人云亦云”

且不说我们很多报纸上有多少个“据新华社电”，就算自己报社采编的新闻，也跟同一天其他的报纸“似曾相识”，难道这些报社的采编同志都是多胞胎的吗？

下面对比一下2013年8月23日广州几家报纸的情况。

这一天《广州日报》《南方都市报》《信息时报》《新快报》和《羊城晚报》的头版头条黑体字分别是“省直部门公用经费压缩5%用于防灾救灾”、“粤省直部门公用经费压缩5%用于防灾救灾”、“省直部门公用经费压缩5%用于救灾”、“今年省直部门公用经费压缩5%用于防灾救灾”、“省直部门公用经费压缩5%用于防灾救灾”，看内容，是一样的，毋庸置疑，这个是省宣传部门的通稿；台风“潭美”袭粤的大形势，各家报社都不吝版面大幅报道台风肆虐的情况。

《广州日报》的报道用了四个版面（约两个整版），报道内容大致为领导救灾和指示、受灾群众的自救、未来天气及灾情影响情况、分析历史数据得到广东灾涝几率增大的结论。

《南方都市报》的报道用了两个整版，分别报道了领导救灾和指示、预报天气、灾情走势、军民救灾、灾害通报和救灾行动几个方面。

《信息时报》的报道用了两个版（其中的半版是软文广告，报道某医院抗洪救灾，医疗队赶赴现场），分别报道了领导救灾和指示、省部署抗灾、天气走势、受灾影响和受灾情况通报等。

《新快报》用了四个版面，其中有半个版广告。报道内容分别是领导抗灾和指示、官兵和政府抗灾情况、抗灾人物、企业捐赠情况。

《羊城晚报》用了一个整版，报道内容是领导抗灾和指导、天气走势、省委组织部紧急通知、灾害影响、干部群众救灾等。

其中《广州日报》和《羊城晚报》是对开大版，其他为4开版。

虽然一些报纸在报道的侧重点上有所区别，但我们通过上面的对比，可以看出几家报纸的雷同程度是十分严重的。这种雷同主要是在报道的角度和报道的深度上。在报道的角度上，除了《新快报》有在抗灾人物和人物对话上的报道外，其他报纸普遍是在领导抗灾指示、天气走势、受灾情况通报、军民抗灾情况上进行报道。在报道的深度上，除了《广州日报》有邀请气候专家，挖掘30年广东气候走势，分析历史数据得到广东灾涝几率增大的结论之外，其他报纸几乎没有深度可言。

这只是一个例子，更多的是很多报纸在网上“挖掘”新闻，更有甚者，实在挖不到新闻，就“做”点新闻，制造假新闻。

“一名满头白发的老人盯着快餐店里的盒饭直流口水，被一名过路的女孩瞅见了，女孩当即买来盒饭，并单膝跪地将饭一口一口喂进老人的嘴里。”这位被誉为“深圳最美女孩”的主人公出现在2013年3月25日中新社的一篇配图报道中。

报道称，记者采访时偶遇这一幕。女孩叫文芳，湖南新化人，出生于1991年。被救助的老人则口齿不清，双手患有残疾。该报道被《人民日报》、中央人民广播电台等多家媒体官网转发。

（2013年3月27日）据《京华时报》报道：昨天，有媒体记者在微博爆料称，此前网络热传的《深圳90后女孩当街给残疾乞丐喂饭》系假新闻，照片实际拍摄地点与文中所说不符，“深圳最美女孩”一度遭到质疑。经查，稿件的作者供职于中新社广东分社。昨天傍晚，署名记者否认假新闻一事，称稿件为通讯员采写。

这种类似的假新闻2013年8月1日又出现在广州××报上：

热浪袭人，一名女清洁工中暑后昏倒在天河区东圃客运站附近的黄村东路。刚开始路人不敢贸然施救，后来一名小女孩蹲下为她撑伞，在孩子的感召下，两名观望的路人终于出手，将人救醒。

昨日下午的黄村东路上，一名戴着草帽的女清洁挨不过烈日暴晒，一头栽倒在路边昏迷不醒。“也不知道对方是死是活，万一被讹上了怎么办？”霍先生与同事刚好路过，他说，当时其他路人也不敢贸然上前施救，只在观望。

这时，一名跟妈妈路过的小女孩停了下来，用自己的雨伞遮住了女清洁工，稚嫩的声音说道：“妈妈，快救人！”年轻的妈妈迟疑了一会，最后还是把小女孩拉走了，留下一把伞，撑在地上。

“小孩子都懂得要救人，我们大人反而畏手畏脚，说得过去吗？”霍先生说，在小女孩的感召下，他决定要出手相救。请路人拍照存证后，他跟女同事一起把不省人事的女清洁工抬到阴凉处，并拨打了120。接着又买来矿泉水，给女清洁工喂了几口水。过了十多分钟，她终于醒过来。众人又将她送到附近诊所并垫付费用。

霍先生因此耽误了一个多钟，然而老板不但没有责怪他们，还表示要给予嘉奖。“如果当时没有出手相救，自己回来后肯定会感到内疚。也谢谢那位小女孩，是她感召了我。”霍先生说。

这篇报道，似乎有图有真相，但第二天该报又有一篇“追踪报道”，内容的标题是《以为是一份爱心的传递　不料是精心策划的炒作》，指出前一天的新闻是个精心策划的炒作。报道称，后来打电话给前一篇报道的爆料人，爆料人关机，觉得是有跷蹊，经过多番努力，记者找到了照片中晕倒的女环卫工汤大姐，通过她的讲述我们知道，那张

充满爱心的照片，竟然是一场精心策划的炒作。

于是事情的真相出来了：记者凭着爆料人的照片和讲述，就将这个“美丽的新闻”上了报纸，后来发现这是一个品牌雨伞广告商的一个策划。救人小女孩是请来的，清洁工大姐也是花150元请来的，当事情暴露后，广告商为了防止这场“大戏”露馅，塞给清洁工大姐1000元钱“封口”。

《以为是一份爱心的传递　不料是精心策划的炒作》，好一个“以为”，这种靠主观判断式的“新闻”真是数不胜数。该报虽然做了很多事实真相的补充报道，但我们在谴责商家狡诈的同时，是不是觉得这种新闻的出现，不仅伤害了善良的人们，伤害了读者，更是伤害了新闻从业人员的心呢?

出卖报纸的灵魂

随着传统报业经营的越来越艰难，一些意志不坚定的报纸开始出卖自己的灵魂：用新闻换广告，用立场换经营，用灵魂换躯壳。

面对着经营的压力，报社通常以以下几种方式来获取经济效益：

1. 瘦身的方式

一个行业的衰落通常是从大裁员开始体现的，报业也一样。美国自2005年开始，裁员的报社就排队了。

《波士顿环球报》、《洛杉矶时报》以及《芝加哥论坛报》这些美国报业中的知名品牌也夹杂其中。《纽约时报》报业集团2005年的第二次裁员规模大约为500人，约占全部员工总数的4%。另外，美国第二大报业集团“奈特–里德”掌握的《费城问询报》和《费城每日新闻报》也纷纷裁员。

近一两年，裁员更盛。2012年6月18日，澳大利亚最大的新闻媒体集团之一费尔法克斯宣布将在未来三年内裁员1900人，其中20%的裁员将在编辑部门进行。此举也将为该集团每年节省3.25亿澳元。

全球著名新闻和财经信息供应商汤森路透集团2013年2月13日宣布，其主力业务部门“金融和风险部”裁员2500人，以降低成本，提高利润率。这次裁员意味着，2013年年底前，这个部门11%的人将不得不“打包走人”。

大约有500人将被这个世界上最大的杂志公司所裁掉，这就意味着，拥有8000多职工人数的公司将有6%的员工被裁掉。这些职员来自《时代》杂志、《体育画报》和《人物》杂志，尤其是后两个。

英国广播公司（BBC）的许多记者在2013年2月18日凌晨展开24小时罢工，抗议公司强制裁员的决定。此次罢工已经导致该公司多个频道受到影响。据悉，自2004年以来，BBC已经削减了7000个工作岗位。

国内媒体尚未进入大裁员的时代，但国外的裁员之风迟早会吹进国内。裁员短时间内为报社节省了大量成本，延续了报社的生命，但无异于癌症晚期的病人做了一次化疗，并无法挽救其生命，随后将陷入周期越来越短的“化疗”怪圈直至体质越来越弱和避免不了的死亡。

2. 牺牲新闻独立性的方式

在报业体系内，西方媒体新闻的独立性不必多说。笔者推测，“硬新闻”、“硬广告”、“软新闻”和“软广告”这类名词，应该是国人的伟大发明，西方人那种固化思维，能发明这类新名词，在笔者看来是几乎不可能的。这些词语将西方人认为本该相互独立的新闻和广告弄得如此混杂和“暧昧”。且看国人对这些名词的关系和界定吧：

新闻与广告有着复杂的多重关系。第一是各自独立关系。新闻就是新闻，俗称“硬新闻”，广告就是广告，俗称“硬广告”，两者并无交叉重叠关系，也无信息上的模糊性。第二是相互包容关系。新闻中含有广告信息，广告中含有新闻要素。形成了“软新闻”和“软广告”的说法。第三是重叠模糊关系。在这一关系中，新闻与广告已经成了同义语，新闻就是广告，广告也是新闻，仅凭已公开的信息无法分清是新闻还是广告，如果不附加特别的说明就不能做出正确的判断。虽然这种方式的广告备受广告主青睐，但是媒体如果不慎重对待，则会造成对自身不利的误判。

国内的纸媒多主张采编发行和广告的联动，也就是围着经营这个主题进行，这种做法，看上去，对报业的经营是有好处。笔者虽也主张采编、发行和广告的联动，但并不是将新闻和广告的关系弄得模糊不堪，否则势必是对媒体的公信力、广告公司的权威性以及大众的注意力的伤害。

3. 搞副业的方式

我国的报业集团，多以报纸为主业，不像西方媒体集团会涉及广播、电视、娱乐业。依靠报纸的单一模式，抗风险能力一定弱很多，当报业形势不景气时，报业集团这头大象就很危险，毕竟是动辄几千上万人的一个企业。怎么办？必须增强抗压力，多赚钱才行。国内发展什么好赚钱？地产！于是很多报业集团就涉及地产经营了，这个比起报业经营太好赚了，随便一个项目下来，就胜过报业数千同仁忙忙碌碌一长年。

只能说，那些报业领导们真是入错了行，为什么不早点在地产行业拼一番呢？如此或许就没有如今的万科、万达、恒大之类的公司出现了。

另外，2013年10月下旬震动整个新闻行业的一则新闻是，《新快报》记者收受数十万贿赂充当湖南“中联”公司商业对手的“打手”，在一年内连续发表18篇中伤“中联”的报道，让所有新闻行业的从业者蒙羞，实在是可悲、可叹、可憎！

笔者突然想起了2013年8月30日《南方周末》的一篇报道，题为《大悲寺的“慈悲心肠”“雷霆手段”》，讲的是辽宁海城市的大悲寺因为住持妙祥要“恢复佛教最原本的戒律”而声名鹊起。

不捉金钱、日中一食、百衲衣、四小时睡眠、行脚、乞食——这些清规戒律让大悲寺独树一帜，成为信众心中真正的“修道之地”。

大悲寺借助权力扩张，又拒绝权力侵蚀立寺之本；最初以暴力驱逐“外道”，又接着驱逐依赖暴力解决问题的成员。在大悲寺的13年发展历程中，同时能看到佛教最传统的以及当下时代所特有的东西。

妙祥是大悲寺的住持，没有妙祥就没有大悲寺。在寺庙商业化的汹涌潮流中，妙祥常提到“护持佛法”和“恢复佛教最原本的戒律”。在权力、利益和争执无可避免的当下，妙祥的方法是在“慈悲心肠”与“雷霆手段”之间反复平衡，抵挡了一波又一波的俗气狂流的侵蚀。

而今天我们很多报社需要的，正是大悲寺的这种精神。

“新闻想象学”

2013年9月9日，《人民日报》针对南方某杂志发表了一篇文章——《敲响“新闻想象学”丧钟》，下面是将报道中的杂志名称替换为“南方某杂志”后的原文：

据报道，南方某杂志社近日致函河南省三门峡市委宣传部，承认该刊今年第十八期报道《村官腐败透视》一文存在问题，并向广大读者致歉。

“这个村，有一半都是我的娃。”南方某杂志把村支书私底下吹牛的话当成新闻事实写进报道，折射出“新闻想象学”思维。把采访中捕风捉影的东西，根据读者偏好进行想象加工，以求吸引受众、引起轰动，这种风气长期以来一直是各国新闻界需要克服的顽疾。网络时代这一疾患扩散更快、危害更大，毒害了不少记者和网民。把小事想象成大事，把没事想象成有事，本质上反映出新闻功利主义泛滥。

“新闻想象学”流行，还有其社会土壤。一是对新闻的把关不严，导致一些想象新闻泛滥；二是部分公众心态浮躁，患上了新闻猎奇病，一看刺激性新闻就激动不已、广为传播，无形中激励了畸形新闻产生。

南方某杂志道歉敲响了“新闻想象学”的丧钟。真实是新闻的生命，真诚是新闻的灵魂。自媒体时代，网络传播速度非常快，新闻一旦发布，就会造成极大影响，这对新闻工作者提出了更高要求。新闻不容半点夸张，更不能去想象，要想做出好新闻，只有下苦功夫、真流汗水、用真脑筋。新闻工作者应坚守真实性原则，唯有严格按新闻职业道德办事，方能不犯功利主义错误。

杂志如此，报纸也好不到哪里去。这也是中央倡导的新闻事业要“走基层、转作风、改文风”的“走转改”活动。新闻工作者没有“一头汗两腿泥”的吃苦精神，在空调室里凭空想象，去网上“淘”新闻，断然不会把新闻工作做好的。

报纸的评论版

“为川者决之使导，为民者宣之使言” 的意思是，治理洪水的人使洪水畅通，管理百姓的人让百姓表达自己的想法。“为民者宣之使言”，作为党的宣传阵地的报纸，早已不仅充当一家之言的“宣传”作用，也是百姓发声的重要场所。报社纷纷为报纸开辟了评论版，报纸评论版为百姓提供了发声的好场所。

放眼我们各家报纸，评论版都不少。

从评论版的位置上看，广州的几家报纸《广州日报》《南方都市报》《羊城晚报》《新快报》和《信息时报》，前四者都放在A2版（《广州日报》的评论版位于“第1纸”的第二版，也相当于A2版的位置），只有《信息时报》的评论版放在报纸A叠大约国内新闻与国际新闻之间的位置。

从内容上看，评论版内容本身是各种言论，很难一两句话评说其内容的好与坏。一些报纸甚至花大价钱征集评论版的稿子，效果真不错，经常有切中时弊的文章见报，风靡全国。

从评论版的位置看，放在A2版的位置，明显是成功的，是符合读者阅读体验和习惯的，一些评论甚至可以为读者在新闻阅读中起到舆论指引作用，达到报纸的舆论导向作用。在内容上，一些报社在评论版的“社论”和“来论”上很暧昧，代表报社立场的“社论”或“社评”，不敢直呼其名，改名换姓，不够理直气壮，带着“怕犯错误”的思想，遮遮掩掩，报社立场不鲜明，正是因为这种“理不直”才出现“气不壮”。另外一些报社根本就没有立场，东拼西凑一些百家言论凑成评论版，看上去“人有我也有”，结果就是做不好。

社论就是社论，亮明本社观点，理直气壮；来论就是来论，纳百家之言，无可厚非。其实读者是最明白的，最不容糊弄的，所以报社千万不要抱着任何侥幸的心理。报魂其实就是在点点滴滴中塑造出来的。

第二节　如何塑造报魂

以“纵深”塑造报魂

谈及报魂，必谈到《南方周末》，这本身就是这份报纸魂之所在，让人念念不忘。它是周报，新闻之“新”一定赶不上日报，但其影响力远比很多日报强出百倍，普遍认为这是一份有“报魂”的报纸。

它的报魂是怎么塑造出来的？它的内容有什么特色？答案是，它的魂在于它的“纵深”。

2008年l2月20日下午，温家宝到北京航空航天大学看望学生。当大家都 “聚焦”总理时，却有一个女生在一旁埋头读书，一副专心致志心无旁骛的样子。这个镜头被网友拍下传到网上，这个令人印象深刻的女生也被冠以“北航史上最牛女生”称号。

此事大报小报都予以刊载了，几乎千报一面。《南方周末》不是日报，似乎与此事失之交臂，但它没让你失望。2009年1月13日，它登出了其邀请五大网站开展的“2008年度中国网络最受关注图片”评选结果，每条图文新闻旁边是网友的精彩话语。“北航女生”当然在列，网友的评点是：当一个国家的人民不再对领导人山呼万岁的时候，就是这个国家走向民主、走向成熟的时候；当一个民族的人民对知识的渴求胜于对领导人的崇拜的时候，就是这个民族走向希望、走向复兴的时候。

利用网络并驾驭网络的超常手段，举重若轻和举轻若重的游刃气度，在读者眼前搭建了一个倍感温情的人文世界和一个足以引人深思的理性空间。《南方周末》如此纵横捭阖而又力透纸背的出手，不禁让报业同行扪心自问：我们是否有这样俯瞰的高度？

2013年七八月最热的新闻莫过于“王林大师”了。自从他与马云、李连杰、赵薇等名人的合影曝光后，王林这个名字，突然变得热闹起来。

这个曾经“引无数官员、老板、明星竞折腰”的所谓“气功大师”以及那些“朝拜者”，被媒体从出身、经历、行骗、生态链等方面进行报道，有些媒体甚至搜集并编写出了新中国成立后的“大师发展简史”。

独立学者司马南在网上发文表示这些都是王林的江湖骗术。他在微博上出1000万元人民币邀请王林到北京进行一场“短兵相接的可选验证”，而王林则称自己的特异功能“在日本经过17个科学家七天七夜测试”的考验，并声称能用气功隔几十米戳死司马南。至此，“王林案”被炒得火热。2013年7月28日，中央电视台《焦点访谈》栏目播出并曝光了王林的骗人行为。

2013年8月8日，《南方周末》刊载了一篇名为《谁为气功崛起保驾护航 “大师”背后的大人物》的文章，梳理了新中国成立以来“大师们”背后的大人物，揭示了“大师”存在的土壤和大师猖狂的真正原因。

以立场塑造报魂

我们常常会发现，如果一个人很有正义感、大公无私、立场坚定，这个人往往就是让人敬畏的人。常言所说“公生明，廉生威”也是这种道理。

所以一份报纸，同人一样，也应有其世界观、价值观和价值观，时刻清楚地知道对各种发生的事情的意义评价和轻重缓急的次序。而这些正是一份报纸应有的立场。

就在大多数人在为唐慧坚守到了正义的到来而欢呼雀跃时，《南方周末》8月1日连发两篇文章披露大量唐慧案的细节并发问：唐慧赢了，是法治的胜利吗？文章质疑在案件关键证据不足的情况下，因为外部压力，包括唐慧自己的激进手段，将本不应该是这个结果的案件人为地拉到现状。

下面是《南方周末》报道的摘录：

在永州市劳教委败诉、“上访妈妈”唐慧赢得她应有的胜利之后，南方周末回到这一事件的原点——唐慧女儿乐乐被迫卖淫案，重新审视这桩引发国人极大注意、判决两名被告人死刑、四名被告人无期徒刑的案件。

梳理此案的发展过程，我们发现，作为唐慧事件的起点，此案存在核心证据不足、司法程序受到外部压力影响等情况；而被告人亲属与代理律师甚至相关司法机关，也认为判决结果因压力导致量刑过重。

我们也关注唐慧对案件发展的影响。唐慧曾自述“通过以死相逼和不断上访，迫使案件走向正轨”，在这一过程中，此案是否始终保持在法治轨道之上，就具有辨析的价值。

上访是唐慧维护女儿及自身权益的重要途径，而上访给当地带来激增的“稳控”压力，即使相关部门做出拘留乃至劳教唐慧之举，也把地方政府的信访考核达标与唐慧的诉求绑在了一起，形成极其微妙的共生关系，这正是信访与“稳控”合力导致的奇特图景。

综观唐慧事件，信访与“稳控”这一对矛盾关系产生的效应，作用在每一关键节点。由此主导的过程，是否可称司法进步的方向？这正是我们重新审视此案的目的——在唐慧终于赢得胜利之后，我们也须发问：法治是否同样获胜？

因为缺乏“强迫”证据，永州警方是以“介绍、容留卖淫”立案，其后罪名逐渐上升至“强迫卖淫”。

上级批示后，警方加大办案力度，唐慧女儿的陈述中被“强迫”的描述增多、程度加重。但有些细节却与前期陈述不符。

而办案警察回忆，一份落款为2007年1月13日的关键证据，在当年2月份之前，卷宗里还从未有过。

几乎所有媒体和大多数人都在为唐慧坚守到了正义的胜利而高兴时，《南方周末》没有这样认为，而是站在司法的公正的角度去审视，是否有妨碍司法公正的因素存在，才导致罪名和判决戏剧性变化。人们信守“正义”没错，但不能因为大家都痛恨贪官，就不分青红皂白，将抓住的贪官全判个死刑。还得依靠法律解决问题，否则还要法律做什么？

暨南大学新闻与传播学院院长、原南方报业传媒集团董事长范以锦认为：“媒体报道不能随波逐流一边倒，要做到这些，需要注意三个方面的问题：一是要有勇气，承受被责骂的压力；二是要深入调查研究，举证新材料；三是要有合乎逻辑和常识的判断。”

以“亲民”塑造报魂

很多人会说，不能总拿《南方周末》说事，它是周报，它有“纵深”的条件，也有冷静思考“立场”的时间。当然这是借口，就算不是借口，我们是不是就不能做出一份好报纸？我们做不到“纵深”，能不能“亲民”？

一些人要说了，“亲民”我们已经做得已经“很到位”了，你看我们的报纸定位就是“老百姓的报纸”，从国际、国内、省内、市内、社区新闻一个不落，从财经、体育、娱乐、文学、情感、彩票、评论等一个不少，从猫猫狗狗、雨水井盖、修路拆桥、偷盗打架等无所不包。看起来似乎真的很“亲民”了。

其实不然，“亲民”含有两重含义：

一是《管子·形势解》里所说的：“道之纯厚，遇之有实，虽不言曰‘吾亲民’，而民亲矣。”这里的“亲民”是亲近爱抚民众之意。

二是《大学》里所说的：“大学之道，在明明德，在亲民，在止于至善。”此处的“亲民”，是儒教的三纲之一，是使人弃旧图新、去恶从善之意。

媒体的亲民不仅要行亲近爱抚民众之责任，更要尽使民众弃旧图新、去恶从善之义务。

所以，报纸要做到“亲民”，首先，编辑和记者们在报纸内容上要想民众之所想，多从民众的角度去想问题，多为民众解决实际问题，或多为民众呼吁，多为民众争取应有的权利等等。其次，在新闻的报道角度和细节上，要扬善去恶、弃旧图新，传播正能量，尽到纸媒的职责。

还有一个问题是值得注意的，我们的报纸一般都有个定位问题，所以还要考虑“亲民”亲的是哪部分“民”。如果报纸定位是白领，报纸内容全是家长里短、猫狗盗窃之事，就偏离了定位了；如果报纸定位是投资理财人群，而内容偏重在体育、娱乐和文学上，这无疑就亲错民了。

我们大部分早报、晚报、都市报的定位是一样的，他们关注民生、观照民情，注重以人本理念、独特视角，揭示开掘社会生态、人性现象以及生命的状态和质量，广州的《广州日报》和《南方都市报》等做得都很出色。

它们的探索有个共性，那就是超越常规的民生新闻报道套路，在人本理念的支撑下，展开或发人深省或荡人情怀的深度求索。这种 “人本理念”，基于民生民情，但明显高于一般媒体的民生民情报道。孙志刚案，是最著名的实例之一。

尽管十年过去了，孙志刚这三个字仍然铭记在人们心中。2003年4月，“孙志刚事件”被《南方都市报》率先报道后轰动全国。此后这家媒体深入挖掘，并推动社会意识形成了一股为流浪乞讨人员生活状态、生命质量反思的浪潮。同年6月20日，国务院发出第381号令，《城市生活无着的流浪乞讨人员救助管理办法》自当年8月1日起施行，1982年发布的《城市流浪乞讨人员收容遣送办法》同时废止。各地收容遣送站也更名为救助管理站。有人说，一个公民之死，导致了一部法规的废除；也有人更直白地说，《南方都市报》的深度介入，导致了一部法规的废除和一部新法规的诞生。秉持着如此急切、真诚、深刻的人本关怀思想，《南方都市报》自身在读者中的“生存质量”，当然可以想见。

提升新闻的操守

2011年7月8日，有着168年历史的《世界新闻报》因窃听丑闻而停刊，令世界一片哗然，在新闻界引起强烈反响。

《世界新闻报》一手制造的英国史上最大的窃听丑闻，上至王室成员、政府首相，下到歌星球星、平头百姓，窃听对象无所不包，总数超过3000人。而窃听的目的，竟是为了挖掘独家新闻。

丑闻爆出，公众愤怒。先是谴责所有从事这一龌龊勾当的媒体人，再是问责对公众隐私保护不力的警员。从媒体人到政府官员，凡卷入其中者，轻者辞职，重者还有牢狱之灾。不仅如此，公众对这家小报的幕后老板默多克也不依不饶，不仅“传唤”其到国会问询，更有行为激烈者用一个餐盘攻击这位已经80岁的媒体大亨。新闻集团的股票一天内下跌13%，有人甚至估计其市值将被腰斩。

为何这次窃听让公众如此愤怒？因为它首先伤害的是一名普通的女孩，一名无辜的谋杀案受害者。其次，它的窃听范围之广，时间跨度之大，早已超过了公众的承受极限。英国前首相布朗，被窃听十年，令人瞠目。

弄清事实真相，获取独家信息，是媒体的目标。英国是这样，中国也是这样，世界的媒体都是如此。但在获取真相与保护公众隐私之间，必须在法律的范围内，要充分尊重公众的隐私。媒体获取信息的过程不仅应该合法，更应符合道德标准。这样的媒体才能担当起社会公器、无冕之王的责任，才能取信于受众。

在法律允许的范围内并尊重公众的隐私，这些都是媒体的底线。范以锦认为，媒体要生存、发展，还必须平衡好影响媒体生态环境的三种力量：组织的力量、大众的力量、市场的力量。传媒业必须在三者之间找到平衡点，确保传媒业健康、正常发展。媒体与企业有共同或各自的利益追求，但必须恪守各自的道德底线。在恪守各自道德底线的前提下，媒体与企业合作、互动，促进各自的发展，才无可非议。

所以，新闻从业人员要坚守新闻的职业操守至少要做到如下几点：

一要坚持正确的舆论方向；

二要坚守新闻的道德底线；

三要有正确的价值判断；

四要深入实践新闻行业的“走转改”活动。

移动互联网时代的“报魂”

互联网时代特别是移动互联网时代，读者已经不再局限于在传统报纸上看新闻了，甚至不局限于在台式电脑上看新闻，而是用手机、平板电脑等阅读工具看新闻，因此阅读就更加碎片化。这对新闻的采写，对从业人员就有了更高的要求和新的挑战。

在传统媒体环境下，尽管记者们努力缩短事件发生与新闻报道之间的时滞，但受限于客观条件，记者处理的新闻永远都是已经完成式的。试想一下，一起突发事件发生时，5分钟内记者到达现场报道的可能性有多大？如果在过去，这或许是一个无法想象的任务。而在移动互联网时代，这种想象就有可能变成现实。

在新技术的影响下，传统媒体的生产变革和行业转型已迫在眉睫，最现实也最容易突破的模式是“内容供应商”——媒体选择成为内容供应商，向各种媒介形态的受众提供优质的、富有市场竞争力的内容。在移动互联网时代，新闻正在走向实时报道为主的阶段。记者能够随时随地用手机发布消息，经过大量追随者信息交互者的参与，一条新闻可以在极短的时间内传播给广大受众，经过众多追随者更新、补充，事件的真相、意义、影响等更深层次的内容得到阐发。

因此，在互联网时代，媒体的生产平台必须全面转向互联网和移动互联网。新闻编辑部必须以此为中心，生产出可供各种媒介形态使用的新闻产品。传播渠道与信息载体的变化，使得新闻编辑部的组织结构、角色及功能必须进行改造以适应新技术条件的变化。媒介生产环境的巨大变化对新闻报道的速度和深度相应有了更高的要求，这就要求旧有的新闻生产流程和报道机制进行相应的变革以便适应这种变化。

在互联网时代，处理新闻的速度和深度这对矛盾，又是一大挑战。这方面，美国学者保罗·布拉德肖（PaulBradshaw）设计出一个新的报道模式，作为对倒金字塔结构的替代，他称之为“钻石模型”（The News Diamond）:第一步，快讯；第二步，草稿；第三步，报道；第四步，背景；第五步，分析或反思；第六步，互动；第七步，定制。

从“钻石模型”展现的报道流程可以看出，每个环节几乎都以互联网为核心平台，记者与受众依托互联网进行着新闻生产的互动。随着移动互联网技术的发展，这种互动的即时性、广泛性都将得到显著提高。在此过程中，记者在快速反应的基础上，逐渐逼近事件真相，既发挥了移动互联网的即时优势，又兼顾了受众对新闻事件深度了解的需求。

布拉德肖认为，这一模式的提出反映了媒介环境的巨大变化：新闻从19世纪的“产品”变成了21世纪的“过程”——新媒体下的“迭代新闻”。互联网的特点就是“迭代”，写点东西，放到网上，征求意见，不断完善。

上面说的是在移动互联网时代，新闻内容的制作上要做的改变，但在新闻的立场上，范以锦认为，传统媒体不能总是成为新媒体的跟随者，应站在时代前头当引领者。在沸沸扬扬的舆论中，要有自己独立的判断，不一边倒。

第三节　报魂永存，载体可变

在互联网无孔不入的今天，我们细心看看，不难看出，公众所阅读的严肃新闻，大多来自报纸。没有具体的统计数据告诉我们报纸出产的新闻在整体新闻中所占的比例。可是，随机找些行业人士估计，他们说这个比例不会低于80%。

有人说电视的影响力更大，据在央视工作有经验的人员说，电视记者常常是在报纸上找新闻。甚至是大家鼓吹甚力的新媒体，有多少不是将报纸的新闻换个“有吸引力”的标题，发在网上？又有多少博客妙笔生花的评论是建立在报纸提供的新闻上？虽然微博、微信、社交媒体的有用性毋庸置疑，但这些服务的用户大多不会遵循报业的新闻标准。所以虽然新媒体有着海量的内容，但真正高质量的内容还是少之又少。

所以，这是报纸应该继续存在的最重要理由：报纸挖掘新闻，其他媒体只是包装新闻。报业的健康不是一个小问题，因为报纸是一种为其他媒体设定议程的媒体。

我们返回问题的本身，是报业经营出现了问题。而现在看来报纸还有其存在的充分理由，我们将二者统一起来，问题就更为清楚了：我们只是需要解决报业经营模式。

而改变经营模式的落脚点，毋庸置疑地落在新闻的载体上。

2013年4月17日《广州日报》刊载了一篇署名党建军的新闻报道——《新闻不死　载体可变——“欧美报业转型及新媒体视觉实战指南培训班”侧记》，下面是内容节选：

在新媒体强势崛起之下，如何在新形势下寻求生存之道、如何开拓新的发展空间，成为摆在所有传统媒体人面前一个无法回避的话题。许多传统媒体已经为此展开了积极探索和尝试，本次培训班就是诸多探索与尝试中的又一重要行动。

这次培训班是国内外传统媒体之间的一次深度交流。

…… ……

《每日电讯》“中央厨房式”编辑室和将80%的资源投资新媒体的战略计划、《卫报》长期对视觉艺术的追求与坚持、BBC新闻在线向全媒体时代的转型经验，都给国内传统媒体同行留下了深刻印象。特别值得一提的是，英国平面媒体已经达成共识，即必须迎接全媒体时代，进行适应全媒体时代的改革与转型；除此之外，别无选择。在他们看来，这是关系到平面媒体生死存亡的重大选择，是全媒体时代传统媒体唯一的生存和发展之道。

…… ……

在培训班的互动问答课上，中国媒体同行积极发问。他们想知道，在新媒体赢利模式尚不明晰的背景下，传统媒体如何才能下定决心向新媒体投入巨资？他们关心传统媒体人是否能够、怎样才能融入全媒体时代？他们想了解传统媒体的现有体制如何才能与“全民记者”更好地对接？他们关心的不仅有大问题，还有实际操作中遇到的种种技术性问题。对所有这些问题，英国专家给出了他们的回答。

在两天半的培训班上，来自不同英国媒体的专家们介绍了各自转型、改革的方法和举措。通过授课我们从中可以清晰地看见，他们的改革举措既有相同之处，也有不同之处，他们都是结合自身的实际状况、发挥自身优势而改革。英国同行们的积极探索，当然可以给我们提供借鉴之道，可以让我们少走弯路，知道哪条路走不通，或者哪些做法值得一试。

这次培训班更是国内传统媒体人自行探索转型的“加油站”。

当然，即使是英国的同行们也都正在进行艰难转型的探索，没人能帮我们探清前行道路上的所有坑坑洼洼，也没有人能够给所有人指出一条光明大道，好让我们轻轻松松的华丽转身。外国同行的经验教训都应该为我所用，而难以全盘照搬，我们必须探索适合自己的转型之路、生存之道、发展之路。诚如BBC新闻在线网站创办人、主编麦克·斯马特所言，在多媒体时代传统媒体如何生存这一重大问题，没有人知道答案。

对于所有传统媒体人来说，横亘传统媒体和新媒体之间的不只是巨大的技术鸿沟和理念鸿沟，还有无形的心理鸿沟。如何跨越这种心理鸿沟，也是传统媒体人向全媒体时代转型需要闯过的一道难关。在这一方面，英国传统媒体同行们给出的建议是：领导层应该带头显示融入全媒体时代的决心，带领员工积极改变，成为适应全媒体时代需要的媒体人。

…… ……

新闻不死，载体可变。在全媒体时代，呈现在中国传统媒体面前的，不只是转型艰难，还有一片广阔的新大陆。只有勇于开拓而善于开拓的媒体人，才能抢先踏上这片新大陆，成为全媒体新时代的新领军者。

传统媒体的转型，势必有新的媒体替代，在这方面，中外媒体都一样在进行不同的摸索。作为发行也势必随媒体形式的变化而变化。但有一点可以肯定的是，以纸为载体的新闻形式越来越难以走下去。用什么来替代“纸”？可以是很多种东西。笔者在“第三篇《云》”的第二章里设计的接近现实的模拟案例，那也许是其中的一种形式。不能说是最好的形式，但至少目前没有找到更好的替代品。

美国甘乃特报业公司总裁盖瑞·沃森说得很经典：“你要明白，我们从事的是一种什么样的生意。我们从事的不是报纸生意，而是信息生意。报纸，或者说日报，只是我们用于传播信息的渠道和途径而已。”如同日常饮用的饮料，你可以用纸盒、瓶装，也可以易拉罐装，但我们要饮用的是里面的饮料，至于用什么装，那只是承载的载体而已，那不是主要的。而发行工作，就是用什么包装将报社的“信息饮料”送到读者那里。所以，发行的工作本身是传递信息。

但是，作为这种“信息饮料”的包装，虽然不是主要的，但它重要吗？当然重要。再好的饮料，你用黑色垃圾袋做包装，购买者也会大倒胃口。你用酒瓶装，似乎有点笨重，用盆装好像也不合适。所以包装的原则是购买者实用、方便、环保等。

传统报纸曾经在报纸的“纸张”上下了不少工夫，国产新闻纸、进口新闻纸、铜版纸，后来又在纸张的大小上下工夫，在排版上下工夫……这些还都是在“纸”上打转，仍然不具有革新性。对于读者无非换汤不换药，药还是那个药，病还是那个病。当人们觉得那些老面孔看得让人生厌时，就会毅然抛而弃之。当读者在手机或电脑上看新闻成为一种习惯时，当读者觉得在自己手机或平板电脑上看新闻更方便时，我们的媒体为什么还不抓住这个契机来迎合读者呢？当移动互联网成为一种趋势，势不可挡时，我们为什么不马上行动，先人一步，主动去改变现在还在读报的读者，让他们尝试习惯我们的云媒体呢？

科技的发展总超过人类的逻辑思维

《正在消失的报纸》作者飞利浦·迈耶悲观地认为，现在还没有一种简单的办法，能使习惯于获得20%到40%利润的报业满足于6%或7%的利润。他甚至预言：“2043年春季的某一天，美国一位读者把最后一张报纸扔进了垃圾桶——从此，报纸就消失了。”

但他的分析有些是正确的，比如他说报业经营者面对利润率下降，常常采取两个选择：一是通过提高产品价格、裁员、降低低收入地区发行量等惯常手法以保持当前的赢利性，不考虑长期问题。报纸经营者认为好的报纸就像精美的花园，需要花费多年的艰苦努力才能造就，而破坏这个精美的花园，也需要时间。报纸要等上一段时间才会看到严重后果。这种策略叫“收获市场地位”。二是报纸经营者接受新竞争的现实，并投资于产品改进，这种改进不仅能充分发挥印刷出版物的威力，而且能使报业公司成为包括提供电子信息在内的信息市场的主要角色。与其说把替代物看做是一种威胁，不如说将其视为一种机会，进入替代产业也许可以使某公司从替代产业与产品的相互关系中获得竞争的优势。这样做，报业公司将会发展而不会削弱其编辑产品，并且在新老技术的相互关系中找到一种赢利方式。

遗憾的是，也许迈耶天生就是个悲观主义者，从他悲观的思想中，通过大量的数据论证报业经营者的短视，而不会采取第二种方式进行投资报业的发展。

还有一点迈耶分析得很到位：21世纪初报纸仍在广告主一侧占一定优势，但是，如果它们不谨慎行事就面临着将这种优势输给更大胆、更富有远见的新媒体企业家的危险。

电视是与报纸争抢客户的一个强有力竞争者。报纸虽然也是一种很好的信息检索机，但是电视提供更漂亮的图像，这使报纸处于被动状态。但电视缺少为读者提供详细产品信息的带宽，而互联网的出现即解决了这两个问题。互联网目前正在带来新的直销形式。它几乎成为一个永恒的商品目录，因为它从不塞满人们的信箱，人们需要时总能找得到。报纸属于制造业，制造业的难处就在于其主要成本是可变的，而不是固定的。每一个新顾客都意味着要在原材料和运输上按比例增加成本。与广播和电视一样，互联网的成本大部分为固定成本。如果访问某网页的搜索者人数增加了10倍，维护这个网页的成本在一定限度内却不会改变。互联网在便携性上等方面也给报纸留下了极少发展余地——报纸很难比任何其他媒体干得更好，除了其影响因素之外。

科技总是让正常人的逻辑思维难以企及。迈耶在编写他的书时，移动互联网还没开始起步，也就不知道后来的移动互联网对现代人带来爆发式的影响，更不会意料到就在自己的国度，2007年，苹果更推出了iPhone，一个结合了iPod和手机功能的科技产品、一个上网工具和流动电脑。同年，苹果推出了iPod touch。一个月后，苹果公司售出了6000万个程式，赚取了平均一天100万美元的商业利润。不到3个月，苹果公司便成为了世界上第三大移动电话的出产公司。

如果这些事情在迈耶写书时已经出现，那么作者也许不会用生涩难懂的文字和数据推理出那么悲观的论点。

第二章 经营之魂

报业的衰落，不是新闻的衰落，实则是经营上出了问题。报业的经营之魂就在于报业的营销、整合和创新。

营销、整合与创新是一个企业在竞争中立于不败之地的源泉。凡企业必营销，凡营销必整合，凡整合必创新。营销是一个企业的第一步，没有营销就无所谓整合资源，也不存在企业的创新。三者相互联系：营销是大概念，整合是营销的一种，叫整合营销；创新本身也是营销的一种，叫创新营销。三者又有不同：营销通常处在企业战略的高度，整合强调的是具体手段，而创新强调的是观念和结果。

第一节 营销

营销已经是一个耳熟能详的词汇，或者说任何一个稍具规模的企业都会有这样一个部门或者专门的队伍。然而营销到底是什么？营销对于一个企业的意义何在？我们如何看待营销在整个企业发展战略中的位置？

营销的概念

营销是关于企业如何发现、创造和交付价值以满足一定目标市场的需求，同时获取利润的学科。营销学用来辨识未被满足的需要，定义、量度目标市场的规模和利润潜力，找到最适合企业进入的市场细分和适合该细分的市场供给品。

营销经常由企业组织中的一个部门专门负责，但是，这样其实有利有弊。利——便于集中受过营销训练的群体专门从事营销工作；弊——营销不应该仅限于企业的一个部门来进行，而应该在企业所有活动中体现出来。

美国市场营销协会下的定义是：营销是创造、沟通与传送价值给顾客，及经营顾客关系以便让组织与其利益关系人（stakeholder）受益的一种组织功能与程序。

根据杰罗姆·麦卡锡在《基础营销学》下的定义，营销是指某一组织为满足顾客而从事的一系列活动，包括市场细分、目标市场选择、定位、需要、欲求 、需求、市场供给品、品牌、价值和满足、交换、交易、关系和网络、营销渠道、供应链、竞争、营销环境和营销策划、方案。这些术语构成了营销职业的词汇库。

营销的主要过程有：

（1）机会的辨识；

（2）新产品开发；

（3）对客户的吸引；

（4）保留客户，培养忠诚；

（5）订单执行。

这些流程都能处理得好的话，营销通常都是成功的。如果哪个环节出了问题，企业就会面临生存危机 。

在网上曾流传的一个关于“中国十大最烂专业”的帖子中，市场营销赫然在列。毕业生很难找工作显然是其最大的理由。市场营销，一方面极受企业重视，几乎被所有老板列为企业最核心的部门；另一方面，该领域里的所谓专业人才们却茫然找不到自己的位置，被社会和各种各样的正式与非正式组织边缘化。套用营销里面最为热门的术语，就是营销人员们，包括营销本身，都存在“定位”不清晰的问题。

1. 营销绝不只是销售

最早的市场营销教科书教育我们，当前的营销观已经从“以生产为导向”历经“以销售为导向”、“以市场为导向”达到“以顾客为导向”的阶段。在很多行业里是这样，然而在这个行业，在不少人认为价格控制是核心环节的房地产行业里，在策划和销售经理以假排号和炒房为唯一手段的大环境下，仍然有必要重新正一正营销与销售之间的名。

2. 营销也不仅仅是市场

很多人习惯于将与销售之外对应的营销环节称之为策划，然而策划实在是一个非常宽泛的概念，不如“市场”这个词来得准确。

市场需要什么我们就生产什么，这个说法绝对正确但不完全。市场不是一个固化孤立的东西，需求也存在着无限可能性。立足于市场，的确减少一些盲目性，但仅仅有了市场观，在房地产行业做好营销还远远不够。

3. 营销肯定涉及产品生产和成本控制环节

在消费品行业，产品的技术研发和组织生产已经完全成熟，营销人员与生产环节之间的关系相对简单，基本上可以简化为一个内部订单的关系。在大多数的消费品行业，生产周期短，可以低成本甚至零成本地按照市场的需求灵活调整生产。在房地产行业则不然，相对于瞬息万变的市场需求来说，房地产的生产过程就是一个很难及时调整方向的恐龙，今天定下来以一、两居的小户型为主，半年后市场发生变化要求改为大户型，此时施工图完毕已经进入实施阶段或者甚至已经封顶，其转换成本之高是其他行业无法想象的。

营销人员一方面要准确预测需求尽量减少变数，另一方面要对生产环节了如指掌，在关键性节点之前及时根据市场信息调整定位与策略；一方面要在市场同类产品中尽可能追求更高的销售价格，另一方面要对成本构成和各项主要支出的市场价格有着充分了解，充分考虑到选择不同的产品方向带来的成本变化；还要面对那些很难说不会遇到的问题，比如说在木已成舟之后找出成本相对较低的产品修改可行性方案。

4. 营销一定程度上与企业管理有重叠

一切以顾客和市场为导向，这个观念挂在嘴上并不难，难的是大多数的技术部门并不知道顾客和市场的需求是什么。如何将市场信息及时翻译成各个部门能够理解和执行的具体指令，保证实施不走形不打折扣？这一点是企业的内部管理问题，然而很大程度上决定了营销的执行力。

很多企业受其发展历史的影响，内部的企业文化自成一体。而营销部门人员往往是在市场中成长起来，因为项目的具体需要聚集到一起，与前期、工程、采购等部门有着一条无形之中的鸿沟。加上营销部门大多因为人才行情的需要而采取了独立的薪资体系，更加难以与这些部门融合。所以经常会出现铁打的营盘流水的兵，营销队伍往往因为不适应企业文化而产生流动，而这种流动越发导致营销与其他部门的隔阂。

5. 营销是企业最高领导人的最核心工作之一

这个说法或许有失偏颇，如果放到纸媒行业来说，这个论断应该是有一定道理的。因为报业本质上是一个服务型企业，报业的运营过程是将新闻资讯、资金、智力等各方面的资源整合到一起的过程。尤其是随着新闻资讯进入极速传播时代，在制约报业经营的三大资源要素中，资金和智力逐渐占据了更大的比例，运营的过程已经日益趋同于营销的过程，报业更重要的责任是打造一个具有社会价值的品牌，研发符合发展趋势的产品，而生产过程可以对外委托给更为专业和规模化的生产企业来执行。

90年代的广州日报报业集团，时任老总的黎元江，恐怕是最早把营销放在工作首位的报业最高领导人。他本人当然就是营销高手，加之身体力行的实践为企业提高了效益。据说有时他会半夜三更通知其他高层探讨报业发展大计。由于营销能力超强，免不了比行业发展的进度要快一点，于是《广州日报》率先成立中国第一家报业集团也就不奇怪了。

6. 营销使命：整合企业资源，实现利润的最大化

营销只是需要实现销售，而利润是老板的事？这个观念不只存在于大多数营销人员的脑中，可怕的是很多老板也认为如此。因为他们认为：

（1）利润与成本息息相关，营销人员没有必要了解那么多企业的核心信息。

（2）利润是企业的核心目标，作为企业一部分的营销部门能负得起这个责任吗？

以上说法都对，但如果转变一下观念，也许会更大程度地提升企业的整体运作水平：

（1）没有资格掌握企业核心信息的人，其实是没有资格承当营销的重任的。那样的营销只是销售而已。

（2）如果你的营销人员只是定位于销售，按照市场的需求和规律最大限度地实现资金回笼，那么请你——企业的老板，一定要承担起营销负

责人的重任。只有站在全企业的高度俯瞰，才能更清晰地认识到一些营销战略决策方向的意义。

所以，营销的使命就是：整合企业资源，实现利润的最大化。反观大多数企业领导人，不管他们口头上如何重视，营销负责人其实是缺位的，因为营销并不对利润负责。

7. 最高级的营销是整合，整合的范围越大，营销的层级越高

不知什么时候开始，"整合"这个词汇已经风靡了各行各业。加上舒尔茨（Don E. Schultz，汉语译名：唐·E.舒尔茨，整合营销传播之父、美国营销大师、美国西北大学的教授）提出了"整合营销传播"理论，"整合"一词尤以营销界为甚。然而"整合"这个词汇是个动词，表达的是一种思考问题的方法，但到底整合到什么层级，却与整合者的功力和身份大有关系。

整合营销传播强调的是一种思维方式，将原有被拆分成具体事务的产品、价格、渠道、推广（也就是所谓的4P）综合运用到出神入化的境地，考虑营销问题和评判营销水平高低的标准就变成了4C（顾客、成本、沟通、便利性）。

任何层级上的营销人员都应该有整合的能力。即使是最普通的推广人员或者只是基层的销售员，如果没有整合多方面信息和资源的能力，都影响到他的工作积极性。然而最有资格或者说最有必要的整合者，就是营销的最高负责人。因为他所涉及的环节以及所能掌控的资源范围最为广泛。但是领导者的整合也是远远不够的，营销是一个创造性的工作，无法想象，如果一个营销团队只剩下一个人在创造，还有生命力吗？

报业的营销

通过对营销概念的掌握，我们已经知道营销的要素、营销的过程和营销的使命是什么，明白了企业营销的意义和方向等。

不管你承不承认，我们的社会已经进入后互联网时代，新时代的营销已经不再是冷兵器时代的短兵相接，而更多的是跟互联网和移动互联网的对接。

经过了以渠道为王的营销1.0时代和以消费者为导向的营销2.0时代，现时代早已进入了以人文主义价值为核心的营销3.0时代。在3.0时代的营销过程中，比以往任何时候都更需要媒体，需要那些有公信力、社会责任感的媒体。

而对于媒体本身，特别是纸媒的今天，我国的报业走过繁盛期，现在似乎正在触及经营的“天花板”，然而，是否报业真的穷途末路呢？显然，所谓的“天花板”只是我们营销思维的一块屏障而已，当我们穿越这道思维屏障，前面又是一片广阔天地。

报业经营涉及报业运营的三大块，采编、广告和发行，采编是做新闻品质，广告和发行是做经营，报业无论发展到何种阶段，都无法突破这个框架，所以，我们报业的营销活动只能在产品、广告和发行上下工夫。这里所说的产品不仅是指新闻内容本身，也指承载新闻内容的载体，做发行就是做营销，如果营销做不好，一家报社就必定是失败的，至于失败的原因，不是发行本身的问题就是新闻产品或载体的问题，而跟广告没有必然的联系，广告只是营销和产品做好之后的附属品，是水到渠成的事情。

所以，报业经营的方向已经很明确：一方面要坚持把内容做好，做出特色，在品质上下足工夫；另一方面要变销售过程为营销过程，变传统发行为云发行，变单向的报纸销售和投递转向以市场为导向，以读者为核心，为读者提供更好的载体和内容的新媒体转型。任何偏离此方向的营销，都是错误的，必将以失败而告结束。

报业经营是靠两次销售完成。两次销售的客户一为读者，二为广告商，我们唯一要做的就是依靠我们的报业平台，如何帮助客户解决问题，而对于如何帮助客户解决问题，正是我们报业营销的任务所在。

所以，我们报业发展也好，转型也好，营销的任务就明晰了，就是以客户为中心。去了解用户的需求，并以最合适的方式实现客户的需求。为客户提供的服务越多越丰富，价值越大，作为报业获得的收益也就越大。

注意笔者这里反复说的是客户需求，不是需要，也不是欲求。

人类的需要和欲求是市场营销活动的出发点。需要是没有得到某些基本满足的感受状态。欲求是想得到基本需要的具体满足物的愿望。而需求是对于有能力购买并且愿意购买的某个具体产品的欲求。人类为了生存，需要食品、衣服、住所、安全、归属、受人尊重等。这些需要可用不同方式来满足。人类的需要有限，但其欲求却很多。当具有购买能力时，欲求便转化成需求。将需要、欲求和需求加以区分，其重要意义就在于阐明这样一个事实，即：市场营销者并不创造需要；需要早就存在于市场营销活动出现之前；市场营销者，连同社会上的其他因素，只是影响了人们的欲求，并试图向人们指出何种特定产品可以满足其特定需要，进而通过使产品富有吸引力，适应消费者的支付能力且使之容易得到，来影响需求。

对于读者，我们需要了解的是读者的需求是什么。是为了看新闻？表面看来好像没错，其实这只是读者的需要，这种需要，读者可以通过很多种途径来实现，报纸是其中的一种途径而已。

对于广告商，他们的需求又是什么？做宣传吗？这也仅仅是需要。

客户需求找到了，这只是我们报业营销的第一步，后面如何满足客户需求，为读者和广告商客户提供需求的解决方案，更是我们营销的重中之重。

媒体应该认清自己的终端和通道是自身的资源和优势。在新的传媒环境下，最有价值的应该是“近媒体”，即离受众最近、最方便的媒体。媒体工作者、广告工作者，首先是问题的解决者，要帮助读者和客户解决问题，但如果都不知道问题是什么的话，那么，“帮受众解决问题”只能是一句空话。

《广告导报》创始人凌平也认为，做营销首先要认识自己的价值，即能够给客户或消费者什么。进入碎片化的时代以后，意味着我们的客户选择增多，这时我们就要讲黏度。广告和内容的关系就是皮与毛的关系，因此要做好经营，首先要大力加强内容的吸引力。

《广告人》杂志社社长、总编辑穆虹提出，现在媒体已经由单一的销售产品转变为销售整合营销传播能力。因此，我们应该整合关系资源、行业资源、市场资源和人才资源四种资源。她认为，把内部资源和外部资源进行重新的产品化打造，可能会有一个新的增长空间。在销售上，更需要锻炼一个勇敢的外向型的爆破性的销售市场队伍，锻炼外向型的战斗力。她说，《广告人》杂志新员工要过三关：第一关是打电话，第二关是市场整合写研究报告，第三关是去谈广告。因为做媒体就要首先学会沟通，基础是了解市场需要。有人可能会质疑——做编辑怎么可以做市场？但穆虹认为，编辑不懂市场怎么做编辑，闭门造车的内容会符合市场要求吗？

第二节 整合

整合的概念

整合是一切营销和创新的基础，严格来说，任何营销都是对资源进行整合的营销，任何创新都是对已存在的资源的有机整合。整合在营销中就是资源整合，也叫整合营销。

整合资源，就是在企业战略层面上，通过组织和协调，把企业内部彼此相关但却彼此分离的职能，把企业外部既参与共同的使命又拥有独立经济利益的合作伙伴整合成一个为客户服务的系统，取得1+1>2的效果。在战术选择的层面上，就是根据企业的发展战略和市场需求对有关的资源进行重新配置，以突显企业的核心竞争力，并寻求资源配置与客户需求的最佳结合点。目的是通过组织制度安排和管理运作协调来增强企业的竞争优势，提高客户服务水平。

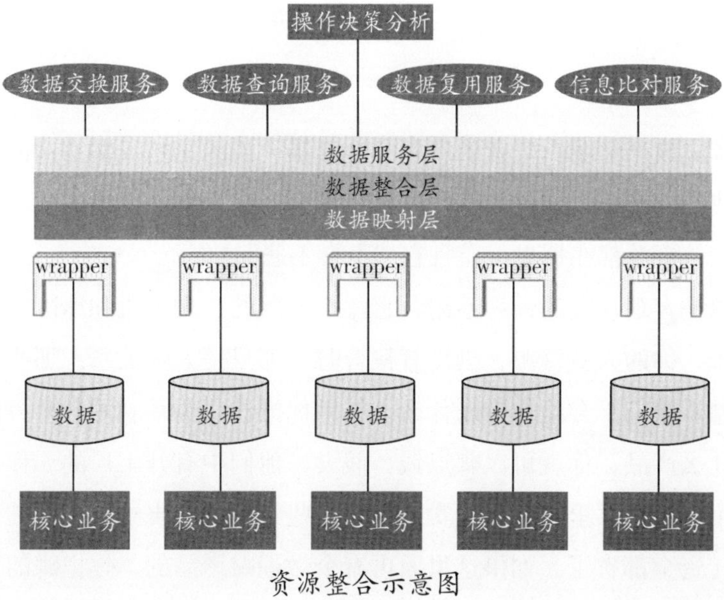

资源整合示意图

资源整合理念是现代营销学中的崭新理念，是在全球经济一体化的新形势下，无论是一家小型企业还是跨国集团，资源整合都是企业寻求最大利润空间的一种战略能力，一种进击能力。任何一家企业都不可能把运营过程中涉及的所有问题解决好，也不可能把一切营销资源都备足，创业也是如此。这里关键的一点在于要学会进行资源整合。因此资源整合的原则是企业竞争制胜和创业发展的一个重要原则，也是借势发展，巧用资源，优势互补，实现双赢的重要方法。

下面是扎西拉姆·多多的一首感动无数青年的浪漫情诗——《见或不见》：

你见　或者不见我
我就在那里　不悲不喜
你念　或者不念我
情就在那里　不来不去
你爱　或者不爱我
爱就在那里　不增不减
你跟　或者不跟我
我的手就在你手里　不舍不弃
来我的怀里
或者　让我住进你的心里
默然　相爱　寂静　欢喜

读者应该已经明白笔者的意思了。没错，说的正是我们身边的资源往往就在我们的身边，“你见不见”、“你念不念”、“你爱不爱”、“你跟不跟”，资源都在那里，而且它“不喜不悲”。

资源是客观存在的，你不用，它就是零散的、无生机和冰冷的。举个简单例子，你的人脉资源，当没有整合时，那只是人际关系，那些亲朋好友、七姑八姨们不会给你带来什么，如果你把这些关系利用起来，向他们推销点什么产品，你就可以赚点钱。假设，他们中有开工厂的，你可以从那些开工厂的人那里拿货出来卖给另外一些人，卖完再给开工厂的人钱，你连周转资金都省了。如果这里面再有个做理财产品的，你把赚的钱再投入到理财中去，让钱生钱……总之，你利用这些资源能产生经济效益。

再分享一个很多人听过的寓言故事：

爹对儿子说：我想给你找个媳妇。

儿子说：可我愿意自己找！

爹说：但这个女孩子是比尔盖茨的女儿！

儿子说：要是这样，可以。

然后他爹找到比尔盖茨，说：我给你女儿找了一个老公。

比尔盖茨说：不行，我女儿还小！

爹说：可是这个小伙子是世界银行的副总裁！

比尔盖茨说：这样，行！

最后，爹找到了世界银行的总裁，说：我给你推荐一个副总裁！

总裁说：可是我有太多副总裁了，多余了！

爹说：可是这个小伙子是比尔盖茨的女婿！

总裁说：这样呀，行！

这就是整合。当你把资源整合过来了，你也就创造了。就如同你银行账户有很多钱，只有你用了，钱才算是你的，不用，顶多也就是个仓库管理员，反而别人随时用到那些钱。这就是本书为什么反复强调资源整合的原因。这其实是一个“无中生有”的奇妙过程。这也是为什么上面寓言中的“儿子”能从“青蛙”变“王子”，从“屌丝”变成盖茨的女婿、世界银行副总裁的原因。

为什么？“老子”太会整合资源了！

另外一个2500年前的“老子”就更厉害。他能说出“无”就是“有”，“有”就是“无”，最大的自私就是无私这种“神话”来。他说“道”、“无”是“众妙之门”。的确，掌握了这个“门”，你就可以天下资源为我所用。

这里的门道在哪里？门道，门道，“众妙之门”的“门”就是“道”。“道”为何物？孔子当年到死都没闹明白的，我们可以帮他理解为“自然”，大家大概都听过“道法自然”一词，如果说“自然”还过于抽象，那么说“自然规律”总应该能理解个八八九九了吧？换句话说，从无到有或从有到无的相互转化过程，就是遵循自然规律的过程。那么意味着我们在整合资源时，首先必须遵循自然规律，而整合的内容也就是自然万物。

我们不必再在老子的“道”、“有”、“无”上绕来绕去了，说说作为我们报业发展，如何进行资源整合。

资源整合与报业转型

在第六届中国报刊广告大会上，中部一省级报业集团董事长炫耀他们集团构建了多元化产业格局，进军房地产、酒业、物流业、白酒酿造和激光产业等高科技领域。并称，集团开发的地产项目每次开盘的第一天就卖完了，成了“日光盘”，从他的分享中，那种自豪感溢于言表。

而浙报集团的董事长高海浩在同南方报业做交流时指出，浙报集团也搞过房地产，并且获得了不错的回报。但后来一直在思考：投资那么多项目，和我们传媒主业有什么关系？于是继续调整，投资公司一分为二，一支团队继续做基金管理，参与PE投资；另一支队伍做和传媒文化产业领域相关的投资，并组建了东方星空文化基金，投资了宋城股份、华数传媒、随视传媒、百分点等一批前瞻性项目。这次调整与其他同行跨业态、多元化发展是不一样的，它还是以传媒文化为根。

的确，地产之于报纸经营要赚钱得多；但是，一家报业集团的主要收入来源如果是卖房子，恐怕那报业集团得改名叫地产公司了，那报纸成了地产公司的宣传单，那还有意义吗？

笔者在这里想强调的是，营销也好，资源整合也好，都必须跟传媒主业有关，而不是什么赚钱就干什么。

整合营销是以整合企业内外部所有资源为手段，重组、再造企业的生产行为与市场行为，充分调动一切积极因素，以实现企业目标的全面的、一致化营销，企业欲达到最优效益，必须要求各部门的共同参与和协调运作。报业要实现可持续发展，也应该采取整合营销的观念和措施，整合各部门各要素，为市场（读者和广告客户）提供最好的服务。

我们知道，传统的报纸生产过程有编辑、印刷、发行和广告等诸多环节，报社的经济效益与每个部门都有直接关系。报业有两个市场，即报纸市场和广告市场，由于一家报社提供的是同一份报纸，因此这两个市场把报社的所有部门都连接在一起。新闻报道、印刷质量、发行速度、广告数量，每一个环节都事关报纸的经济效益。报纸的广告收入是随着报纸编辑、印刷质量的提高而提高，随着报纸发行量的增长而增长，反过来说，广告多了，报社利润增加了，就可以有更多的资金来改善报纸编辑、印刷的质量，用于进一步扩大报纸的发行量。这种编辑、印刷、发行与广告的相互依存与互动关系决定了报业经营必须树立“完整的报纸”的经营观念——这就是整合营销的观念，它将编辑工作与发行、广告工作一起纳入了媒介经营的视野。应该说，在报业迅速发展的今天，报业各部门联系不断加强，采取整合营销战略显然是大势所趋。

但是，随着互联网对传统报业的日益蚕食，报业的发展仅仅靠内部整合资源显然已经不够。发行量日益下降，广告营收剧烈下滑，报业的资金逐渐捉襟见肘，报业要继续发展需要融资，这是对外资源整合的一种。

报业向数字化方向转型，在技术、软件、硬件设施上都需要整合社会资源。同IT企业合作，共同开发新的产品，学习借鉴IT的管理模式，适应IT行业的生态发展环境，这也是报业的资源整合。没有这些整合资源的意识，报业的转型，终将沦为一纸空文。

因此，我们报业要转型，首先要确定转型方向，再沿着这个方向，看报业内部有哪些资源，这些资源如何整合才能最有效，报业还缺少什么资源，就向社会去整合。

比如，报业要向数字化转型，是办网站，开发报纸App，还是办“云报纸”？抑或是同时启动？这就是方向。然后，针对这个方向，思考我们报业内部需要什么样的资源；哪些已经有，哪些还不够；采编能力有但适应数字化的采编能力够不够，不够我们怎么办；我们要开发的数字化平台，我们报业内部能否建设，如果不能，我们怎么办；我们报业内部机构为了要适应数字化的运作，需要做哪些调整；等等。这些都是我们报业资源整合的范畴。

第三节 创新

什么是创新？创新的经济学概念，就是利用已存在的自然资源或社会要素创造新的矛盾共同体的人类行为，或者可以认为是对旧有的一切所进行的替代、覆盖。

经济学上，创新概念起源于美籍经济学家熊彼特在1912年编著的《经济发展概论》。熊彼特在其著作中提出：创新是指把一种新的生产要素和生产条件的“新结合”引入生产体系。它包括五种情况：引入一种新产品，引入一种新的生产方法，开辟一个新的市场，获得原材料或半成品的一种新的供应来源。熊彼特的创新概念包含的范围很广，如涉及技术性变化的创新及非技术性变化的组织创新。

创新不容易。第一，创新意味着改变，所谓推陈出新、气象万新、焕然一新，无不是诉说着一个“变”字；第二，创新意味着付出，因为惯性作用，没有外力是不可能有改变的，这个外力就是创新者的付出；第三，创新意味着风险，从来都说一分耕耘一分收获，而创新的付出却可能收获一份失败的回报。创新确实不容易，所以总是在创新前面加上“积极”、“勇于”、“大胆”之类的形容词。

创新的必要

下面是摘自吉林大学经济学院网站上的一篇文章——《数据代码时代，商业大打劫时代，你准备好了吗?》，笔者分享给读者，不必过多的论述，读者应该会有一些思考。

数据代码时代，商业大打劫时代，你准备好了吗?

我们生活在一个极其有趣的年代，这个时代最快乐的事情，是看到金钱在你的眼前，明目张胆地流动着，从这一家，流向那一家！

停留的时间越来越短！流动的速度越来越快！任何一个人，都可能打开一个口子，让如同流水一样的金钱，莫名其妙地流到你家。

无论你的公司原来有多大，其实越大就越需要担心，打劫的时代到了，到处都有人准备抢钱，完全合法，你若不能早点醒来，只能眼看着金钱流去，与你毫无关系，又或者，直接从你的仓库，开了一个闸，如泄洪一般，迅速流到另一个去向。

我们都是目睹者，我们都在现场。只是事情是否可以与你有关，是否是正相关，完全取决于，你的清醒程度。如果你误以为你够大、够聪明、够厉害，就可以保住你现在的财富，那我随时准备为你的企业举办葬礼！

柯达的葬礼已经被人快要遗忘，摩托罗拉、诺基亚、东芝、索尼都在排队等候档期。国美最鼎盛的时候，我说过这个家电巨头的日子将越来越艰难，结果，老板被抓了，结果很快，京东商城明目张胆地开始打劫！国美醒来的速度太慢、太慢，等它睁开眼睛，仓库里，剩下一地的悲伤。

苏宁总算懂得翻个身子，好歹知道有人正在打劫，而中国联通和中国移动，就实在是沉睡难醒，毕竟牛气了这么多年，加上有政府这个后盾支持，怎么都不相信，一个马化腾，就可以在短短几个月内，直接开仓取钱！一个微信软件的运用，我看差不多可以把靠电话和短信收费的这两个巨头赶尽杀绝！难怪现在急得跳脚，做出很没有水平的举动，让“江湖大盗”马化腾，狠狠地嘲笑了一番！

醒来的速度不够快，就不用醒了，免得伤心，直接送火葬场罢了！

未来十年，是中国商业领域大规模打劫的时代，所有大企业的粮仓都可能遭遇打劫！一旦人民的生活方式发生根本性的变化，来不及变革的企业，必定遭遇前所未有的劫数！

沃尔玛正在关闭它的多家超市，这个曾经世界第一富豪，正在面临醒过来之后如何转身的问题，至于其他的各类恐龙级的商业巨头，说真的，活下去都是一种耻辱！可惜，大多数人到现在还把那些所谓亿万富翁当回事，在那里膜拜，却不知道，他们已经身心疲惫、头昏脑涨，看不清前途，找不到归路！更有甚者，居然还在扩张，还不知道进退！

越来越快，一切都在一个大规模变革之中，无论是哪一家公司，如果不能深刻地意识到金钱正随着消费体验的改变，而改变流向，那么，无论过去他们有多成功，未来，都只能苟延残喘，直到被尘土掩埋。

跨界的，从来不是专业的，全部来自于另一个领域！神出鬼没，你都不知道从哪里窜出来的。创新者以前所未有的迅猛，从一个领域进入另一个领域。门缝正在裂开，边界正在打开，传统的广告业、运输业、零售业、酒店业、服务业、医疗卫生等，都可能被逐一击破。更便利、更关联、更全面的商业系统，正在逐一形成，世界开始先分后合，分的，是那些大佬的家业；合的，是新的商业模式。

机场，不能是一个娱乐场么？不可以成为最重要的社交中心么？微信只是一个萌芽，摇一摇的背后，真正的契机在于，人们正在从家庭、办公室走出来，进入一个极大的、广阔的社交需求时代。

还在留恋你的路边广告牌？还在把大把的钱投向电视广告？还在以为分众的电梯广告占据了终端？过时啦！要知道，未来谁的wifi覆盖率越高，谁就越可以占据终端用户的心。租个足够的数据流量，使人们习惯从你这里进入免费的wifi，你的广告价值将无可限量。要知道，这么一招多数人都还不懂，我也只是用手指头随意想象都可以推断出来。

酒吧还是酒吧么？咖啡厅还喝咖啡么？酒店就是用来睡觉的么？餐厅就是用来吃饭的么？美容业就靠折腾那张脸么？肯德基可不可以变成青少年学习交流中心？银行等待的区域可不可以变成新华书店？飞机机舱可不可能变成国际化的社交平台？你不敢跨界，就有人跨过来打劫，未来十年，是一个海盗嘉华年，各种横空而出的“千年妖怪”将像马云、马化腾一样遍布各个领域，他们两个只是开了个头而已，接下来的故事，将越来越精彩。

数据重构商业，流量改写未来，人类逐渐变成数据代码。

一切都在经历一个推倒重来的过程。

审时度势，商机无限。徒弟们，准备打劫吧。

创新与营销

市场发展到一定程度，资本越来越集中，竞争也必然越来越残酷，尤其在国内，消费增长比投资增长慢，必然会导致生产过剩的时代提前到来，所谓的“红海”战略，描述的就是在这种环境下竞争的企业战略，其一个主要特点就是“血腥”。资本集中导致产品技术竞争的差异化程度越来越小，营销创新就成了许多企业的救命稻草。过去的几年，可以说是国内企业营销创新得到了很大的发展：渠道创新、概念营销等，都让人耳目一新，但这些凝聚了许多营销人心血的创新，好像流行音乐一样，来得快，去得也迅速。比如凭借渠道营销创新一夜走红的三株，也就风光了几年，最终倒在自己的营销思维上，还有风光一时的秦池、爱多等，这种现象让营销界陷入了一种迷幻之中：究竟是什么造成营销创新的短命？

其实，如果我们深层理解营销创新，把营销创新当成一种战略，而不是战术或者救市稻草，我们就会发现，营销创新其实是可以如经典歌曲一样长盛不衰的。

营销创新的原则之一：

永远不要抛弃创新的根本——产品。在现实生活中，有很多人思维好像非常超前，一说起营销，必然滔滔不绝地说起一大堆听起来非常前卫的理论，让人云里雾里，肃然起敬，更有人出卖所谓的“点子”成了大营销家，但一旦实践起来，这些理论和“点子”就如被包装好的流行歌曲，即使成名，又能维持多久？我不否认，前卫理论和“点子”的作用，关键是我们的营销人应该在这些让人晕眩的五彩面前始终要保持一种清醒的意识：有哪个百年企业是依靠一时的前卫理论和“点子”一直发展的？可口可乐、宝洁等跨国企业的长盛不衰的一个秘诀就是始终把产品是否能够符合消费者的要求作为营销至高无上的法宝，当别的企业在炒作概念的时候，这些优秀的企业始终坚持把优秀的产品才是最好的营销当作自己的理念，只有在产品的基础上进行营销创新，才是永远能够保持活力的营销，才能不断创新。

营销创新的原则之二：

渠道。无论是眼下流行的终端制胜论还是大批发萎缩论，企业的营销是绝对不能没有渠道的。渠道是企业营销创新取之不竭的源泉。在现实生活中，我们经常会看到很多企业通过渠道变革来达到营销创新的目的，并且取得了空前的成功。比如，国内一家很著名的摩托车企业，在90年代初期，当其他企业忙着收获因为卖方市场带来的好处时，它就把渠道变革当成营销创新的基础去开展工作了；当90年代中期，国内摩托车行业走向买方市场，供大于求的时候，这个厂家的营销创新发挥了巨大的作用，尤其是1995年上海助力车市场开放的时候，该企业通过其完整的渠道提前得到消息，迅速研发，并通过渠道迅速将该车在上海销售，该企业赚得眉开眼笑的时候，别的企业才慌忙跟进。

营销创新的原则之三：

不要把营销当作企业渡过难关的战术使用，一定要把营销创新提升到战略的高度。为什么很多外国专家都评价说中国的民族企业最终不能担当大任？除了企业整体战略，就是营销创新战略的缺失。内行看行情，外行看热闹。别看国内许多企业在营销上搞得有声有色，但一细看，基本上没有几个能够把自己的营销创新坚持下来，并发扬光大。一旦营销掌门人换掉，企业的营销创新又换了一种思路，最终受损失的是企业。如果我们的企业能够把企业营销创新当作一种战略，这种尴尬的局面就不会出现，企业也就不会因为换人也换思路了。

营销创新的原则之四：

服务是别人永远无法复制的制胜法宝。当海尔宣布自己的服务营销战略时，曾经有很多企业跟进，给我影响最深刻的有两个事例，一个是家电行业的美菱，服务人员去用户家里服务时，必须随身带着红地毯，避免弄脏用户的地板，这就是轰动一时的红地毯服务，但由于各种原因，没多久就销声匿迹了；还有一个是摩托车企业春兰，曾经用飞机空运一台发动机到安徽，但也没有了下文。而海尔始终把服务创新当作自己的营销战略贯彻始终，不管别人说海尔产品质量怎样怎样，但就凭海尔的服务特色，海尔的营销战略就是成功的，至少在目前的国内企业，还没有一个企业能够把自己的营销创新贯彻到战略高度并且如此彻底，这就是海尔成功的基本因素之一。

报业的创新

报业的创新，早在报业集团出现之前就已经有过。《洛阳日报》全国首创自办发行是创新，《广州日报》成立我国第一家报业集团，是创新。还有办报理念的创新，广告的创新，发行的创新，甚至小到一家报纸的改版，一次报纸的营销活动，也都是报业的创新。报业发展不断，创新不断。那么报业的创新从什么方面入手？怎么样的创新才是有效的？怎样的创新胜算才会更大？应该坚持什么样的原则呢？

事实上，报业的创新也要坚持上面营销创新的四个原则：将报业的创新上升到战略的高度，在产品、渠道、服务等方面着手创新。

目前，不仅是国外，我国的报业也早已认识到报业的创新方向是在数字化方面，认识到方向，这是意识问题，但这离真正的创新还有很遥远的距离。是在观望、徘徊、论证还是果断行动，这是国内报业数字化转型的百态。报业的转型，并上升到战略高度，的确，这对报业本身不是一件小事，果断行动常常被冠以“武断”评判，所以至今能将报业数字化转型上升到战略高度的少之又少。国内关于新媒体转型的心态，本书在前面已经讲过。

没有上升到报业创新战略的高度的数字化转型，只能是隔靴搔痒，其他方面零零碎碎的局部创新虽有好处，但都无法扭转传统报业发展的颓势。

但是，有读者会问，如果将数字化转型上升到了营销创新战略的高度，应该怎么办？这才是本小节应该论述的重点。

一、产品上的创新

报业的产品是什么？这是需要回答的基本问题。是新闻？是报纸？都不准确，是新闻+载体。

传统报业的产品的确是报纸（新闻内容+新闻纸），那么既然需要创新，我们的报业就需要在两个方面寻找创新的着力点：新闻内容和新闻纸上。在这两个创新要素上，似乎报业在过去已经绞尽脑汁。在新闻内容上，改版无数次，从美编设计到字体变化、图片的多寡等，都尝试过，但这些对于报业整体的发展并无大的影响。在新闻纸上的创新，想到过数字化，将报纸搬到网上，这是一个突破，在国外有成功经验，既然有成功经验，我们就更应该去探索，别人成功是为什么，那些没成功的又是为什么，创新必须总结成功经验，吸取失败教训，才能有进一步的创新。

二、渠道上的创新

报业的渠道是什么？这是渠道创新的基础。报业的渠道在哪里？其实有三条：采编渠道、广告渠道和发行渠道。

采编渠道是为了得到更多的资讯，更为高质量的新闻信息，为了达到这个目的，我们的渠道现在是怎么做的，还有没有改进的地方，还有没有更快更高效地获取更多信息的途径或办法，这是采编渠道需要创新的地方。

广告渠道以前是靠报纸为客户做宣传的，而现在报纸能不能通过视频、户外媒体、网络等其他渠道为客户服务？

发行渠道的作用是利用载体传播新闻资讯，这个载体现在是报纸，能不能通过电脑、手机或其他载体实现，这是发行渠道创新的着眼点。即使是传统的报纸发行，这个发行渠道过去是邮局发行，现在是自办发行，以后能不能通过联合发行等方式进行？

三、服务上的创新

报业的客户在哪里？能为客户提供哪些服务？这也是服务创新前，需要回答的问题。

报业的客户一是读者，一是广告客户，报业为读者提供的是新闻服务，为广告客户提供的是宣传平台。

为读者提供新闻资讯，这项服务我们过去是这么做的，现在也是这么做的，但我们还可以更好地做什么？这“还可以更好地做什么”就是创新的地方。

为广告客户提供服务也是如此，我们在给客户做宣传的时候，效果越好，客户就对我们报业越信赖。我们的报业是在做一竿子买卖还是在设身处地为客户着想？还有哪些地方可以继续改进，更好地为客户宣传？

第三章 发行之魂

在本章的开头，我们先理清几组名词的关系：

第一组，报纸、报社和报业。

报纸，顾名思义，将新闻印刷在纸上。

报社，是编辑、出版、发行报纸（新闻载体）的机构。

报业，是以新闻为核心业务的产业，我们常常将以新闻为核心，以报业和带有报业外延性质的实业为主体，兼营其他非报业经济实体的经济联合体称作报业集团。

第二组，发行、广告和报纸经营。

发行和广告是报业经营模式的两个阶段，就是通常所说的“两次销售”，发行是“第一次销售”，通常不产生经济效益，甚至亏损；广告是“第二次销售”，产生经济效益，并成为补充报社运营的开支的主要力量。

第三组，新闻和报纸。

新闻，在我国新闻学术界，最权威的新闻定义，是1943年陆定一提出的：“新闻的定义，就是新近发生事实的报道。”范长江也对新闻下了一个定义：“新闻就是广大群众欲知应知而未知的重要事实。”新闻通常通过报纸、电台、电视台、互联网等媒体平台传播出去。

报纸是新闻传播的一种载体。

发行是什么？云发行是什么？发行的本质是什么？发行的地位如何？发行在报业运营中处于什么位置？发行人扮演着什么样的角色？本章将一一做出解答。

第一节　发行的本质是营销

刘涵在《渠道为王——报纸发行产业化的思考与探索》（新华出版社）中对报纸发行的定义是：“现代社会的报纸发行，是将报纸从产品变成商品的实现过程；是报纸通过产品营销手段（卖）以及渠道经营手段（送）而到达读者的过程。”

《报纸发行营销导论》（复旦大学出版社，吴锋、陈伟著）中，作者认为当代报纸发行早已摆脱单一分发模式，报纸发行已经进入“全面营销时代”。所以作者只对报纸发行营销做了定义：报纸发行营销是指经过采编、印刷等工序生产成报刊成品后，由报社或报社委托的发行部门通过各种渠道，利用现代营销策略，达到报纸被读者接触的目的，以最终实现采编、发行、广告三者之间良性循环的经营目标。

根据新时期发行过程的认定，其实，发行本身就是营销。

按照美国市场营销协会对营销下的定义：营销是创造、沟通与传送价值给顾客，及经营顾客关系以便让组织与其利益关系人受益的一种组织功能与程序。

也有人说营销至少要包括以下五个主要过程：第一，机会的辨识；第二，新产品开发；第三，对客户的吸引；第四，订单执行；第五，保留客户，培养忠诚。

其实，机会的辨识和新产品开发就是创造价值的过程，对客户的吸引和订单执行是沟通与传送价值的过程，保留客户，培养忠诚就是客户服务的过程。

而作为报业生存之本的发行，其过程就是要创造价值、沟通与传送价值、客户服务。

营销过程与发行过程对比

营销过程		发行过程
创造价值	机会的辨识	通过对市场机会和风险的分析，判断发行的必要性
	新产品开发	通过对客户需求的把握，在移动互联网时代，开发出适合读者阅读习惯的媒体产品
沟通与传送价值	对客户的吸引	通过促销、打折、发行宣传等手段吸引读者
	订单执行	让读者订阅报纸内容并实施发行
客户服务	保留客户，培养忠诚	提高发行服务水平、开展针对读者的活动

发行的本质

很多人做了一辈子发行工作，从邮局送报开始，到进入报社发行团队，再到发行公司部门领导、公司副总，甚至做到发行公司总经理，也没弄懂什么是发行。这不重要，因为定义并不是什么好东西。定义常常让人们陷入思维定式。事实上，现在很多人喜欢给一个事物下定义，以体现自己拿准了事物的本质，定义没下准，结果贻害很多人，让后来人在所谓的定义里耽误事。回想一下我们上小学、中学时，老师让我们花了很多时间背诵的一些名词的定义吧，历经若干世事变迁，你会发现很多当初的定义，远不能涵盖现在事物的本身含义。事物是变化发展的，为什么要下定义呢？我们只需要明白当下事物的本质和范围界定，不要轻易给事物下定义，以免遗祸后代。

重要的是，我们要知道当下发行的本质是什么，有哪些组成要素，重点是什么，不弄清楚这些，做发行的具体工作时，往往就会不着边际甚至舍本逐末。

需要再次强调的是，本书所讲的发行，是专指报媒的发行。报媒的发行（简称“发行”）有几个常见的误区：

第一个误区，认为发行等同于做物流，认为发行就是组织投递人员送报纸。放眼国内报社的发行公司，无不是围绕物流开展工作，鲜有在发行公司专门设立营销团队或拓展团队的。不过有些发行公司还算有自知之明，不叫“某某报刊发行公司”而是叫“某某报刊配送公司”或某某“物流公司”，因为这些公司知道，自己公司除了能做点物流配送的“体力活”外，其他什么也做不了。

第二个误区，高喊“渠道为王”。这种人，会觉得自己认识到了发行的真谛，逢人便喊，见人就讲“渠道”：邮局渠道、“二渠道”、“自发渠道”、“联合渠道”……名词越来越新颖，似乎也越来越符合时代步伐。但是你为什么要做渠道？目的是什么？你的产品过硬吗？即便产品是发行部门无法控制的，但是你做营销了吗？做拓展了吗？当你的产品通过这些“渠道”时，你的产品是积留在渠道中，还是真实地、有效地到达读者手中？当你要死要活喊着“渠道”时，你的发行量在逐月逐年上升了吗？如果没有，是不是在一个重要环节缺失了？

第三个误区，发行就是报纸的买卖。发行是关于报纸的发行，这个不算错，只是在某个特定时间段内。确切地讲，发行是新闻的买卖，而报纸也可以是其他的载体，如果这些新闻是写在龟壳上，那我们就是做龟壳买卖的？如果新闻是写在竹片上，那我们是做竹片买卖的了？如果新闻是通过短信息或声音的形式发布，那我们是做什么买卖的？好像不那么好回答了。所以做发行的要切记：我们发的是新闻，不要落入买珠还椟的笑谈中。

第四个误区，报纸有人订了，每天的报纸都有送了，也就完事了。实际上，报纸送出去后，仍然需要做营销工作，也可以说是售后服务工作，大家都明白，开拓一个新客户的成本通常是维系一个老客户6～8倍之多。回想一下，你所在的发行部门在送完报纸后，为读者做了些什么呢？

那么，说到这里，我们应该明白了，理解发行要注意三个问题：第一，发行不只是配送，更要做营销；第二，发行的载体不限于报纸，也可以是其他载体，根本任务是新闻的传播；第三，发行不只是销售，是报社内容主体和内容受体之间的沟通渠道，这个渠道是双向的；第四，发行是一个向报社内容受体提供服务的过程。

理解了这些，我们才知道我们在发行工作中，应该做什么，不应该做什么。

云发行的概念

报业在向数字化转型中，形式多样，如办网站、微博、微报、微信、App应用等，这些形式多样的数字化模式，最终都是要将新闻资讯传递到受体那里。根据发行的本质，云发行比传统的发行在内涵和外延上都有所扩展，实际上包括三重含义：

一是指推广、优化。无论是报业的网站还是微博、微信、微报，都需要去优化、推广，新闻的受体才能知道这些网站和微博、微信和微报上的新闻和资讯。还有报业App的推送功能，也是发行。

二是云发布。在云计算时代，报业的新闻资讯通过云技术手段，可以按需要、按地域、按时间、按人群等进行发布。这使新闻和信息更精准和更有效。云发布是新闻和信息的传递，所以云发布本身就是发行。

三是云载体发售。云载体的发售是发行，比较容易理解。只要将“云载体”（如云Pad、云手机等）看着是“新型报纸”就明白了。传统报纸的发行其实也就是报纸的发售过程，包括征订、投递、零售、批发等。云载体的发售也需要去销售（征订），需要通过渠道去批发零售。

本书所指的云发行，是通过云技术手段和电子载体向受体传播新闻资讯的过程。所以云发行有三个关键因素：云技术、电子载体、向受体传播的过程。云技术是利用云计算技术采用自动解码和发布的技术；电子载体就是我们日常使用的诸如手机、Pad、电脑、读报机等终端设备；向受体传播的过程包括云发布过程和向受体销售载体的过程。

发行的目的

要知道发行的重点是什么，首先要明白，从报社的角度考虑为什么要做发行。很多人觉得报社理所当然地就应该做发行，知其然，不知所以然，为做发行而做发行。

众所周知，报社这驾马车的三个轮子分别是采编、发行和广告。采编是做内容，是做产品，产品的质量是内容的好坏而不是新闻纸的优劣，它是决定读者是否认同和购买的决定因素。内容出来后，紧接着的是要让新闻消费者能够购买到我们的产品，也就是发行要做的工作。一般的产品，读者购买到基本上就结束了。但作为新闻产品还远远不够的，发行只是第一次销售，而这个第一次销售，从目前来说，又基本上是亏本的。但是你不要以为你亏本的，读者就会买你的，不一定，你还得想尽办法让读者接受你的报纸。那么作为发行部门就要做好营销。酒好也怕巷子深，没看到“茅台”、“五粮液”的广告更凶猛吗？只有作为发行的第一次销售做好了，那么作为第二次销售的广告，业务人员去广告商那里，才可以理直气壮、大着嗓门对广告商说：你看本报发行量有几百万份！

那么，此时，我们终于明白了，发行其实就是报社里的“第一次销售”。既然如此，也就可以说发行也是“销售”！逻辑应该没有乱吧？那么，还能说发行中“渠道为王”吗？

因此，发行的本质是营销。

绝大多数发行人是半路出家的，这个是不争的事实。其实这有一个好处，这些人应该更容易理解发行的重点为什么是营销。半路出家做发行就意味着接触过其他行业，我们随便放眼其他任何一个行业，或是具体到一个企业，其业务功能无外乎三大块：产品、营销和售后，其他都围绕这三块转。你会发现，所有的企业都会把主要精力、最大的资金投入、最得力的干将放在营销上。这是为什么？因为所有的企业都要赚钱，都要盈利，否则企业就没有存在意义。而且，你要明白的是，一个企业除了营销，所有其他的都是成本！你也可以想象一下，如果一个牛奶公司不做营销，公司的牛奶送给谁？如果一家医药公司不做营销，谁会用该公司的药？如果一家电脑公司不做营销，谁会用该公司的电脑？

我们的发行公司也是企业！我们的发行公司当然要营销。即便作为报社的“第一次销售”是亏的，但发行公司作为独立的运营单位，仍然要赢！回头看看，我们大多数的发行公司工作的重点在哪里？在送报！送报是什么？是配送。也就是说我们大多数的发行公司工作重点在做配送。配送重不重要?当然重要，就如同电脑销售公司签单向客户卖电脑一样，你说是签单销售重要还是发货重要？你是把签单销售放在工作重点还是把发货放在更重要的位置？太明显不过了。

我们所在的一二线城市，哪个城市会少于两大集团四大日报相互竞争？三大集团六七家大报也很常见。每到大收订，相互竞争有多激烈，想必打折的招数你用过，送礼品的招数你用过，洗楼敲门的招数你也用过……为什么不在外面摆张桌子，等客户前来排队订报？因为竞争太大！

既然竞争如此激烈，为什么不重视营销拓展市场而重视配送？更有甚者，由于泡沫的经济形势，发行的成本不断增加，一些发行公司日益难以为继，于是拼命想法赚钱，以维持发行公司的运转。具体做法是，发行照做（就是继续坚持做好报纸配送），然后想办法做物流配送，自己办电子商务、代投代递。

结果会怎么样？发行的通病出来了：本末倒置，舍本逐末！

第二节　报业生存靠发行

报业致富靠广告，生存则要靠发行。在1979年报纸恢复刊登广告之前的十多年，我国的报纸是没有广告的，报纸依靠财政生存。但是一份报纸如果没有发行，这份报纸就不能存在。

报纸的发行工作对报业经济尤为重要，报社增加投资、改善经营、开拓市场等诸多努力，都是为了扩大报纸的发行量。报纸之间的相互竞争，也集中反映在报纸的发行量上。报纸发行量低，广告价格就低，销售和广告的收入就少，报纸也就缺乏资金提高经营能力，竞争力便会减弱，最终便很可能会被同行兼并掉。因此，在日本，报纸发行人信仰的就是“份数第一主义”，以发行量大为首要追求目标。

报纸发行量大小对报纸广告收入的高低的确有着决定性的影响。企业做广告的目的是为了唤起广大消费者对广告商品的注意，诱其对商品发生兴趣，最后激发购买行为。因此，广告商十分注意广告的接触面。广告的效果与发行份数成正比，报纸发行量越大，广告率越高，广告效果越好。另外，报纸发行量越大，广告成本越低。广告客户当然愿意选择那些投资少但又能取得较好效果的媒体做广告。因此，国外报纸广告代理在预算广告额增长量时，会对报纸发行的增长提出要求。按国际惯例，报纸广告额若要增长10%，则该报发行量必须同期增长6%。

正因为广告与发行有着如此密切的关系，为了多卖广告、多收广告费，有些报纸会对广告客户虚报发行量。

“车轮模型”

如果我们把媒体极力追求的品牌效应比作一个大的车轮，中间的车轴就是媒体的内容制作，车轮中的两根辐条一根是广告，另一根是发行。车轮越大，代表媒体的社会与经济效益越好。车轮的动力来自于车轴，也就是媒体的内容。车轴需要辐条才能把动力传给车轮，就是需要发行和广告将媒体的内容所包含的价值转化为品牌效应。辐条长度代表广告、发行的投入力度。辐条一方面将车轴的动力传导到车轮上，同时也将车轮感受的压力传回车轴，这也象征着发行和广告需要将读者和客户的信息传递给内容制作部门，使其改进。（见下图）

任何一根辐条出现问题，或者两根辐条之间、辐条与车轴之间力量不均匀，就有可能使车轮畸形，严重影响车轮正常行驶，甚至车毁人亡。同理，内容、广告和发行，也必须保持相对平衡，偏颇任何一方，也不会使报纸之品牌产生最大效益。

车轴越大，也就是报纸的内容越具可读性，即越贴近生活、贴近市场、贴近读者（“三贴近”），就意味着媒体的动力越强。如果仍维持报纸原本的品牌效应不变（车轮大小不变），发行、广告的投入可以减少（辐条变短）。如果维持原有的发行、广告投入（辐条长度不变），车轮（品牌效应）就扩大了。假如车轴无限接近于车轮，意味着无限接近于卖方市场，这是所有办报人梦寐以求的境界。

反之，如果媒体内容平庸（车轴很小），要维持原有的品牌效应（车轮大小不变），就必须增加发行、广告的投入（加长辐条），但辐条强度会下降，因此一份内容平庸的媒体是很难长久生存下去的。

一份品牌效应好的报纸，他们的发行效应、广告效应、新闻效应，一定结合得很好，反之，一份品牌效应较差的报纸，其广告、发行、报纸内容一定不均衡，要么重视广告忽视发行，要么重视了办报内容而忽视了另外两根辐条——发行和广告，或者偏重于市场，忽视办报质量。

业界有一种现象，当广告下滑时，办报人往往责怪发行人，发行人反过来又埋怨办报内容。其实，三者之间是互动的、有机的，相互支撑又互相制约，你中有我，我中有你，报纸的内容越是具有可读性，客观上要求发行扩大读者市场，也要求吸引更多广告商投放广告。

当两根辐条力度越强，核心半径越大，媒体这个车轮像滚雪球似的，越滚越大，越滚越快，必然使得媒体产生最佳的经济效益和社会效益。

计划经济时代，报纸谈不上经营，发行和广告两根辐条形同虚设，跑不快，也走不远，发行更是受制于报纸的内容和管理体制。

90年代初期的中国报业得到空前发展，但对于发行、广告、采编三者间的辩证关系认识不清，普遍存在“头痛医头，脚痛医脚”，认为只要把采编搞好了，报纸办好了，发行和广告自然就上去了，对发行在媒体中应有的位置重视不够（所谓“三驾马车”），对发行人员的素质、技能、培训、重视不够，搞发行的人往往也是报社圈中的“圈外人”，司机多、退伍转业军人多、干部家属多（“三多”现象）。相对于记者、编辑、广告，普遍感觉低人一等，一听说是搞发行的，就让人联想到电影中那个卖报童，甚至连发行人自己都有一种说不清道不明的味道。

21世纪的今天，现代报业作为一个产业参与市场竞争，既要强调社会效益，也要注重经济效益，随着报业经营对外开放，竞争加剧，追求报业品牌（社会效应和经济效应）最大化，更是要求三者不可偏颇，忽视其中之一，都可能使得媒体陷入困境甚至被淘汰出局，今天市场上的领头羊也许明天就是他人的盘中餐。

不重视发行这根辐条在媒体车轮中的相对关系，是无法保持领先地位的。发行搞不好，广告也不可能好，暂时的好也不可能好到哪里，暂时领先也不可能持久。同样，企图仅靠发行这根辐条单方面的力量即所谓的营销、策划、“金点子”只能得逞一时，焉能长久！是应该把发行作为一门学问进行研究的时候了，它必然遵循市场营销的一切规律，尽管它是一种特殊商品，而并非只是统计图表上的发行数字、发行份数，它已经和传统意义上的发行不可同日而语了。要搞好发行，要使得媒体产生更大的效益，就必须重视这个车轮中有关发行、广告、采编的相互关系，致力于打造坚强有力的车轴。

发行是报业发展的“火车头”

以《广州日报》为例，该报在冲破计划时代报纸模式中，尝试把权威性与可读性结合起来，把宣传功能与新闻功能结合起来，贴近市民，服务市民，探索出了一条在中国国情下把机关报转变成都市报的新路。《广州日报》制定了一系列战略，如“早茶”战略、扩版战略和市场战略等。但这些战略与邮局的垄断性低效率形成了尖锐的矛盾，“早茶”战略指的是根据广州人爱喝早茶的习惯，《广州日报》不但保证人们在喝早茶时能及时看到报纸，而且努力把报纸变成一份广州市民离不开的“精神早茶”，这就必须保证在早上7:30以前报纸到达市民手中。而邮发到达的时间要迟到3个小时。扩版战略是《广州日报》为了使内容更加贴近市民，增加信息量和增强报纸可读性以满足读者多方面、多层次需求的又一重大战略，这一战略使得《广州日报》越来越厚，邮局对扩版报纸收高发行费，这一费率大大高于实际发行成本，而且将大量占压报社资金。《广州日报》要想出早报，要想扩版，要想走向市场，除了走自办发行之路外，别无选择。终于在1991年，该报抛开了合作几十年的邮局，走上了一条前途未卜的自办发行之路。自办发行后，该报把发行工作放在报社工作最重要的位置。后来又成立了广州市报刊发行公司，按照现代企业制度来发行报纸。正是《广州日报》的决策层对发行在报业中重要性的清醒认识，才使得该报能够脱颖而出，占据中国报业举足轻重的位置。

这一时代，报纸的巨大发行量带来巨大的广告效应，使得报纸的两次营销相得益彰，相映生辉。但是对报纸来说，互联网这个“洪水猛兽”来势凶猛，渐渐地，报纸的巨大发行量在广告增长缓慢的情况下，发行量作为报业发展的这个引擎日益老化，甚至成为报业发展的辎重。时代呼唤发行的变革，呼唤用更为先进的报业引擎带动报业的前进。

互联网的发展，报业改革的重任再一次落在发行上。这一次的发行改革必将是突破发行本身的概念，进而改变报业经营模式的变革。

发行人

一般靠做发行来谋生的发行人员，通常对发行工作有两点误解：要么瞧不起发行工作，要么认为发行工作很容易。

一、瞧不起发行工作

大多数从事发行工作的人员，几乎在做发行之前，不知道发行到底是干什么的，国内高校的新闻与传播学院，几乎没有开设发行这个专业。而一些商学院，只讲市场营销，对于发行这个行业，很少有人提及。很少有人对发行有认识，最多认为发行就是卖报纸、订报纸、送报纸，是搞促销而已。

昔日大部分从事这个行业的人员，一般是在求职无门、无可奈何的情况下才干发行的：反正一时找不到合适的工作，骑驴找马，先干了再说。人员素质也参差不齐，且大多来自外省外地，城市人大都不愿干。愿意干发行的也都是40岁以上的下岗失业人员。与其他行业相比，人员流动率跳槽率高出很多。极少有高学历的人，就算有也做不长久。当亲友、同学问及自己在何处工作时，“心中有挂碍”，总会“罔顾左右而言他”。不以发行工作为荣，从心底瞧不起发行工作，又如何干好发行工作呢?

二、认为发行很容易

一般人认为搞发行很容易，认为不就是送报卖报之类，邮递员不就是这样干的吗？只要有体力，懂得简单的计算，什么人都可以干，什么人都能行。

笔者在深圳时，一个新来的员工曾经说："要找人订报纸啊，太容易了，现在深圳的人看到地上有一元钱都不会捡，要他们订一元一份的报纸又有什么难呢？不信让我的老乡朋友把平均一个月订60份的年单给你看看……"结果到了月底，这位新员工只拿到了两份订单，无言以对，悻然离去。

的确，就发行的具体过程而言，好像也是如此简单，但简单绝不表示容易。要真正把发行做好，成为一名合格的发行人，没有经过严格的专业技能训练，没有过硬的沟通技巧，没有对发行之道有深刻认识和对人生的领悟，是很难应对日益激烈的发行挑战的。

可以说未来的发行人，必然是复合型人才，不仅双手勤快，双腿敏捷，而且更重要的是心灵要开放。他们通晓营销知识，集征订投递拓展于一身。发行将会成为一个专业，一个学科，也必将为人们所称道。

新一轮的竞争也必将是残酷无情的，也将昭示着中国报业产生职业办报人和职业发行人，传统的发行模式将受到强烈冲击，现代发行企业也将在这一轮绞杀中应运而生，顺服并遵循市场这个"魔杖"。

中西媒体有别。我国报纸多是各级党委的喉舌，重视舆论导向，全部姓"公"。而西方媒体多为私人所有，虽也有"公"、"私"之分，但所谓的"公"通常指的是上市的公司，是股民的"公"；而所谓的"私"指的是家族报业或报业集团，是没上市的公司，无需向外公布财务状况。中西媒体中，对发行人来说，也是两个截然不同的概念。

西方的发行人，是一家报社的总负责人，并主抓经营，采编也通常由其选择和任命，职业发行人制度也比较成熟。而在中国，由于报社都姓"公"，虽然有职业发行人一说，但绝大部分很难做到"职业"化，大多由报社社委会任命或报社内部竞岗产生，真正从社会上聘用的比较少。

通常我们将做发行工作的人统称发行人。

1. "椭圆"之说

大家知道，圆有一个圆心，椭圆有两个焦点，当这两个焦点越接近时就越接近圆，如果我们用右边一个圆代表准订户，圆心表示订户起初需求动机或原因，左边一个圆代表媒体，其圆心代表媒体所载有的信息价值，那么发行人的全部任务就是介绍媒体所载有的信息价值，寻找并满足准订户的需求，是两者之间的桥梁。因此，我们把产品、发行人、读者称为“三位一体”。（见下图）

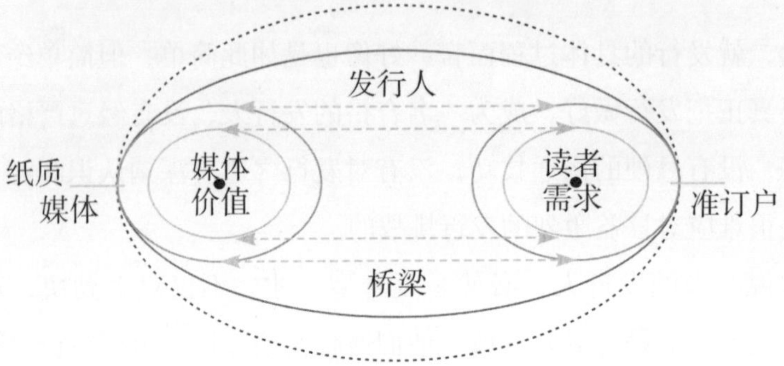

2. “媒人”之说

发行人也可以比作媒人。我们不是说报纸为纸质媒体吗？读者和媒体也就好比男女双方，所谓男大当婚、女大当嫁，双方都有这方面的愿望，要做好一个媒人，就是要知己知彼，使天下有情的男女皆为眷属。

3. “猎人”之说

打个比方，发行人员比作一个“猎人”，报纸好比枪膛里的“子弹”，读者的需求就是“靶子”，寻找、拜访、沟通的过程实际上就像一个猎人举枪瞄准“靶子”的过程，一旦发现目标，瞄准、扣动扳机，结果会是什么呢？

优秀的发行人，他本身就应该是媒体，熟知顾客的需求，他也应该是媒体和顾客的化身。发行人员努力的过程，就是不断地准确地寻找读者需求的过程，这个过程越短暂、越准确、越愉快，越能反映发行人员的价值。

只要是人就一定有需求，这是一条大自然的法则，过程中的拒绝、借口、困难、失败……只能是你未能寻找到读者的真实需求罢了。英文单词KEY，汉语是钥匙之意，如果能有一把开启万人心门的钥匙，那么所有发行过程中的困难都将迎刃而解。科技发达的今天，信息越来越发达，越来越信息化、数字化，可是人与人之间却越来越冷漠，人们很难向他人特别是陌生人倾吐内心需求。然而要成为一个优秀的发行人，就必须要在这个方面苦下工夫。发行无捷径，唯有一个“勤”字，世界上各种知识都要学习，好比一个战士要全副武装，这样才能应付战场上的一切恶劣形势，直至胜利。有人说：“使用双手的是劳工，使用双手加脑袋的是舵手，使用双手、脑袋、心灵的是艺术家”，而使用双手、脑袋、心灵加上双脚的，发行人员大概就是其一。

事实上，发行中的思考、准备、沟通过程，就是帮助读者做正确的决定过程。日本推销之神原一平说得太好了，他说：“成功的推销方法的关键就是找出问题，在你的心中应常有大众都能想到的问题和需求，而且你应有相当的能力为他们解决90%以上的最佳答案，你应当使读者对他们的问题感兴趣、关心和不安。一旦客户感到他们确有问题，随之而来的就是有一个完美的解决方案。” 说到底，认识发行就是找出问题、回答问题，并提供解决问题的最佳答案。如果你能就这两者之间达成共识，一切都将是自然而然的事。其他一切都是这句话的注解。

新时期的发行人，肩负着更多的责任，面临着更大的挑战，所以要求具备更多的能力。因为云发行时代的发行人更是要懂得IT知识、懂得营销、懂得策划，甚至懂得电子商务。

未来中国报业竞争将是发行之争、人才之争！谁赢得了发行，谁就赢得了天下！

第五篇 道

上士闻道，勤而行之；
中士闻道，若存若亡；
下士闻道，大笑之。
——不笑，不足以为道。
故建言有之：
明道若昧，进道若退，夷道若纇。
上德若谷，广德若不足，建德若偷，质真若渝。

——节选自老子《道德经》第四十一章

第一章　结果是想出来的

结果是想出来的，对于很多人来说，这句话听起来很可笑。他们对于这样一个结论会立即地给出一个反问：结果是做出来的，怎么可能是想出来的呢？

的确，结果要靠做。但是，没有“想”，做什么，为什么做，怎么做，这些清楚吗？不清楚，那岂不是瞎摸乱撞？如果按照结果是做出来的推论，岂不是谁的力气越大，谁越能拼命，谁就越成功？

“想”是思考，爱是思考，信念也是思考。当一个人有了积极的思考、诚挚而热烈的爱和坚定的信念，那么成功一定会不请自来的。如果没有成功，那一定是想得不够，爱得不够，或信念不够坚定。

第一节　思考的力量

“小事不决百度一下，大事不解谷歌一番”，我们已经习惯了寸步不离电脑，习惯了与手机耳鬓厮磨。网络覆盖世界，信息湮灭一切。这个时代，人们似乎已经无需思考。

忙于玩“人人”、逛淘宝、织围脖、打网游。忙于工作，忙于饭局，忙于交际，忙于各种职业资格考试，忙于工作拼命挣钱又挤出时间拼命花钱。这个时代，人们似乎已经无暇思考。

一部《小时代》，让国人盲目追捧；一曲《骑马舞》，使全球老幼狂欢。微信、微博、微电影……微时代的到来，让我们的知识碎片化，需求感官化，审美娱乐化。这个时代，人们似乎已经无心思考。

现代人就像生活在高压锅里，面对高物价、高房价，活不起，也死不起。这个时代，人们似乎已经无法思考。

思考令人痛苦，甚至让人孤独，这是“思考之痛”。但是，人生走得越远越需要思考，社会环境越复杂越需要思考，世界变化越大越需要思考。唯有如此，我们的人生才更加精彩辉煌；唯有如此，我们才能更加卓越和成功；唯有如此，我们的社会才能发展和进步。

一个苹果砸在牛顿的头上，牛顿由此发现了万有引力，这源于思考。苹果手机的发明，不是现成的手机砸到了乔布斯的头上，而是源于思考。

18年前，马云去了趟美国，由此起步，创建了全球最大的电子商务帝国。他的成功，源于思考；2013年，笔者参观了一家科技公司，由此起步，写下了《中国报业突围》，也是源于思考。

纵观历史，横观东西，中国古代思想家老子、孔子、孟子、庄子等，西方哲学家苏格拉底、柏拉图、亚里士多德、培根等，他们的伟大，都源于思考。

结果源于思考，发行源于思考。

吸引力法则

《秘密》的作者朗达·拜恩说，吸引力法则就是一种自然法则，跟万有引力定律一样公正无私，既精准又正确。

拜恩在书中论述了感觉和思想的关系。他认为，感觉的重要性再大也不为过，感觉是帮助你创造生命最棒的工具。你的思想就是所有事物的起因，你在这个世界所看到和经历的一切——包括你的感觉——就是结果。起因永远是你的思想。

拜恩认为，好的感觉和不好的感觉，都是来自于宇宙的沟通讯息，好的感觉意味着宇宙传送给人的信号是正能量的，不好的感觉是因为宇宙传送给人的信号是负能量的。但是思想决定了人的频率，你的思想处于什么频率，感觉会告诉你：当你有不好的感觉，意味着你的思想处于会引来不好的事物的频率上，于是吸引力法则势必要传送更多坏事的画面来回应你，而这些坏事会让你感觉更糟；当你有好的感觉，意味着你的思想处于会引来好的事物的频率上，于是吸引力法则势必传送更多好的画面来回应你，而好的事情会让你感觉也更好。

所以拜恩在书中说："下次若感觉不好，或是感受到任何负面情绪时，聆听一下你从宇宙接收到的信息吧。感觉不好时，你就是在阻挡美好事物的到来，因为你处于一个负面的频率上。转变你的思想、想想美好的事物，然后，当你开始有了好的感觉时，你会知道自己已经转换到了新的频率，宇宙会给你更好的感觉来表示确认。"

拜恩也论述了创造的过程（三个步骤）：

步骤一：要求

你有选择想要什么的机会，但是你必须先确定自己到底要什么，这是你的工作。如果你还不清楚自己想要什么，吸引力法则是无法为你带来任何东西的，你将会发出混杂的频率，吸引的也只会是混杂的结果。你无需一再不断地要求，一次就好。"步骤一"只是确定你想要什么的一个步骤。当你内心已经确定了想要什么的时候，你就已经在要求了。

步骤二：相信

你必须相信自己发出的要求已经收到。你得知道，在要求的那一刻，你所想要的就已经是你的了。你必须要有全然和绝对的信心。如何把自己带到"相信"的点上？开始"假装"吧！像个孩子般的假装，举止要像你已经拥有它一样。当你假装，你就会开始相信你已经收到它了。

步骤三：接收

做一次"要求"、"相信"，你已经得到，然后在"接收"的部分，你只要去感觉喜悦就好。当你感觉很好的时候，你自己就仿佛是一个不断接收美好事物的"接收器"，而且你将会得到你所要求的。有一个把你放到那个频率的快速方法，就是对自己说："我现在就在接受它。我现在就在接收我生命中的一切美好事物。我现在就在接收……（自行填入你的渴望）"然后去感觉它，去感觉好像你已经接收到它一样。

当然，拜恩的《秘密》整本书对吸引力法则的叙述，都是在"意识"

范畴，没有落实到“做”或者“具体工作”中，读者在理解上多少会有些困难，甚至是有“虚”的感觉。

但是，“用心才会用力，用力才会出成绩”，这句话你相信吗？如果你相信，那么如何“用心”？吸引力法则就是教我们如何“用心”的最好的法则。这样，我们再去理解“吸引力法则”，理解“结果是想出来的”，就容易得多了。

要求法则

要求法则，西方人也称之为“ASK法则”，是由求（ask）、寻（seeking）、叩（knock）三个词的首字母缩写而成的。只要有一颗诚挚正直和爱人的心向你所要求的对象去要求，所要求的对象就会有求必应，最终帮助你实现你的要求。得不着，是因为你们不求；你们求也得不着，是因为你们妄求。

何谓妄求？强求、欲求、乞求都是妄求。如果你不是妄求，要求了没有得到，是因为你要求得不够。要求法则表明，多要求多得，少要求少得，不要求不得。

要求法则适用于所有人的所有方面，同样适用于我们具体的发行工作。

一、向宇宙要求

按照吸引力法则，宇宙是个巨大的能量场，也是个巨大的磁场，你向宇宙发出的要求越多，发出的信号越强烈，宇宙的回应也就越多。一个人发出的要求总是好的要求，没有人想自己越来越糟糕，宇宙回应的也必然就是好的方面。

说白了，向宇宙发出要求，也可以说是要有目标，“要有梦想”。一个没有梦想的人是谈不上什么要求的，一定是个得过且过、当一天和尚撞一天钟的人；一个没有梦想的企业，必定是没有活力、没有创新和必将走向失败的企业；一个没有梦想的民族，是没有发展和希望的民族。

报业的冬天，同仁们还在探索突围之路，说明大家还有梦想。不去探索、不敢探索的报社，必定是对行业现状死心的报社，也一定是垂死的报社，这种报社真的是坚信了一句话：转型是找死，不转型是等死。而有梦想的报社却坚信的是：转型一定不会死，不转型一定会死。

在具体的发行工作上，发行人的要求，就是发行量的目标。这意味着发行量的多少。发行公司有发行公司的目标，每个拓展队有每个队的目标，每个发行员有每个发行员的目标。只要众多的小目标实现了，公司的大目标也就一定能得以实现。而这里所有的目标，前提是自主发出的，而绝非所谓“下达”的目标。

笔者在2002年至2003年带领粤东小分队拓展《广州日报》市场时，将“行万里路，订万份单”作为团队的总目标，将“访百家户，订三份单”作为个人每天的目标。而这两句话，在每天早上的列队上，都会让大家大声喊出来，让每个人时时刻刻都牢记自己的目标。这是目标，更是要求。事实上每个人能完成个人目标，整个团队就超额完成了目标。

二、向自己要求

严格要求自己，也就是自己对自己要有要求。发行人员，也是营销人员，不仅在日常生活中要严格要求自己达到一个高度，更要在工作中养成好的习惯，具备良好的职业素养。

严格要求自己首先要经常反省，知道自己应该做什么，不应该做什么，哪些做好了，哪些没做好；不应该做的要警示自己不要去做，没做好的要提醒自己做好。

《论语·学而篇》中曾子曰：“吾日三省吾身：为人谋而不忠乎？与朋友交而不信乎？传不习乎？”翻译过来就是：“我每天必定在三件事上反省自己：替人谋事有没有不尽心尽力的地方？与朋友交往是不是有不诚信之处？师长传授的功课有没有复习？”

曾子的这些格言，曾经是历代儒家弟子的必修之课、必省之事、必践之行。曾子在此所说的“三省”，主要体现在四个方面：一是修己，二是做事，三是待人，四是学习。修己不能只是一时一事，而是要贯穿整个人生，每天都要不忘记反省和修行；做事必须为他人着想，尽心尽力，不欺不诈；待人要诚信，诚信是人格光明的表现，不卑不亢；学习要经常温故，过眼云烟，老师教过的东西当做耳边风，结果是什么也没学到。

法国人最注重从小就培养自我反省的习惯。有一位中国留学生曾经在法国看过这样的一幕情景：吃饭时，法国朋友8岁的孩子用一小块面包逗着小狗玩，狗玩起来撞翻了他手中的盘子，盘子碎成几块。男孩对他的父母说“你们看见了，是小狗打碎了盘子，不是我的错。”他的母亲回答说，“盘子确实是小狗撞翻的，可是你有没有错？”男孩大叫：“是小狗的错，不是我的错。”他的父亲过来叫男孩离开餐桌到他自己的房间里去，想想自己究竟有没有错。十几分钟后男孩走出房间说：“小狗有错，我也有错，我不该在吃饭时逗狗，这是你们多次对我说的。”他的父亲高兴地笑了：“那么今天你就该为自己的错承担责任：收拾餐桌，并拿出零用钱赔这只盘子。”

世道纷纭，熙熙攘攘，人心易为名利所驱，不注意修正自己就会失去真我。古代圣贤修身，每日三省，防微杜渐。久而久之，就能修成正果。儒家修身，意在齐家。圣人之所以为圣人，在于他们具足高深圆满的境界，明晰宇宙的真理。自古以来，凡成大业者，无不把反省作为自己修养的重要手段。人世间的许多纷争源于互相指责和互相攻击，一个人如果能经常反省自己的过失，放下自我处处为他人着想，就可以避免许多无谓的争吵，以纯净祥和的心态创造出一个充满和睦的生活环境。

反省是为了改正坏习惯，养成好习惯。我们的发行人如果能做到常常反省自己，做对的人，彰显自己人格的光芒，待人接物落落有致，彬彬有礼，业务中都会为自己增加很多胜算的筹码。同时不断学习和温习业务知识，养成良好的学习习惯和工作习惯，那么慢慢也就具备了成功者的性格，成功也就只在朝夕。

笔者带领的拓展团队，就十分注重发行人员的生活细节和工作细节。第一，在拓展前，对发行人员进行严格的军训，使纪律十分严明；第二，在日常礼仪上严格要求，因为每天面对着各种各样的客户，无论哪种客户，礼貌和仪表都要过关，以体现对客户的尊重；第三，在业务知识上，必须熟悉，能达到熟练而自然地介绍自己的产品；第四，在业务技能上，要天天练习，自己跟自己练习，自己找同事模拟练习；第五，在学习上，业务人员自己给自己订立学习目标，一个月内看几本书都会有要求；第六，要业务人员常常反省，以养成好的生活习惯和工作习惯，强调好的习惯21天就可以养成，采取领导督促的方式改掉坏习惯；第七，自己给自己定工作学习目标，并想方设法达成目标。

三、向客户要求

要求，表面上是嘴上的动作，实际是从大脑中发出的想法，只是通过嘴来表达出来，所以还是归于思考这一环节中。对客户提要求，对于营销人员来说，无异于一个足球队最后的临门一脚，前面所有的盘带、配合、传球和突破阻挠，都是为了这临门一脚——射门。做销售的结果就是成交，而成交只是结果，但结什么样的“果”，关键就在于要求，小的要求，可能结的“果”只是一粒小枣，大的要求或许结的就是一个大的西瓜。

一些发行人员在面对客户时，有恐惧心理，首先是不敢提出成交，一直和客户在外围打转转，等着客户提出成交。客户很少主动提出成交，往往用“看看再说”或“以后再说”之类的话搪塞过去，不成熟的发行人员回之以“您考虑一下吧”作结。显然业务是失败了。一些发行人员提出成交了，但不敢要求，比如一个大公司，不敢提要求的发行人员只成交了一份订单，要求多的发行人员可能让公司的每个部门成交一份订单，要求再多一些的发行人员，可能说服客户给每个中层领导甚至公司所有人员成交一份订单。更会提要求的发行人员，甚至还让客户介绍了其他客户实现达成更多的订单。

发行人员提出要求说明了发行人员的自信，证明了发行人员对自己的商品充满信心。

笔者带领的团队就有一个发行人员曾向客户提出下一份100年的报纸订单，客户居然答应了，并请该发行人员吃饭。遗憾的是，这种情况报社从来都没遇到过，不知如何处理，发行人员的请示最终遭到报社的否决。这当然是一个比较极端的例子，但是团队中的发行人员有三到五年订单的却不在少数。

第二节 信念的力量

“癌症患者绝大多数是被吓死的。” 很多医学专家都这样认为。每个人都有一种超乎寻常的潜能，它一旦被激发出来，就会产生意外收获甚至出现奇迹。信心就可以激发身体的自愈潜能，所以只要癌症患者能尽快摆脱不良情绪，下决心顽强地战胜疾病，相信一定有奇迹发生。

癌症对于现代人来说，是不可承受之痛。很多人谈癌色变，很多患者得知自己得了癌症后，精气神马上垮了半截，精气神没了，人也就活不了了。可能说得有点残酷，但很多癌症患者不是癌细胞自己发展到最后人体功能衰竭而死，而是被吓死的。

笔者行文至此，不经意拿起手机，看到腾讯转载《重庆商报》的一则新闻——《丈夫1183天唤醒“植物人”妻子》：四年前在工地被砸成“植物人”的妻子，在丈夫的照料下，去年开口说话了，在上个月，妻子竟然还能自己挪步了。老实的庄稼汉丈夫，也许不知道什么叫信念，但他的心里却有着强烈的信念：妻子被砸成“植物人”，他不抛弃，不放弃，当她是正常人一样陪她说话，尽管在三年的时间里他是自言自语，妻子毫无反应，但他坚信妻子听着，他更坚信妻子有一天会醒过来，回应自己。

奇迹总是给有坚定信念的人的。妻子结果真的能说话了，并且能走路了。类似的例子，想必读者在新闻中也不会少见，无不是信念的支撑下出现的奇迹。

人有了信念，甚至可以战胜疾病。

人没了信念，健康的人也只能算作行尸走肉。

失败的发行员都是缺少信念的，他们要么不相信自己所从事的工作，要么不相信自己的公司，要么不相信自己的产品，要么不相信自己的领导或同事。这些人只相信钱，可偏偏他们往往得不到，因为对任何事情都持怀疑态度。

何谓信念？

打个比方，假如你走在大街上，不经意，前面出现一个靓丽的身影，你在大脑中会闪现一个“念头”：那应该是个美女！但是你不是很确定。此时你的朋友告诉你，前面你看到的那个女子太像范冰冰小姐了，而范冰冰早就是你的梦中情人。于是，你就深信那个女子就是个美女。

再打个比方，如果你在做云Pad推广时，你的云Pad产品是苹果公司生产的iPad，而另外一个报社的业务人员推销的是国内一家不知名的小公司产品。这时，你会确信自己的产品品质高过对方，并确信不疑。这时你在推销产品时，你会对对方的产品不屑一顾，由此产生自信，这种自信来自你对产品品质的信念。

当你在推销时遇到客户的拒绝之后，你没受到坏情绪的影响，你继续拜访客户，不厌其烦地向客户介绍你的产品。也许你还是遭到拒绝，甚至一天遭到了几百次拒绝，你却没气馁。你觉得客户拒绝你的原因是还没完全知道产品的好处，或者是自己做得还不到位，而不是怀疑你做的工作不是一个好行业。这就是信念，你深信你所从事的行业是有前途的，也深信自己的产品是过硬的，自己所遇到的阻力只是暂时的。

那些领袖们有什么样的信念？

苹果创始人史蒂夫·乔布斯（Steve Jobs）在斯坦福大学2005年毕业典礼上做了一次演讲，下面是演讲的节选。

Woz和我在20岁的时候就在父母的车库里面开创了苹果公司。我们工作得很努力，10年之后，这个公司从那两个车库中的穷小子发展到了超过4000名的雇员、价值超过20亿的大公司。在公司成立的第九年，我们刚刚发布了最好的产品，那就是Macintosh。我也快要到30岁了。在那一年，我被炒了鱿鱼。你怎么可能被你自己创立的公司炒了鱿鱼呢？嗯，在苹果快速成长的时候，我们雇用了一个很有天分的家伙和我一起管理这个公司，在最初的几年，公司运转得很好。但是后来我们对未来的看法产生了分歧，最终我们吵了起来。当争吵到不可开交的时候，董事会站在了他的那一边。所以在30岁的时候，我被炒了。在这么多人目光下我被炒了。在而立之年，我生命的全部支柱离我远去，这真是毁灭性的打击。

在最初的几个月里，我真是不知道该做些什么。我觉得我令上一代的创业家们很失望，我把他们交给我的接力棒弄丢了。我和创办惠普的David Pack、创办Intel的Bob Noyce见面，并试图向他们道歉。我把事情弄得糟糕透顶了。但是我渐渐发现了曙光，我仍然喜爱我从事的这些东西。苹果公司发生的这些事情丝毫的没有改变这些，一点也没有。我被驱逐了，但是我仍然钟爱我所做的事情，所以我决定从头再来。

我当时没有觉察，但事后证明，从苹果公司被炒是我这辈子发生的最棒的事情。因为，作为一个成功者的负重感被作为一个创业者的轻松感觉所重新代替，没有比这更确定的事情了。这让我觉得如此自由，进入了我生命中最有创造力的一个阶段。

在接下来的五年里，我创立了一个名叫NeXT的公司，还有一个叫Pixar的公司，然后和一个后来成为我妻子的优雅女人相识。Pixar制作了世界上第一个用电脑制作的动画电影——《玩具总动员》，Pixar现在也是世界上最成功的电脑制作工作室。在后来的一系列运转中，Apple收购了NeXT，然后我又回到了Apple公司。我们在NeXT发展的技术在Apple的今天复兴之中发挥了关键的作用。而且，我还和Laurence 一起建立了一个幸福完美的家庭。

我可以非常肯定，如果我不被Apple开除的话，这些事情一件也不会发生的。这个良药的味道实在是太苦了，但是我想病人需要这个药。有些时候，生活会拿起一块砖头向你的脑袋上猛拍一下。不要失去信仰。我很清楚唯一使我一直走下去的，就是我做的事情令我无比钟爱。你需要去找到你所爱的东西。对于工作是如此，对于你的爱人也是如此。你的工作将会占据生活中很大的一部分。你只有相信自己所做的是伟大的工作，你才能怡然自得。如果你现在还没有找到，那么继续找、不要停下来，只要全心全意地去找，在你找到的时候，你的心会告诉你的。就像任何真诚的关系，随着岁月的流逝只会越来越紧密。所以继续找，直到你找到它，不要停下来！

…… ……

所以，有人总结出了领袖的七大信念：

一是全然的贡献；

二是行动源于自我使命；

三是若要如何全凭自己；

四是要活出感召力，时刻影响他人；

五是以成果去兑现对生命的承诺；

六是在100%的时间里创造100%的可能性；

七是以理想、立场和承诺主宰自己心态和行动，而不是以感觉、心理评估去度量、主宰自己的生命。

移山法则

《列子·汤问》里记载了愚公移山的寓言故事：

太行、王屋二山，方七百里，高万仞，本在冀州之南，河阳之北。

北山愚公者，年且九十，面山而居。惩山北之塞，出入之迂也，聚室而谋曰："吾与汝毕力平险，指通豫南，达于汉阴，可乎?"杂然相许。其妻献疑曰："以君之力，曾不能损魁父之丘，如太行、王屋何?且焉置土石?"杂曰："投诸渤海之尾，隐土之北。"遂率子孙荷担者三夫，叩石垦壤，箕畚运于渤海之尾。邻人京城氏之孀妻有遗男，始龀，跳往助之。寒暑易节，始一反焉。

河曲智叟笑而止之曰："甚矣，汝之不惠！以残年余力，曾不能毁山之一毛，其如土石何?"北山愚公长息曰："汝心之固，固不可彻，曾不若孀妻弱子。虽我之死，有子存焉；子又生孙，孙又生子；子又有子，子又有孙；子子孙孙无穷匮也，而山不加增，何苦而不平?"河曲智叟亡以应。

操蛇之神闻之，惧其不已也，告之于帝。帝感其诚，命夸娥氏二子负二山，一厝朔东，一厝雍南。自此，冀之南，汉之阴，无陇断焉。

愚公移山的故事，在我国早已妇孺皆知。时至今日，仍有很多像文中"智叟"一样的"聪明人"觉得愚公实在愚蠢，甚至"聪明"地指出：何必移山？山不搬，人搬家不就成了？貌似聪明。实际上，寓言中的太行、王屋二山所指并非实指，人物也是虚拟，作者想通过寓言表达的是坚定信念的力量可以感天动地，人若知难而进，山都会为你让开道。

大山代表着困难，遇到困难就逃避，是没有坚定信念的人，是软弱的人。当人形成了知难而退的习惯和秉性，注定将失败和做不成大事。困难之于人，有些你可以躲得开，有些是你躲不开的，必须要去面对。困难常常没有想象的那么困难，更多的时候是因为恐惧胆怯、缺少自信，将自己看小了，困难也就大了。

从我们出生的那一刻起，我们就注定是要面对困难的日子，就是问题叠着问题，许多困难，可能让当时的我们都想不出明天该怎么过，但过一段时间，当我们再回首的时候，你会发现，那些我们当时认为不可能克服的困难，竟然都过去了，是困难变容易了吗？不是！是我们成长了，人就是这样长大的。

如何面对困难？迎接它，挺胸抬头去面对！

生活就像白开水，上帝怕我们太寂寞，他要锻炼我们的意志，所以给了我们困难。困难就是白开水当中的调料，坚强的人选择攻克，软弱的人选择逃避，但逃避时常是逃避不掉的，你总有需要面对的时候，是时间早晚而已。困难就像雪球越滚越大，如何面对困难是一个人的态度问题，不同的态度，就有不同的选择和不同的结果，但有一句话你要记住：做简单而又容易的事，生活最终变得困难；做复杂而又困难的事，生活最终变得容易。

生活中，有失败者，也有成功者。失败者之所以失败，那是因为他们在困难与挫折面前裹足不前，被困难与挫折所击垮；成功者之所以成功，是因为他们面对困难与挫折时勇往直前，将困难与挫折击败。

所以，理解移山法则的本质含义，用愚公移山的精神去面对困难，困难最终不是被你铲除，就是被“天帝”解除——再大的困难也会被克服。

报业的今天，困难吗？前所未有地困难！发行困难吗？前所未有地困难！怎么办？不干了，撂担子，换一个行业还是换一个工种？这主意行吗？大家都这样，报业真的是完了。让广告人做发行去，让发行人做广告去？报业前景更惨淡。

面对！面对！还是面对！当你去订报或推荐你的云Pad时遇到拒绝时，当你受到准客户的羞辱时，当你做发行中流汗、流泪甚至流血的时，其实你真的应该感谢这些困难：是它让你在成功路上又少了一个“妖魔”，让你离成功更近一步。

第三节 爱与成功

“谁言寸草心，报得三春晖”，说的是母爱的伟大。

“投之以桃，报之以李”，比喻朋友的交往，崇尚礼尚往来。

“老吾老以及人之老，幼吾幼以及人之幼”，是孟子的仁爱之术下的和谐世界。

“你敬我一尺，我敬你一丈”，这些话也常常在街头巷尾随处可听到。

几千年的封建社会，靠的是儒家的“仁爱”之术作为治世之道。西方社会包括基督教的圣经，也认为“爱”是人类最伟大的力量。

爱，是这个世界永恒的主题。这个社会是爱的世界，人人需要爱，人人都需要付出爱。

销售人员、发行人员要想成功，就要爱社会，爱自己，爱他人，爱公司，爱产品。

爱是最伟大的情感

古今中外，乃至未来，只要人类存在一日，爱永远是人类世界的主题。爱是什么？

古希腊哲学家亚里士多德认为，爱是“同一个灵魂栖息在两个不同的身体里”。

英国维多利亚时期的知名女诗人，伊丽莎白·芭蕾特·勃朗宁曾通过诗歌创作捕捉爱的真谛：“我所做的一切以及我的梦想都不能没有你，就像美酒总是带有葡萄的味道。”

美国作家约翰·巴里摩尔对爱的观点更为现实，他认为：“爱就是当你遇到一个美女和你发现那个美女长得像怪物之间的那段美好时光。”

希腊剧作家说："有一个字将我们从生命中所有的负担和痛苦中释放出来，那个字就是爱。"

英国诗人罗伯特·勃朗宁说："没有爱，地球便成了坟墓。"

圣经里说："爱是恒久忍耐，又有恩慈。爱是不嫉妒，爱是不自夸，不张狂，不做害羞的事，不求自己的益处，不轻易发怒，不计算人的恶，不喜欢不义，只喜欢真理；凡事包容，凡事相信，凡事盼望，凡事忍耐。爱是永不止息。"

对爱的定义很多。对爱的研究也有很多不同的形式，包括偷偷观察单身酒吧中调情的男女，组织科学的快速约会活动，发布虚假的个人求偶广告，检测人们接吻时的激素水平，对婚后生活幸福的夫妻进行研究等，有的科学家甚至"发现"爱的公式。

但，人们最终还是发现爱是很难研究的。真正的爱，只能去感受。毫无疑问，爱是最伟大的情感。大概伟大的东西，都是摸不着、看不见，却又存在于每个人身边。

爱就是成功，成功就是爱。

马太法则

每个人都渴望成功、追求成功，那么到底什么才是成功？各种说法都有，比如成功是一种态度，成功是一种过程，成功是设定目标并达成目标等。可是又有多少人明白这个概念呢？太抽象了。

或许大家听说过"马太效应"这个典故，其实关于成功到底是什么，早就昭示了我们。

故事里说道：天国，好比一个人要往外国去，就叫了仆人来把他的家业交给他们，按着个人的才干，给他们银子，一个给了五千，一个给了两千，一个给了一千，就往外国去了。那领五千的随即拿去做买卖，另外赚了五千；那领两千的也照样另赚了两千；但那领一千的去掘开地，把主人的银子埋藏了。过了许久，那些仆人的主人来了，和他们算账。那领五千银子的又带着另外的五千说："主人啊，你交给我的五千银子，请看我又赚了五千。”主人说：“好！你这又善良又忠心的仆人，你在不多的事上有忠心，我要把许多事派你管理，可以进来享受你主人的快乐。”那领两千的也来了，说：“主人啊，你交给我的两千银子，请看我又赚了两千。”主人说：“好！你这又善良又忠心的仆人，你在不多的事上有忠心，我要把许多事派你管理，可以进来享受你主人的快乐。”那领一千的也来了，说：“主人啊，我知道你是仁心的人，没有种的地方要收割，没有散的地方要聚敛，我就害怕，去把你的一千银子埋藏在地里。请看，你原来的银子在这里。”主人回答说：“你这又恶又懒的仆人，你既知道我没有种的地方要收割，没有散的地方要聚敛，就当把我的银子放给总换银钱的人，到我来的时候，可以连本带利收回。夺过他的一千来，给了那个有一万的，因为凡有的还要加给他，叫他有余；没有的，连他所有都夺去，把这个无用的仆人丢在外面黑暗里，在那里哀哭切齿了。”

上述故事可以给我们以下几点启示：

第一，成功与否，不是由自己认定的，我们自己没有这个权利和资格，评定的权利和资格属于他人和社会。也就是说，只要我们还活在世界上一日，就要不停息地奋斗和努力，创造价值、贡献社会。你看故事中那三个仆人什么时候说过“主人啊，我们该休息了，我们已经给你赚了五千，又赚了两千，我们已经成功了”？他们只是用自己所取得的成绩，如实地向主人汇报，由主人去评判，就连那个把一千银子埋在地里的仆人，也要把埋在地里的银子取出，向主人汇报。

第二，成功不是你有了什么、有了多少，而是你为社会、为他人创造了什么，创造了多少。你看这三个仆人当中，当他们有了五千、两千后随即去做买卖了，另外又赚了五千、两千，而那个有一千的仆人却将“有”埋在地里去了。只有创造才能超值，也只有创造，才能有快乐，由此而来的快乐，才是真正的成功，而这种创造必然被社会大众认可，那个以为明白成功之道的第三个仆人却把“有”埋到地里去了，没有创造，结果不但失去了仅有的，而且被丢在外面的黑暗里，痛不欲生，后悔不已。

第三，成功不仅是你创造了多少，更重要的是你贡献了多少。许多人确实创造了财富、创造了价值，经过多年的奋斗、打拼，从小作坊到身家过亿，可是他们把这一切都视为自己的努力，目空一切、狂妄自大、贪婪自私，为社会和他人又贡献了多少呢？有没有全然贡献呢？那些栽倒的人，正是栽倒在没有全然贡献上啊！你看那个赚了五千和两千的仆人什么时候给自己偷偷地留一些银子呢？而是把所赚到的财富全然的贡献给“主人”，这里的“主人”实际上指的就是社会。结果，凡“有”的还要加给他，叫他有余，没“有”的连他仅有的也要夺过去。

舍得法则

舍得法则，这条法则也可以称为“施与受法则”。因为宇宙的运行是经过动态的互换，凡事皆非静止。个人肉体和宇宙的天体之间不断地动态互换；个人的心灵和宇宙的心灵之间也积极互动；个人的能量就是宇宙能量的一种表现。

生命的流动只不过是建构存在境界所有元素和力量的和谐互动。你生命中元素和力量的和谐互动，是依照舍得法则来运行。因为你的肉体、心灵和宇宙之间不断地动态互换，停止能量的循环，就像停止血液的流动。血液一旦停止流动，就会凝集、停滞、凝固。这就是为什么你必须既要舍又要得，才能使财富和丰足——或你一生中想要的——在生命中循环不已。

“富裕”（affluence）这个词的词根是affluere，意思是“流向”。affluence的意思是“充沛地流动”。金钱，事实上可被视为我们交换生命能量的象征，也是我们为宇宙服务而得以使用的生命能量。金钱的另一种说法是“货币”（currency），这也指出了其能量流通的特性。Currency这个字源自拉丁文currere，意思是“奔跑或流动”。

因此，由于金钱是生命的能量，如果我们停止金钱的流通——如果我们一心只想紧抱着钱储藏起来——也同样中止了金钱流回我们的生命中。为了让能量回流，我们必须使它循环不息。金钱如河流，必须持续流动，否则它会开始停滞、凝结、窒息、扼杀自己的生命力。循环使它生生不息、朝气蓬勃。

“舍”产生了“得”，“得”产生了“舍”。上去的必定会下来；出去的必定会回来。事实上，“得”就等于“舍”，因为“舍”与“得”是宇宙能量流动的不同层面。如果你停止了一方的流动，你就干扰了大自然的智慧。

每颗种子都有可能长成数以千计的树林。不过那颗种子绝不可被储藏起来；它必须将自己的智能贡献给肥沃的土地。经由施与，它隐藏的能量才能具体表现出来。

你付出的愈多，收获的也愈多，因为你让宇宙的富裕在心中川流不息。事实上，凡是生命中有价值的东西，只有在赠与之后才会加倍增值。经由赠与却没有加倍增值的，不是不值得给，就是不值得接受。如果，在赠与的过程中，你觉得若有所失，那么这个礼物并没有真正送出，自然也就不会增值了。如果你给得心不甘情不愿，这种赠与也毫无能量可言。

舍和得背后的意图最为重要。这个意图应该是要为施者和受者带来快乐，因为快乐能支持、维系生命，因而能倍增。当你的舍是无条件并且发自内心的，回馈将成正比。这就是为什么舍的行为必须满心欢喜，也就是在舍的“行为”时心灵必须充满喜悦。那么，舍的背后的能量会增加好几倍以上。

实行舍得法则其实非常简单：如果你想要欢欣，就带给别人欢欣；如果你想得到爱，就学习爱人；如果你希望收到注意和赏识，就学习注意和赏识别人；如果你想要物质的富足，就帮助别人得到富足。事实上，得到你想要的东西的最简单方法，就是帮助别人得到他们想要的。这个原则对于个人、公司、社会、国家都适用。如果你想要受人祝福一生美满，那就学习默默地祝福每个人一生幸福美满。

甚至舍的念头、祝福的念头，都具有影响别人的力量。这是因为我们的肉体，追根究底，只是在能量和资讯宇宙中的一个局部维管束。我们是意识宇宙中的局部维管束。“意识”（consciousness）这个字指的不只是能量和资讯。因此我们是思维宇宙中的一束思想，而思想有转化的力量。

生命是意识的永恒舞蹈，小宇宙和大宇宙之间、人体和天体之间、人类心灵和宇宙心灵之间智慧火花的动态互换，就是意识的表现。

当你学会了将己之所欲施之于人，便是以构成生命永恒律动的灵巧、活跃、奔放舞步，激发并且编排了这场舞蹈。

实行舍得法则——开启整个循环过程——最好的方法是下定决心，不管什么时候，无论遇到谁，你都会给一点什么。这倒不一定是物质形式，可以是一朵花、一句赞美或一句祝福。事实上，最强而有力的赠与是非物质形式的。关怀、注意、情感、赞赏和爱，是你能给的最珍贵的礼物，不花你一毛钱。当你遇见某人，你可以默默地为他祝福，祝他快乐、喜悦、开心。这种默默施与力量十分强大。

下定决心无论去哪里，不管遇到谁，只要施与，自然会有回报。你给的愈多，就愈有信心可以得到这项法则的奇迹效应。一旦你得到更多，你就愈有能力舍得。

充足和富裕是我们的本质；我们天生是富裕的，因为大自然供养所有的需要和欲求。我们什么也不缺，因为我们的本质原本就是纯潜能和无限可能。所以，你必须了解富裕是与生俱来的，不管你有多少钱。因为纯潜能境地是所有财富之源——它是了解如何满足所有需求的意识，包括喜悦、爱、欢乐、和平、和谐及知识。如果你先追求这些东西——不单为了你自己，也为别人——其他一切都将源源而来。

“自私”法则

读者可能经常会看到这样一个现象：那些在交朋友上越是斤斤计较的人，越是没有真朋友。在钱财上越是自私的人，越是没有钱。“蒙牛”老总牛根生经过多年的打拼，也发现了这一现象，所以他后来总结了这一道理：财聚人散，财散人聚！

上面的现象，其实就是“自私”法则的表现。

老子《道德经》第八十一章说：“圣人不积，既以为人己愈有，既以与人己愈多。”意思为，圣人不为自己积蓄什么，他为别人做得越多，自己得到的就越多。

老子《道德经》的第七章在阐述圣人的处世哲学时也指出：“是以圣人后其身而身先；外其身而身存。非以其无私邪，故能成其私。”其意指，只有将天下的利益置于自身利益之上，才会更有助于实现自身利益。

“自私”法则，就是“以其无私成其私”。说白了，就是只有无私才能成就自私，或者说最大的自私就是无私。

我们很容易联想到《水浒传》中的宋江。宋江本是山东郓城县一名押司，面目黝黑，身材矮小，官小卑微。他后来怎么能做得了英雄豪杰辈出的梁山好汉的头把交椅？论官职，梁山好汉中比他以前官位高的多的是；论武功，宋江更是不值一提；论打仗，卢俊义、呼延灼等都统领过大军；论谋略，吴用、公孙胜也远比他强。但宋江这个人有一个最大的优点，就是仗义疏财，而且是天下人皆知。仗义，是如何体现出来的？一是路见不平一声吼，拔刀相助，为朋友能两肋插刀，深知大义；二是疏财，扶贫济困，几乎所有的钱都拿去帮助别人，所以又被称为“及时雨宋江”。连后来给他“戴绿帽子”的属下，他都帮助过。正是宋江这种“无私”精神，才让他享有如此高的声誉，最终梁山好汉的头把交椅非他莫属，成就了他的“自私”。

“桑林祷雨”的故事，也许有人听说过：商汤建国不久，大旱连年，颗粒不收，百姓生活异常艰难。自干旱开始，商汤就在郊外设立祭坛祈求天神下雨。可是直到第七年，祈祷都没起作用。于是商汤又在一个叫桑林的地方设立祭坛，亲率朝中大臣祭祀求雨，但仍不见成效。他就让史官占卜，史官占卜后说道：“应该以人为祭品，上天才会降雨。”商汤听罢说：“我是为百姓而求雨，如果一定要用人来祭祀的话，就请用我的身躯来祭天吧！”他向上天祷告说：“所有的罪孽都在我一人，不能惩罚天下百姓；百姓即使有罪，也都在我一人。不要因为我一个人的过失，而使天神伤害百姓的性命。”并以六件事自责，向上天反省。商汤的这种勇于为百姓牺牲的精神，感动了天神，不久便雷声大作，下起雨来。

商汤的行为，不仅感动了天神，更感动了百姓。他的臣民看到这位君主如此爱民，都尽心竭力地支持他，从而使得商王朝的实力不断加强，人民生活也愈加富足美满。

商汤的成功之处，就在于他舍身立命的精神，这也正印证了“自私”法则。

第二章　发行是说出来的

"发行是说出来的"中的"说"，有两层含义：一是说话的意思，侧重于发行中要"会说"，强调沟通过程的重要性；二是"说服"之意，强调的是发行人不仅要懂得说，而且要让客户"服"，强调获取订单的结果。

找对的客是第一要务，说对的话最为关键，拿钱走人才是硬道理。明白这三句，你就明白了新时代发行的本质，也明白了销售的本质。

第一节　找对的客户是第一要务

云发行时代的发行人，其职责不再只是"把报送好（包括零售摊点），把读者服务好"。更要懂得市场，懂得销售，懂得找到准客户，知道如何同客户进行沟通，知道如何获取订单等。

茫茫人海，目标订户，目标读者又在哪里呢？怎样才能找到他们呢？虽然人人都可能会是读者，人人都可能成为订户，可是并非人人都是目标订户，这是摆在发行人员面前的头等大事，也是从事发行工作必须解决的问题。

请记住以下几句话：

一流发行人推销的是发行理念；

二流发行人推销自己；

三流发行人推销产品；

末流才是推销礼品和优惠。

事实上，用礼品和优惠换来的读者，它已经失去了发行的原本意义和宗旨，也不会带来多少广告效应。

关于“有效发行”和“无效发行”

在讲到找对的客户前，想先阐述一下我们常常挂在嘴边的“有效发行”和“无效发行”。

“有效发行”是前些年发行界的时髦话语，此话本也没错，但在实践中，却演变成了“控制发行”、“限制发行”，甚而“不发行”，一些发行量号称100多万实际只有几万的报社，就是见证。真理向前一步就是谬误，“有效发行”之说在中国发行业界的蔓延，已使中国的发行事业走进了误区，必须对这种说法好好进行反思！

“有效发行”之所以被一些人奉为圭臬，思想根源就是“发行为广告、办报为广告”。平心而论，发行量与广告确实存在“边际效应递减”的现象，就是发行数量达到一定的规模后，再增加一单位的发行量，能够带来的单位广告收入却越来越少。在当前报业收入主要靠广告而发行又是报社的成本支出大头的情况下，就产生了“有效发行”这种思想。

其实，这是很肤浅的看法。当今中国的报业市场竞争，是激烈、无序甚至是恶性的，如果不能取得对对手的绝对发行优势，是很难保住广告的市场份额的。况且，发行量到底达到多少才能获得最大的广告回报，业界从来就没有一个定论，日本、美国等报业发达国家对此“说法”也不尽相同。

更重要的是，“发行为广告”的思想完全搞错了两者的关系，在上一篇里，笔者已明确阐述了媒体内容、发行和广告三者之间的关系。发行的导向是读者的需求，而不是广告。

为什么需要有效发行？是因为当代人的需求是多方面的，一家报媒不可能满足所有人的所有需求，从经济效益考虑，需要将本媒体承载的需求准确地投递到最需要的读者手中，这就是“有效发行”。真正意义上的“有效发行”，不是限制发行，更不是取消发行，而是要在目标人群中大量发行、密集发行。

所以说，我们要找对的客户，一定是要在真正“有效发行”的范围内去找。

目标市场发行范围

衡量一个地区的主流媒体地位，不但要看其在该区域中心城区的发行质量，更要看其发行区域的分布以及市场占有情况，即该报周边重点城市的目标市场的占有率，这是因为随着经济的发达交通的便利，通讯快捷，城市不断的外延，使得传统意义上“城池”越来越边缘化，形成了“经济圈”、“泛城市化”，比如长三角经济圈、珠三角城市群、泛珠三角、泛长三角地区、京津唐城市群等。原有的发行思维客观上已经不能适应广告客商的目标市场、目标消费群体的需求。要提高发行的广告回报率，也就必须加强“大经济圈，泛城市化”都市群中重点城市的目标市场发行力度和市场占有率。在发行的战略和销售策略上调整发行区域的分布。

一般说来，目标市场就报媒所在区域相当于中心城市200公里以内的半径较适宜。比如，广州地区三大主流日报大多在此半径之内集中90%的发行量（泛指综合性日报）。

目标市场的前期准备

对目标市场实施占领之前，必须做好前期相关准备，尽量做到知己知彼，通过前期的市场调研，以期预测实施占领市场时间、份数、成本。

市场调研内容包括：

（1）该城市的GDP收入，以确定其人均消费能力；

（2）该城市工厂分布数量、规模，龙头企业分布数量，100人以上企业所占的比例、企业名称、负责人姓名、花名册（名册从行业协会中索取）；

（3）高档小区的分布、街道的分布、专业市场所在的区域等；

（4）政府部门所在的街道，熟记主要官员姓名、职务；

（5）竞争同行的种类、发行量、订户和零售比例、读者对同城报业的口碑、投递时间、上摊时间、投递质量反应、发行方式（自办发行，代理发行），对手报的发行站地址、发行区域、从业人员、主要负责人姓名、年龄、从业人员的酬薪计算方式、平均收入值、零售批发价格、优惠措施；

（6）本地各报发行量，发行区域分布，零售与订户比例，该城市零售摊点的分布、数量，畅销报的种类，分别登记造册，并在地图上标明。

综合对比，同行在该市场发行占有比例，以确定占领该市的最佳时机，评估本地实施发行方针策略、手段，可能赢得发行的份额以及可能遭遇激烈竞争。

对以上情况了解调查越详细真实，就越能制订出行之有效的营销方案（如对不同行业客户接触方式、竞争的应对策略、拜访客户的说词和顺序、最佳营销价格以及市场最佳突破口等）。

目标市场拓展办法

通过多年的市场运作，笔者总结出一套行之有效的目标市场拓展系统，对于目标市场的拓展特别有效，以下作具体分解：

方法一：“扫街”卖报法（同样适用于云Pad的发行）

“扫街”是发行中最常用的方法，也是最直接最有效的方法，对目标市场初期进入特别有效，它等于拉开了发行攻坚的序幕。

1. 目的

充分让队员熟悉目标市场的地形、地貌、街区分布、城市人文风俗习惯、语言特征、方言等市场环境，由于刚刚进入市场，读者普遍缺乏对本报的了解，特别需要强势宣传，以达到家喻户晓，通过“扫街”直接面对面的宣传，让读者了解本报，熟悉发行人员，增强亲和力和双方信任感，为下一步更深入的交流沟通说服打下基础，通过“扫街”卖报（或者赠报，笔者认为此阶段不宜先赠报），侦察同行的反应态度，给对手造成挤压态势，同时关注读者对本报各种反应。

2. 步骤

依街道区域分布，目标市场的市区地图，根据队员人数，分片块，落实到人。宣传时间，7个工作日，人均50份一天，当天日报并按日递增或递减10份。着工作服，配备必要宣传礼品，要求售完为止，并记录销售时间。

3. 效果及注意事项

（1）通过实地售报，造成宣传声势，及时了解读者反映态度，接受程度，统一宣传口径（精炼一套说词），做好每日潜在订户、准订户的档案记录，归类（地址、姓名），准确记录所在区域中的小区，高档小区群落、规模（幢数、户数）以及居民的来源，消费能力。

（2）所在区域工厂、机关单位、政府部门、专业市场的具体位置，尽一切可能搜索与此有关的信息资料（名称、地址、电话、经营状况），为下一步的深入拜访沟通作前期准备。

方法二：签名赠报法

顾名思义，签名赠报法就是指在“扫街”行动若干日后的一种寻找联络准订户的方法，即在目标区域中的潜在订户，通过这一方法可以得知潜在订户的详细资料，如读者的姓名、地址电话等，避免了扫街中的盲目性，缩小准订户的范围，做到有的放矢。

1. 步骤

打印若干份签名送报表格（一式两份），根据读者的爱好程度填写表格中的具体要求，一般赠报时间为期一个星期，归类分档记录准订户的信息资料，根据队员的人数、市场情况，每天每人10份报纸为宜。

2. 效果

这个方法对初涉发行人员寻找准订户特别有效，可以不论季节地点灵活运用，减少寻找准订户的盲目性。规避推销说服过程中的挫折感，准订户资料掌握越多，情况了解越充分，在具体拜访沟通中越顺利，越容易获得更多的订单。

方法三：行业分类寻找法

“扫街”宣传工作，就发行定义而言，仍是表面上的工作，重点的宣传造势取得第一阶段突破后，工作的重心应迅速转移到行业中去，发行向纵深推进。根据前一阶段已掌握有关企业、工厂、机关等信息分类档案，一般而言，一个城市或地区都有一个或几个支柱产业，其中集中了大量的工厂、企业以及与之相配套的加工产业。比如以广东为例，佛山的陶瓷，顺德的家具，汕头的玩具、织染，潮州的不锈钢，与其相关的企业有上千家之多，取得了这些地区的支柱行业的成功发行，对发行广告效应具有重大意义。

1. 步骤

集中优势力量，分割若干小组，可两人一组，也可单人行动，将所在区域中的行业企业、支柱企业的工厂、加工厂、商贸等与之相关的商贸单位，采取重点推销。作为组织指挥人员，应在前期搜集的资料中，具体统计相关企业的数字，相关企业负责人姓名、电话以及企业经营状况、规模等。打印资料若干份，人手一份，划分片段，具体落实到人，防止重复拜访，造成不必要的资源浪费，此阶段以完成80%～90%企业的订单为目标。

2. 效果

通过此阶段深度发行推广，目标市场中，工厂、企业、学校、机关、宾馆、酒店，大都接受了本报，提高了本报所在目标市场的知名度和占有率，实现了品牌效应。

第二阶段的深度发行是发行的攻坚阶段，赢得了此阶段发行，对目标市场的发行意义较大。

方法四：小区“洗楼”法

小区、高档小区群落的全方位拓展，是必争的发行市场区域，对报媒的有效发行意义极大。也是广告商对目标消费群体投放的意义所在。

1．步骤

集中所有力量、人员、物资，毕其功与斯役。根据实际情况选定一个或几个中型小区，要求小区里的居民是较集中在该城市某个规模企业的员工，或者企业、机关、学校的家属宿舍区。

2．设备

若干个太阳伞、宣传台、宣传人员着统一工服、必要宣传礼品、签名赠报记录本、报箱等。

3．要求

强势宣传签名赠报，时间以一周适宜，凡小区里的住户，都可签名赠报，刺激读者参与，通过签名赠报可准确了解居民的楼层、姓名、电话，以及同行报媒的订户情况，同时为下一步顺利投递、拜访、沟通、掌握信息、获得订单扫清障碍。

4．效果

通过对目标市场小区的发行成功，总结经验，扩大战果，增强信心，可根据具体情况，分为若干团队小组，成周期滚动推进，一鼓作气，造成声势，实现对目标市场的小区全方位发行。到此基本上已经达到了对该城市的“有效发行”。

几种找准订户的方法

一、直冲访问法

所谓直冲访问，就是发行人员挨家挨户直接访问读者，或是打电话给陌生人取得访问，或是寄征订函给陌生的单位、企业，通过电话追踪以取得访问。

由于直冲式访问的对象都是事先没有联系，相对双方都比较陌生，因此，受拒绝率较大，极易给初涉发行人员造成挫折，但也是给初入此行的发行人员一种“锻炼”，也是找准订户的方法之一。

有人曾经问原一平推销成功的秘诀，他总是脱掉鞋袜请人摸他那特厚的脚茧，然后说："因为我走的路比别人多，所以脚茧特别厚，这就是我成功的秘诀。"国内也将销售叫"跑业务"，强调了业务是要靠"跑"的。

笔者带队拓展粤东时，对队员提有这样一个要求："行百里路，访百家户，订三份报。"如果你行百里路，访百家户，是完全可以获得三份报纸的订单量的。我们称之为1∶30法则。

经我们多年实战统计，采用1∶30法则，接连拜访30位顾客，肯定有一位读者能够接受你，让你获得订单。

二、老订户介绍法

所有的发行高手都知道，老订户是找准订户的最佳来源，抓住一个好订户，他可以介绍若干个新订户。有一句话虽然不是很恰当，但是能代表那个意思："拔起一个萝卜，带起一片泥。"

开发新订户，就像垦荒一样费时费力，事倍功半；老订户，好比在完善的农场里耕耘，驾轻就熟，事半功倍。

有时老顾客一句话，往往胜过发行人员的十句话，读者对于自己的朋友、同事、亲戚的介绍相对发行员的自我介绍总是要好得多。

每一个老顾客都有他影响可及的100人。假如他喜欢你，欣赏你的服务、你的投递质量，相信他们愿意介绍他们的朋友给你认识，相对于直接拜访，不知要好多少。因此发行人员一定要设法使读者满意，用心服务。

三、工商名册法

这是利用各种名册来获得准订户的资料方法。

如工商名册、企业指南、企业名人册、电话簿（黄页）等。这些名册中大都详尽概述企业负责人的姓名、电话、企业的经营项目和规模等。对于拓展目标市场的前期准备特别有效。

总之，要获得市场的发行成功，必须在如何找对的客户上下工夫，这方面下的工夫越大，获得订单的几率就越大。只有找对的客户，说对的话，才能有结果。因为天下没有容易的事，容易事不属于发行人。

第二节 说对的话最为关键

《鬼谷子》："捭阖之道，阴阳试之。……可以说人，可以说家，可以说国，可以说天下。"用捭阖之术，可以游说他人，可以游说大夫，可以游说国君，可以游说天下。可见说话的重要性，能说对的话，征订问题自然不在话下。

"说"在汉语中是个会意型的字，是由"言"和"兑"两部分组成。表明"说"是语言的交互作用，实际也指思想的沟通和交流，这种沟通交流可以是语言的，也可以是肢体等其他的。

如此看来，一切可以表达内心世界的言语、表情和动作，都是说的范畴。

那么发行中，如何才能说"对"的话呢？

推销自己的八个诀窍

顾客为什么会购买商品？是因为商品具备使用价值，对于商家来说，提供客户的是解决方案，而非商品本身。

读者为什么购买我们的新闻产品？是因为我们的产品能提供读者新闻资讯，能满足其需要资讯的需求，对于报社来说，提供客户的也是解决方案，而非载体本身。

读者买的不仅仅是我们的产品，而是买该产品所能提供给读者的需求，产品所提供的需求越大、越广泛，读者、客户就越多，表现在该媒体的社会效益和经济效益也就越好。发行人员其实就是在扮演媒体中的价值和需求，是媒体的化身、代言人。也就是说，此时发行人他本身就应该是媒体了。如何才能把媒体中的价值和读者的需求，有机充分地对接起来呢？如何通过发行人的表达，让读者完全理解和接受代报报社的"解决方案”，使对方感动，从而接纳你呢？这里面当然就有一个“怎么说”、“说什么”的学问了，也就是如何推销的问题了。

产品本身不会说话，而此时的你就应是“活的产品”（会说话的产品），要生动而活泼地介绍“自己”，因此推销自己实际上就是在推销产品，也就是说，一旦双方沟通成功了，对方认可你、接纳你，就是等于对方认可了你的产品，接受了你手中的产品了。

顾客接受你的产品一定是从接纳你这个人开始的。沟通成功了，结果也是成功的，在沟通中下工夫，才能享受成功的喜悦。笔者下面介绍推销自己的八个诀窍。

诀窍一：注重仪表

推销自己，必定从一个人的仪表开始。

两个未见过面的人，在尚未开口说话之前，总是看对方的仪表，来确定身份，并借此留下印象，印象有好有坏，甚至没有多少印象，常听人说“见面三分相”，这个相，指的就是人的仪表。

没有人会喜欢和一个指甲有污垢，满脸胡须，头发蓬乱，牙齿斑黄，有口臭的人谈话。试着问一下自己，如果与这样的人谈话、见面，你会有什么印象，你对他的信赖程度有多少呢？因此，作为发行人员，必须具有整洁的仪容。这不仅仅是个人的习惯问题，更是尊重顾客和是否让顾客接受你的问题。

笔者总结出，发行人员出门前，必须要照镜子，检查自己的仪容是否整洁，做到出门照镜“七要看”：

一是看发型：头发顺服，长短适中，忌太长，也忌光头、前卫。以短、平、柔为佳。

二是看牙齿：检查牙齿里是否有残渣饭菜，随身带口香糖，预防口气。

三是看面容：面容是否饱满，眼睛是否干净、明亮、有神，试着对镜子笑一笑，看自己是否满意。

四是看指甲：指甲是否太长，有污垢。

五是看衣着：衣服干净整洁，不穿隔日工服，勤换洗衣服。西装和领带颜色搭配一致。

六是看皮鞋：鞋子是否有污垢，须知，许多人不仅看面容，人的第二个脸——皮鞋，不容忽视，切记给你的第二张“脸”添光彩！

七是看姿势：立正、稍息、昂首挺胸，看一看是否有一股正气凛然的样子，然后放松自然，再看一看，你是否喜欢自己。

诀窍二：多听巧说

太多的人喜欢说，不喜欢听；太多的人喜欢问，却又问不到点子上。发行高手，一定是多听巧问的人。

喜欢说不喜欢听是人的本（性）能，我们中大多数人其实都喜欢说，不喜欢聆听，是因为想急于表达自己的思想。但作为发行人必须清楚，你的目的不是要向客户表达自己的思想，而是要多了解客户的想法并给他提供解决方案。所以你一定要真诚地、耐心地听顾客想表达的意思，并作适当的回应，与顾客同心、同德，融入进去，如此才能赢得顾客的好感，才能得到意想不到的回报。

顾客在说的过程中，你的认同或赞美，其实就是巧说。除此之外，还包括适当提问，其目的是帮助对方理出思维，引到问题的本身轨道上来，而不是一味地听，更不是一言不发。优秀的发行人员都是善于提问的“高手”，总能让对方尽情地说，并且能与读者产生共鸣。

据统计，说者每分钟125字，而听者的思想速度则为说者的24倍，当对方在尽情说话之际，听者有充分的时间对顾客所表达的意见、对话语中的真实动机进行整理分析，从而找出应对之策。

如何才能做到多听巧说呢？

1. 不可分神，集中精神，用]心聆听

2. 适当提问，帮助读者理出头绪

在交谈中，经常发生说者意犹未尽，不着边际甚至连他自己都不知所云，前言不搭后语，此时就需要发行人员及时帮助他整理头绪，把话题拉回来，言归正传。有时也会发生突然冷场，同样也需要及时提问。

另外适当发问，也是主动出击的有效方法，避免谈话不入主题，同时让对方感觉你确实在认真聆听，给对方以尊重感。

3. 从谈话中，能确定说者意见和需求

一个优秀发行人在推销过程中，总是想方设法提出问题，请顾客发表意见，掌控话语主动权，从对方表达过程中观察顾客表情，态度、看法、动机，听出对方话语的真正需求——话中话、玄外音。只有把握住顾客的真实需求，才能有效说服对方，满足对方需求。只要仔细聆听对方的话语，就一定能判断出说者的真正动机。

但是当对方表达的观点、想法与事实不符时，千万不能说“不”，记住，连傻瓜都会反对别人说“不”，如果不能说真话，就请千万不要说“不”，就换一种说法，迂回过去。

总之，把握话语的主动权，适时提问，把问题引向访问目的上，一定能够在沟通中取得收益。

诀窍三：保持真心微笑

每个人都喜欢微笑的人。真诚的微笑给人的第一感觉是友好的、善意的、可爱的。试想一下婴儿的笑给你带来的感觉吧。

当你向陌生人真诚微笑时，实际上就告诉对方：我希望同你交流，愿意做你的朋友。微笑必须是发自内心的、善意的。如果你的动机是以攫取他人的利益为动机，你还能真诚微笑起来吗？

以一颗感恩的心对待周围的人，对待你的顾客，真诚地帮助顾客解决需求和困难，你就一定能从内心发出一种信号——那就是微笑。

“相逢一笑泯恩仇”，“仇恨”都可以用笑泯灭，更何况需求你的产品的顾客呢？

诀窍四：学会真诚赞美

有一个年轻的罪犯要被执行枪决了，刑场上围着许多看热闹的人，太阳光直射在罪犯的身上，使得本已绝望的他抬着头，举目张望，渴望能够看到自己的亲人，抑或是对人生的一点眷恋，突然有位老奶奶说：“这年轻小伙子的头发多漂亮啊！和我孙子差不多，真是太可惜了！”罪犯听到

这话，寻声看着那个慈祥的老奶奶，流下了悔恨的泪水说："以前从来没人这样夸过我，看得起我，我总是被别人嘲笑，要是我早点听到赞扬，我就不会有今天这种结果了，可惜我再也不能听到赞美了。"

人人都喜欢得到别人的赞美与重视，上至元首，下至百姓，人生的意义不就是为了得到别人的认可和赞美吗？一句赞美的话，仿佛灵丹妙药，犹如锦上添花，不仅能使人感到温馨，甚至能改变一个人的命运与性格，创造奇迹，重塑人生。

作为发行人员，要想获得顾客的欣赏和认可，首先必须学会随时随地赞美读者顾客，但赞美绝不是奉承讨好和献媚，应是真正由内心发出的。

1. 赞美必须真诚得体

不要言过其实，无中生有，反之就变成了虚伪和奉承讨好，听着让人讨厌。记住，如果不能说真话，请千万别说假话、空话。

2. 留意未受赞美的人和事

留意那些和他（她）生活工作在一起的人，而人们常常不注意他们。其实留意赞美这些不为人注意幕后的人和事，往往能起到更佳的效果。所谓"荷花虽好，还须绿叶扶持"。此外，我们还应该留意对方不受人瞩目的特点和事迹，比如爱好、兴趣、慈善活动等，赞美这些，反而能引起对方的好感。

3. 第三者的赞美之词

从第三者而来的赞美之词，转借过来，最令人自豪心悦，这是因为当面赞美，往往给人一种客套奉承之嫌，而背后转借第三者的赞美，才是真心实在的。

这种方法可以随时随地说出，不必有意安排，可以在电话结束时顺带一句，交谈结束时提上一句，其结果更会令人回味无穷。

诀窍五：充满热诚

热诚如雪中送炭。发行人员在推销自己时须要热诚。不论当时场面是如何尴尬冷淡，只要你真诚地表现出热诚来，终会打动对方，因为热诚本身就具有一种强烈的感染力，它会把周围都带动起来。再试着想下去，一个热火炉，你把一盆冰冷的水放在上面，过不久，就会沸腾起来。

美国著名哲学家爱默生说过："缺少热诚，就无法成就大事。"的确如此，事实上，好的教师与伟大的教师，好的演说家与伟大的演说家，伟大的人和平凡的人其差距就在这二字上——热诚。

一时的热诚不难，天天要保持热诚就不容易了，如何才能保持热诚呢?

如果我们把自己比作一个生命的大火炉，那么必须有个火花将其点燃，生命的火炉才燃烧起来。其实这个火花，就是一种超自然的力量——爱的力量。

想象一下，此时顾客正在等待你的到来，他们有许多高兴的事情需要和你分享，又有许多事情需要你帮助，你的热诚自然而然就会表现出来。一定要确信你的意图在道德上，心灵以及伦理方面是正确的，一定是一颗爱人的心，而不是以攫取他人利益的心。换句话说如果意图本质上是错误的，它就一定不会有好的结果。

需要提醒的是，我们每个人潜意识中都有一个RAS资源导航系统，只要给他一个明确的目标，并不断呼唤它，就像导弹一样，直至击中目标。因此千万不要想你不想要的，否则就一定能得到。一定呼唤你想要的，它也一定能实现。请你学会运用自我暗示的力量，大声地把你想要的东西不断说出来，想象它，相信它。呼唤它：给我热诚的力量吧!

神采奕奕的人最具魅力，最动人。这个"神"就是对他人的热诚关心、帮助他人、关爱他人、爱公司、爱产品、爱人如己。

发行人员在推销自己时，心中必须有"神"。

诀窍六：关心他人

每个人内心深处都是孤独的，孤独是与生俱来的灵魂。朋友再多，如果朋友没从内心去关心，还是会觉得孤独。所以，实际上每个人都希望得到别人的关心。

关心便是用爱去关怀，从来没有拒绝爱的顾客，只有拒绝没有爱心的人。方法、技巧、“宝典”，如果把“爱心”抽去，那将是何等苍白。再也没有比关心他人、热爱他人显得更重要的了。但所有的关心，奉献都必须是发自内心的，那些企图在他人身上攫取利益和假冒伪善，充其量只能得逞一时，就像野地里的露珠，太阳一出来，就消失得无影无踪。

作为发行人员，如果不用这种心态去面对读者，不可能做出出色的成绩。睁大眼睛看看这个物欲横流的社会，自私自利，唯利是图，争名夺利，尔虞我诈。其实，人心中又是多么希望得到他人的关心和帮助啊。

发行人员可以没有经验，没有技巧，甚至可以没有学历，但唯一不能没有的就是爱心。有了它，也就是等于有了克服一切障碍的通行证，这也是作为一名合格的发行人员的职责和使命——传递信息，播种文明，推动社会进步。

诀窍七: 赢得信赖

我们知道，人与人之间的交往，最难得的就是相互信赖。

信赖太重要，对发行人员其意义简直好比“命根子”，说服沟通中的方法手段等，说穿了就是赢得对方的信赖。然而赢得信赖又何等的困难。

怎样才能赢得信赖呢?

1. 守时

初次与客户相约，守时是获得信赖的最好方法。守信的第一步就是守时，一个不守时的人，绝对做不到守信，一个时间都不能遵守的人，又怎能给人以信任感呢? 往往就是一些考虑不周的客观原因，比如乘车时的堵车等意外，也许就是几分钟，而失去了顾客的信赖，这方面的教训不在少数。

2. 信守承诺

要么不承诺，要么一定要兑现，千万不要为一时的个人利益而急功近利，轻率地作出不能兑现的承诺。轻诺者必寡信。比如订户要求什么时间送到或者其他一些特殊要求，要以实际情况定夺，以免日后造成不必要的纠纷。一次失信，日后很难让别人信任你第二次。

3. 勇于认错

一个人不可能不犯错误。最好的方法就是坦然地向对方认错，不找理由借口……勇于认错，请求原谅，真诚地向对方表示歉意，接受相应的处罚（处罚是更好认错表现），这样别人不但不会责怪抱怨，反倒由于您的真诚留下好的印象，更能赢得他人的信赖。

诀窍八：牢记姓名

如果现在有人突然直呼你的名字，你会想到什么，起码说明过去你们打过交道，表示他非常在乎你，你在他心中留下过深刻的印象。

假如你能够尊重并牢记他人的姓名，相信对业务的发展，建立良好的人际关系非常有利。

对一般人而言，记几十个姓名不难，可是能记住几百个上千个就不是简单的事了，可参考以下几个方法：

1．用心仔细听

把记住别人姓名当成重要的事，每当认识新朋友，一方面用心注意去听，一方面牢牢记住，若听不清对方的大名，请立刻再问一次，不要不好意思，人们喜欢他人这样问，切记，每一个人对自己名字比全世界的人名都重要。

2．利用名片夹，帮助记忆

别太信任自己的记忆力，在取得对方的名片之后，必须把他的特征、专长、会见的场合、具体会见的事项，写在名片背后，以帮助记忆。

3．反复使用，协助记忆

重复一个人的姓名，能够帮助记忆，因此，在初次会见时，应故意多叫几次对方的姓名，如果对方的姓名很少见或者比较奇怪，不妨当面请教其取名的经过、喻意，如此加深印象。有一次，笔者遇到一个女客户，递上写着“徐子晏”的名片，很是少见,当即请教她取名的来历，原来她的父母40来岁才生了她，而且他们家三代没有女孩子，喻意老来得女，期望她日日平安，并且还告诉我中国古代有一个齐国晏子的人。经她这样一说，当然就容易记住了。

美国成功学大师戴尔·卡耐基说过：“一种最简单但又最重要获得好感方法，就是牢记别人姓名。”我们在牢记别人姓名之前，应先牢记这句名言。

发行实战导航

我们已经知道了成功说服的关键，就是发掘顾客的需求，及时提出要求以满足（解决方案就是手中的产品）。如何才能在实际沟通过程中做到呢？这是横在所有发行业务员面前的一道“坎”，刚刚踏入发行这个行业的人很容易跌倒在这个“坎”上，不知其咎。他们也曾努力过，甚至看起来比其他人更“热情”，可是常常事倍功半或无功而返。笔者所在的团队中曾有一人，资料准备不少，拜访客户也不少，却总是“早上划船去撒网，晚上回来无一鱼”，问其原因，回答是：“我都挨家挨户的问啦，就是搞不掂。”

“那你都和客户谈些什么话题？”答曰：“老板，订不订报纸，我们有礼品送啊！”“还有没有其他话题？”答曰：“不知道说些什么。”拿出所准备的准订户资料，只是姓名 、地址之类的简单记录，全无对方详细资料评估。如此这般，如何才能说对的话使之感动呢？

事实上，物欲横流的今天，人的内心世界越来越封闭，越来越自我，特别是对推销人员，客户本能地有拒绝心理，不可能轻易地向陌生人吐露“心里话”，如果不是以一颗爱人之心，而是千方百计地想在他人头上攫取的心态，岂能赢得他人的信任呢——花言巧语，巧舌如簧，只能令人厌恶和反感。沟通无“捷径”，对于任何一个从事发行业务工作的人，没有事前的充分准备，周详的计划，良好的心态，冒险拜访要求订单，不但成功率极低，而且容易让人心灰意冷，信心动摇，一连串的拒绝后还会有多少心情呢？恐惧和沮丧像幽灵般缠绕着，挥之不去……

谁都不是天生的“行家高手”，所谓的“专家”、“尖子”都是后天造就的，他们深知每一天都是起点，每一天都是挑战。沟通从拒绝开始，正像上面的发行员所遭遇的拒绝一样，成功说服的关键就在于访问前的准备、准备、再准备，这才是赢得顾客、说服读者的“捷径”。

导航一：拜访前的准备

1. 熟知产品

无论是发行电子媒体还是传统报纸，发行人在拜访客户前如果还不熟悉产品，那就别去拜访客户。现在的顾客很多时候比专业人员还专业，发行人员必须有回答客户所有关于产品方面问题的准备。因为没有人愿意向一个不专业的人去买东西。那么发行人员应该熟知产品的哪些方面呢？

（1）熟知产品（云Pad或报纸）本身。产品的性能或功能往往是顾客首先要了解的，也是最为关注的。发行人员必须知道包括产品的性能、功能、优势、生产流程、新闻的制作流程等。

（2）发行量、发行分布情况、发行站位置、送货或投递方式，甚至运输和销售渠道等。

（3）报纸的版面安排、内容特色（专刊、特刊）等。

（4）同类报纸的发行量、区域分布、价格以及优势对比。

总之，这方面的信息，知识掌握得越多越好，沟通时越容易使对方产生信任。

2. 熟悉准订户

发行人员在和准订户见面之前，一定要把对方的姓名、职务，以及其家庭成员、收入、所从事的职业、兴趣、爱好、专长、背景、别人对其评价、已经订阅的报纸杂志甚至他本人的阅历等，尽可能多地了解。

3. 准备一本销售“花名册”

发行中常常出现这种现象：发行人员好不容易寻访到客户，一番滔滔不绝之后，眼看就要大功告成了，冷不丁的一句疑问或者一丝疑虑的眼神，几天的辛苦，可能就此付诸东流了，事后即使再三解释，都于事无补。

兵法有云“兵利于器也”，这个“花名册”，可能是发行人员的“器”了，这个花名册上有发行人员销售成功的订单样本、购买者明细、评语甚至顾客同发行人员的合影等。这都将增加客户的可信度，同时对发行人员自己更是增强了信心和勇气，如虎添翼，对取得信任、获得订单起到事半功倍的效果。

笔者属下曾有一名发行人员，将所有订户的订单都会复印一份留存，订成册，每去收订必掏出来放在准订户面前，顾客也必定会翻看其他订户是如何订阅的。这个顾客的印象是：这名发行员可信，而且很“老道”，要不怎么会这么多人跟他订？

4. 心理上应有的准备

不论其准备工作做得如何翔实，出现的情况往往事与愿违，有时，有心栽花花不开，无心插柳柳成荫。又有时，山穷水尽，蓦然回首，那人却在灯火阑珊处。沟通说服的实际情况，实在是难以预测，正所谓计划赶不上变化，但是无论如何，还是要有计划，因为没有计划，就无法应对变化。因此，必须从心理上做好准备，保持一颗平常心，以下三点心理上的准备，乃是发行人员在拜访客户，说服读者的坚强底线。

（1）访问可能遭遇拒绝

日常生活中，人们的情绪变化往往受控于当时环境而改变，即便是客户已经答应了你的要求，然而结果却大出意料。即便对方原来是讲情讲理的人，碰巧他情绪不佳时，一时会变得不可理喻，这时拜访的业务员，往往冤枉和受气，更是一头雾水而莫名其妙。

别气馁！这些因情绪不好而发泄在你身上的客户，事后一定会觉得愧疚而有形无形地补偿你。

（2）访问可能失败（1：6定律）

根据国泰人寿保险公司的统计，连续访问6位准订户，必会获得一份订单的成交，成功率为17%；换言之，每拜访准订户6次，其中有5次可能失败。我们在发行业务实践中证明了这个定律：如果你精心准备了6个准订户，实际拜访说服过程中，必有一户能达成订单。换句话说，前5个准订户已经和你签了83%的订单，因此不仅要感谢和你签单的客户，而且更要感谢前面未能和你成交的准订户，没有前5位的83%的成功率，哪有最后的17%的成交呢？这样思考，心理上就有了坚强的防线，不至于总是在失败5次上打转，重新拾起信心，成功往往就在拐角处悄然等你的到来。

（3）积极地想象

是的，想象也是发行人员在拜访客户之前的必不可少的准备 。

一位著名的心理学家说过：“人性中有一种很强的倾向，就是当你习惯地自己想象什么样子，结果往往就是什么样子。”据说人原本就是思想的东西，因此，千万不要想你不想要的东西，否则，它真的会发生。换句话说，一定想你想要的东西，它也一样会实现。信就能得着。当我们渴望某种东西时，同时要把想要的东西想象出来，有什么样的“想”，就会有什么样的“像”。也就是说，如果你的思想是错误的，就不会有对的结果；同样，如果思想是正确的，当然结果就不会坏，尽管我们事先无法知道过程到底会发生什么，但我们一定要积极地想象：（1）此时，客户欢迎你的样子，以及迫切对产品需求的喜悦之情；（2）确信你的拜访是帮助他们，满足他们需求的，坚定相信客户不接受你的产品是他们自己的损失，并为他们惋惜。

这样对于可能遭遇到的拒绝，就不会介意，反而能保持良好的心态。

5. 拜访路线图

发行人员常常遇到这样一种情况，领导让他出去做发行，人是出去了，走到路口时却不知道应该向何处去，在路口徘徊半天，只是因为没想好，结果拐进了网吧或娱乐场所“休息”去了。

当一个人在目的不明确时，行动力就要减弱。计划越详细，可操作性越大，实际操作起来就越容易。因为人在干活时，都“喜欢”少动脑筋。所以发行人员在拜访客户前，一定要规划好先去哪里，然后再去哪里，先拜访哪个客户，再拜访哪个客户，记录在大脑中或在工作计划本中，这样才不至于出门后徘徊不前。

6. 精练一套“百说不厌”的说词

有一本书的名字叫《推销全凭一张嘴》，说的是如何说服客户，但是说些什么，怎么说，才能激发客户的兴趣呢？就需要发行营销人员根据各人实际情况，给自己作一番包装。要求说词一定要口语化，优秀的发行人员在说服过程中的关键说词，其实就是那么几句话，最能动人，引人入胜。

导航二：说好开场白，好运自然来

所有从事过发行工作的人都知道，与客户见面，最难的恐怕就是开场的一席话了，成功与否，在很多情况下，往往就是开场的几句话。几十秒的开场白的好坏，将决定着会谈能否愉快地进行下去，还是悻然而去，半途而废，要么“征服”对方，要么被对方“征服”。

“商战胜于兵战”，报纸发行这个战场上，其竞争程度绝不逊色于其他行业，仅有热情没有智慧不行，有干劲没有胆识更不行，开场的一席话发挥得如何，集中反映着业务人员的综合素质，它是考量发行业务人员的智慧、热情和知识集大成。

在实际说服过程中，开场白的说法很多，没有一定格式。可以开门见山，直奔主题；也可以迂回穿插，循序渐进；可以嬉笑怒骂，幽默一番；也可以信步闲庭，娓娓道来。全凭当时当地的所处环境气氛而定，一般情况，由于不清楚客户的真实动机是什么（有时，连客户自己也不清楚他们自己想要的是什么）；因此，开场白最好能引起客户的注意，力陈产品能够带给客户某种利益。观察注意客户对你表述的哪些方面有特别好感和兴趣，投其所好，一般而言，每个人最感兴趣的话题，往往就是他现在从事的行业，比如：见到搞建筑的谈房地产；见到运输的谈汽车；见到首饰品老板谈古玩；见到搞书法的，谈“二王”（王羲之、王献之）。这些都是客户非常感兴趣的话题，一旦时机成熟，迅速切入正题，将话题巧妙地转到你的发行的报纸上，做到收放自如。

范例一：

喂，王××秘书吗？我是××日报的，请张××院长不要离开，在办公室等我一下，今天我们报纸上报道了你们汉剧院在海外演出的事，我马上给你们送过去一份。

发行人员以有关的新闻报道、新闻人物作为开场白，特别能引人关注，往往能达到很好的效果。

范例二：

吴老板！听说我们这里的小学校有你的爱心捐赠，可见你是具有奉献精神的人，特来向你请教。一些人挣钱后，再也没有什么大的作为了，而你却大有作为，请问你的成功是怎么理解的……

每个人都愿意得到别人的真诚赞美，当你在赞美客户时，一定要事先有所准备，赞美他的所作所为，最能提起客户的兴趣。泛泛而谈，大话或空话，听起来往往会变成“献媚”之嫌。

导航三：认识拒绝的真面目

没有人不怕“拒绝”，更没有人喜欢“拒绝”，可是，发行工作偏偏就是从“拒绝”开始的。很多发行人员一想到曾经被人拒绝门外时的情景，马上让人产生畏难情绪。那么，客户为什么会拒绝我们呢？仔细推敲之后发现，不外乎以下六种因素。

1. 出自习惯

假如客户正在埋头公务或者全神贯注想着某个方案，或者客户一家人正在其乐融融地看着热播的电视剧，突然有上门推销产品的来敲门，客户无疑会本能地拒绝、排斥，而不论对方如何热情。而这情况久而久之，就会变成一种习惯——听说是推销产品的，一律拒之门外。

这一类型的顾客，不论你说些什么，他们都会反对；因此，没有必要再坚持下去，礼貌地表示歉意，告退时别忘了赠送一份报纸或其他小礼品。别气馁，实际过程中很少有一次能“马到成功”的，每一次成功签约，至少要遭到客户4～6次的拒绝（1∶6法则）。

2. 曾经有过不愉快的被推销经历

所谓一朝被蛇咬，十年怕井绳，客户只要有过一次不愉快的被推销的经历，他就会把这笔账算在所有来推销的人头上。

对这一类客户，不会听你说什么。你必须拿出事实，用事实去改变他们的印象。耳听为虚，眼见为实，当你列举出知名人士的认可凭证，或现场试验给他看，他们的疑虑才可能被打消。

3. 抗拒改变

人一方面都有好奇心理，但又会有抗拒接受新事物的本性。

对于订阅几十年晚报的读者来说，一下子让他们改变阅读习惯，改订早报，不仅意味着对其价值评判的背叛，同时还意味着生活方式的相应改变。

让一个看惯了“报纸”的客户，突然向他推荐使用“云Pad”，这不光是看什么报的改变，更是习惯的改变。

这一类型的客户，不要指望三言两语就能收到效果，必须经过长期的努力，慢慢来，一点都急不得，运用“缠”功，才有可能感动对方。

值得提醒的是，这一类型的客户并不是拒绝你或你的产品，以情感人，在情字上下工夫，听琴声，听弦外之音，做发行也是要在发行之外下工夫的。

4. 不了解产品的优点

准订户在不了解产品的好处之前，最直接与正常的反应就是拒绝发行人员。

5. 选错访问对象

有权、有钱、有需求是准订户的基本条件，访问中准订户不具有以上三个条件，自然就找错人了。

没有决定权的人既无权买，也无权不买，这种人必然拒绝你。没钱的人，即便再钟爱你的产品，也买不起（除非免费），他也会拒绝你。没有需求的人，既使你说破了嘴皮，也是对牛弹琴，他当然会拒绝你。也就是说，当发行人员碰到这样无权、无钱、无需求客户时，应中止推销，抓紧时间改访其他客户。

导航四：要求法则的应用

不知道你是否注意过这样一种现象：同一家单位，让不同的人去订报，结果往往相差很大。比如，张三去订报，可能连门都进不了；叫李四去，可能会订一份单；再换王五去，又有可能会签下十份订单；换赵六去，却能订回五十份单。这是为什么呢？是何原因导致订单数量的变化呢？

其实，问题的关键在于不同的人在说服过程中所提的要求不同。要求的多，得到的就多，要求的少或不要求，就得到的少或得不到。事实上，所有的订单的达成都是要求得来的，只是要求的大小不同而已。

西方有句谚语，“凡祈求的，就得着；寻找的，就寻见；叩门的，门就开。”总结一些发行人员在业务上不能有所突破的根本原因，竟然是没有提要求，不敢提要求，更不用说提高的要求了。他们在关键时刻总是等待着客户开口，祈盼着对方的“赏赐”；许多人在遭到一两次拒绝后，再也看不到踪影了。不敢再次直面客户，大胆提出要求了，不仅在为自己寻找借口，有的甚至在为客户寻找推托的“理由”，甚至误把自己的想法强加在对方的身上，认为客户没有需求。一言以蔽之，就是缺少自信，害怕拒绝，他们缺的是“临门一脚”的功夫。

曾有名新手发行人员，沟通能力强，跟谁都能“见面熟”，这种情况一般来说是具备销售人员潜质的，但是就是很久拿不到订单。而他也总是说跟客户“熟得不得了”，客户邀请吃饭、喝茶、出去玩，熟悉的像亲兄弟。都熟悉到这个地步了，为什么没有订单呢？后来一了解，他根本没向别人提出订单的事，客户自然不会主动提出，而该发行员天真地以为，客户会熟到“水到渠成”给自己订单。

所以所有做销售的人，同客户的关系就是很“势利”的，这是定律。如果不“势利”，只能说明这名销售人员不敬业或者不合格。

千万不要幻想着客户会主动上门向你提出订单的请求，这种事如同守株待兔一样，几率小得可怜。获取订单最直接最有效的方法其实就是要求订单！

一个不会要求的发行人员，甚至不如多走几家直接问“订报吗”的简单做法的效率高。

把你的要求大胆地向客户提出来，表述时一定要直截了当，镇定而自若，就是这样！

也许你刚刚入行，真的不知道该向客户说些什么，也可能真的一时难以把握客户的真实动机，也许此时你正在为此一筹莫展；但是，你一定要学会并养成提要求的习惯、提高要求的习惯、一直提要求的习惯、不达目的绝不罢休的习惯。真诚地要求，一定会使客户为之感动！

牢记这个要求法则（详见本篇第一章第一节“要求法则”），只要有一颗爱人的心，满足客户的需求而不是欲求的心，假以时日，相信客户总会帮助你达成愿望的。

导航五：订单成交，拿钱走人

笔者有多次遇到这样的境况：跟客户签完订单，客户也交完钱，大家继续聊天或喝茶，这时客户的妻子或其他家人过来，强烈要求客户退订。客户最终经不起家人的“狂轰滥炸”，不得不“缴械投降”。最终到口的“肥肉”也不得不吐出来。实在是可惜可叹！

所以“拿钱走人”这一步也是十分重要的。不要以为钱到了你的口袋就能“落袋为安”了，未必！稍不留神，客户就会反悔，客户不反悔客户家其他人也可能反悔。所以作为发行人，我们在完成交易后还是“不宜久留”，快快离开实为上策。

有人说，收了客户的钱马上走人好像不妥吧？说这种话的人，一般从客户的角度考虑问题太多：客户会不会觉得我太绝情了，收完钱就走了，客户会不会觉得我像骗子？但是，无论如何你还是不能犹豫，而且事实上你的确帮助了客户，为客户提供了需求的解决方案，你应该理直气壮地说“我们的产品和服务一定会让你觉得满意”之类的话，然后借故很忙离开。

有人会说，即使是离开了，客户也可能会反悔。这也说的没错，这种可能是有的，但是这相对于销售人员还没离开现场，客户的钱还在不到两米开外的发行人员口袋里，可能性却要小十倍以上。

所以，在这里对本章做个总结，再次强调取得发行订单的三个原则：找对的客是第一要务；说对的话最为关键；订单成交，拿钱走人！

第三章 团队是打出来的

团队，是为了实现某一目标而由相互协作的个体所组成的正式群体。通常讲的团队是由员工和管理层组成的一个共同体，它合理利用每一个成员的知识和技能协同工作，解决问题，达到共同的目标。

团队与团体有区别。团体是一个大概念，中性的词语，团队、团伙都属于团体概念。指有共同目的、志趣的人所组成的集体。

团队不是团伙。团队是指某种性质的集体。团伙是指纠集在一起从事不轨活动的小集团。团伙和团队最主要的区别还是其目的性，团伙的目的是从事不轨活动，是非正义或非法的。团伙是贬义的。

本章所讲的团队指的是发行团队或者说是营销团队。本章所说团队是打出来的，侧重点在“打”上，包含“选”、“招”、“练”、“培训”、“打（仗）”。

KISS法则

团队的打造要遵循一个法则——KISS法则——“力求简单、愚笨”（keep it simple 、stupid）

现在几乎每一个企业和组织，越来越认识到团队建设的重要，越来越重视团队的建设和打造，到底如何打造一支可持续发展的团队呢？怎样才能使企业基业常青呢？

当前，有关团队管理、员工激励、领导技能等方面的书籍汗牛充栋，各种学术、论点、论著层出不穷，一会儿流行理念和使命决定成败，一会儿又流行细节决定成败、战略决定成败，还有将团队比作狼的、猪的、猴的甚至还有狗的。让人目不暇接，莫衷一是。

然而要使得企业赢得市场、赢得竞争，就该把企业真正地当成军队一样去打造（团队一词本身就出处军队），就好比指挥一场战争，战争的胜负，自有战争的法则，只有遵循被军人所称之的KISS法则：力求简单、愚笨（keep it simple 、stupid）。换句话说，使之简单，不断重复，坚持到底，以至于到了愚拙的地步。

杰克·韦尔奇在他的书《赢》中，一语道破“赢”的真谛。他在回答关于企业的使命和价值观的区别时告诉我们：所谓使命，就是企业一定要赢，赢才是企业的终极真理。而价值观，就是为了赢而采取的大量行动。并且补充说道：“为了更好地说明行动而甘愿放弃价值观一词。”

这就是团队管理最有力的直白——简单法则，人人都能听懂。

可以说，韦尔奇在他四十年的职业生涯中，他所率领的30万通用团队，正是把“力求简单、愚笨”这一法则用到极致——“把理念进行到底”，不断地重复实践（领导使命），使得每一个员工特别是通用公司高层员工清清楚楚、明明白白、心领神会。他甚至声称：“即便在半夜里，把一个员工从床上叫起来，都能在似醒非醒的状态里，清楚说出通用的理念和使命。”而正是为了达成这一原则，韦尔奇竟把他30%的时间放在了克罗顿维尔的通用培训学院里，不厌其烦地与学员沟通，说服灌输企业的理念和使命（每个星期四小时待在学员当中），用他自己的话说：“一天的理念和使命说下来，每当听见有人再说起这一问题时，都感到恶心。”

也正是遵循这一法则——“力求简单、愚笨”，通用团队成为今天全球最为成功的团队。

因此，作为企业的领导，必须把企业的理念和使命通过不断的说服沟通，一百次、一千次、一万次乃至一百万次，甚至“不惜与之搏斗”（韦尔奇语）直至达成共识（心领神会）。这方面的任何强调和努力都是值得的。

“力求简单、愚笨”。真正的简单，其实不简单，真正的愚笨其实不愚笨，而这正是打造一流团队的命门所在！

第一节　招兵、选将

招兵——古法今用

招兵，就是招聘员工。凡事都得有计划，招聘也一样。招聘前、招聘中、招聘后都必须先计划好，方可以进行。所以，我们在招聘员工之前，第一要弄清楚为什么要招聘，要招聘什么职位，该职位有什么要求等。在招聘中，要知道应通过什么途径和办法招聘，招聘中的注意事项有哪些。招聘后如何培训和分配等。

关于培训，本章在第二节将专节讲述。本节重点讲述招聘前和招聘中的问题。

一、招聘前

招聘前要有招聘计划：包括招聘岗位、招聘岗位要求、招聘人数、招聘渠道、面试官安排、面试要求、招聘和培训时间表等。

发行人的招聘，必须分清楚具体招聘的是配送型人才还是销售型人才。相对来说，招聘配送型人才要简单得多，因为配送相对来说是更加简单的工作，工作任务主要在体力上。而销售型人才，不是靠体力那么简单，销售型人才一定是个复合型人才。需要在方方面面能达到基本要求才能被录用。企业很大的成本花在招聘完成了，也培训了员工，员工甚至上班了，但没做出任何业绩，就走人了（炒掉或被炒）。

下面我们从曾国藩用人三原则来分析当今销售人才应该具备的基本素质。

曾氏用人原则一：选人切勿眼光过高

启示：招聘时要多看人的优点，不拘一格，不能过于看重资历和学历。曾国藩认为，挑选人才的关键在于不拘一格，评判人才的关键在于不求苛细。不能因为有一点朽烂的地方，就把几人合抱之粗的大木给丢弃了；不能因为仅仅撒了几网就灰心丧气，以至于错过了逮到大鱼的机会。一个人，只要有一个特长，就可以用；用人者最应避免的是，由于有一点小毛病而将有用之才弃而不用。曾国藩反对以出身、资历来衡量人任用人。

曾氏幕府人才众多，范围广泛，几乎全国人才之精华，都汇集到曾氏幕府。再加上曾国藩知人善任，懂得激发他们的才干能力；因此，湘军和曾国藩集团想不成功都难。

曾氏用人原则二：首选忠义血性之人

启示：招聘销售人员时，对有情有义、有激情的人，应该首先被看中。曾国藩认为，要想成就大事，最需要的是有忠义血性的人。有血性够忠义，是曾国藩选人的最核心的标准。

在选用人才的标准上，曾国藩曾提出了四个标准：第一要有治民之才，第二要不怕死，第三要名利心别太强，第四要能吃苦。

显然，曾国藩是将忠义血性作为了选用人才的前提的。其所强调的忠义血性，指的是一种强烈的忠诚感、道义感与责任心。曾国藩是文人出身，带兵打仗的事情，他之前从来没有经历过。他所面临的处境，又是十分险恶的。一方面是太平军的所向披靡，势如破竹；另一方面，曾国藩所处的时代，又是封建社会的末世。整个统治集团已经完全腐败，军队也失去了最起码的战斗力。在他看来，可怕的不是太平军的造反，而是统治集团本身的腐败。

曾氏用人原则三：德才兼备，以德为本

启示：在招聘销售人员时，尽量选择德才兼备的。如果无德才兼备之才可选，就要把德放在第一位。在德才之间，曾国藩更强调人的德行。曾国藩所谓的“德”，含义很广泛，忠诚、勤俭、朴实、耿介、不怕死等都属于“德”的范畴。按照他的总结，“德”就是在政治上要忠于自己的信仰与事业，要能心甘情愿地为之竭尽全力；在作风上要质朴实在，能吃苦耐劳；在精神上要坚韧不拔，顽强不屈。

因此，曾国藩特别强调要“于纯朴中选拔人才”，认为“于纯朴中选拔人才，才可以蒸蒸日上”。曾国藩所谓“纯朴”主要是指朴实、无官气、不虚夸，不以大言惊人、巧语媚上，而是具有踏实、苦干的作风。

到晚年时，曾国藩在选才标准的认识上已经有了若干改变。因为多年的经历让他发现，“有德或者有才，能有一样就已经很难了，要想两者兼全，更是没有几个”。事实上，凡是愿意出来“做事的”，大多都好名、贪财，而不贪名利者则早就隐居起来了。对此曾国藩曾感慨道：“勇于做事的都是有自己的欲望的啊。”他甚至说：“在当今的乱世之中，如果对于战争的胜败不能有益的话，即使是道德再高尚者又有什么用呢？我生平里喜欢用老实人，现在回头一看，其实是药不对症。”所以他总结道：“对有才无德的人，应当不要埋没他的长处，只需要稍微与他保持一点距离就可以了。”用人上要注意不能过分要求，因为优秀人才毕竟太少。显然，这时他在“德才兼备”的标准上已有所让步。

在这个选人原则上，我们其实可以这样理解：德为性使然，性格是长期形成的，想改变一个人的本性，何其难！而相对于德，才可以速成，至少可以通过培训在相对较短时间内提升。所以德必居首位；但是，即使这个人 “德”不好，而才堪大用，当无更多的选择时，我们也不妨把他放到合适的位置上。毕竟，人无完人，才无全才。有所长必有所短，有所明必有所蔽。

现今阶段已早不像大清战乱时代，一是人才众多，二是现代通信网络发达，可以多渠道和多角度的挑选人才。当供挑选的人很多时，我们当然要综合权衡，择优录取了。

二、招聘中

招聘途径是十分重要的，通过什么途径招聘决定了能否招聘到高素质的人才，也决定了能否高效率地完成招聘任务。

通过招贤纳士笼络大批优秀人才，是华夏文明得以绵延不息、兴盛至今的原因之一。古人招纳贤才的历史最早可追溯到殷商时代，据《孟子》

记载，商汤曾五次派人“以币聘”伊尹辅治国政，后来伊尹助汤灭掉夏桀。到了周代，招贤已经开始形成一种制度，规定每年三月都要“聘名士，礼贤者”，广征八方人才。此后，我国历代都有具体的人才招聘的政策、形式与方法。

归纳起来，古人招贤纳士主要有五种方式。

一是筑黄金台。亦称招贤台，是古代帝王招贤纳士的一种常用手段。有首唐诗曾赞道：“燕昭北筑黄金台，四方豪杰乘风来。”三国时，诸葛亮也曾“筑高台于成都之前，以延四方之士”。

二是出招贤榜。亦称求贤令。汉高祖曾发布“招贤诏令”遍于天下，还规定凡发现的人才，当地郡守都要亲自勉励，驾车送至京城，不为者罢官。三国时，曹操曾三下求贤令，聚集了众多人才，形成“猛将如云”的局面。朱元璋率义军征战，所到之处皆布有招贤榜。

三是荐举。历史上许多朝代实行过荐举人才的方法。有才不荐，朝廷治罪。春秋时，施伯向鲁庄公推荐曹刿，长勺一战大败齐军。汉武帝下荐贤诏曰：“夫十室之邑，必有忠信；三人并行，厥有我师。”明初，德高望重的元老重臣杨士奇，一生以荐贤为己任。

四是实地查访。曹操一向重视通过调查访问获得人才。明朝左光斗风雪之夜私行查访，发现了史可法。朱元璋非常重视到隐处求才，使明初“由布衣而登大僚者不可胜数”。

五是“毛遂自荐”。《史记·平原君列传》记载：秦军围攻赵国都城邯郸，平原君去楚国求救，门下食客毛遂请求一同前去。到了楚国，毛遂挺身而出，陈述利害，楚王才派兵去救赵国。汉名士东方朔写信自荐，说，“臣朔少失父母，长养兄嫂。年十三学书，三冬文史足用。十五学击剑。十六学《诗》、《书》，诵二十二万言。十九学孙、吴兵法，战阵之具，钲鼓之教，亦诵二十二万言……”引起汉武帝注意，最终被招入宫中。

古人招贤纳士如此，现代企业招兵买马的途径也逃脱不了上述五法。

一法：现场招聘（对应古代的筑黄金台）

现场招聘的好处，比较直观，可以见到应聘者本人，通过交流也可以了解应聘者本人的一些相关的信息，现场进行选拔。由于参加招聘会的人员较多，可选择的余地也较大。

缺点：时间较短，不能当场对应聘者进行详细的审查和评测，还需要进行下一个面试或者笔试的环节。

二法：登招聘启事（对应古代的出招贤榜）

登报纸招聘，是20世纪90年代的主流，优点是辐射面广，实效性强。缺点是价格贵，时间短，一般就一两期。而且比较容易受到天气影响，比如说下雨、下雪等。

三法：内部员工推荐（对应古代的荐举）

内部员工举荐的办法好处在于，人员的道德品质有保证，招聘后，相对稳定。但缺点是容易出现管理难题，而且招聘到才能出众的机会不大，因为招聘的面过窄。

四法：通过猎头（对应古代的实地查访）

猎头代聘的形式一般是高端人才。用人成本较高，由于现代企业的高端人才竞争意识越来越强，所以猎头的作用和意义也越来越被企业看重。

五法：善于发现人才（对应古代的毛遂自荐）

这种方法发现人才，比较少被起用，但却是不应该被忽视的办法。一个重视人才、重视储备人才的公司，绝不会轻易放过前来公司里推销的销售人员。这些销售人员，知根知底，知德知能，拿来即可用。省时省力，却往往被忽视，实在是不应该。

选将——智、信、仁、勇、严

孙子说："知兵之将，生民之司命，国家安危之主也。"他认为懂得用兵的将帅，是民众生死的掌握者，是国家安危的主宰。又说：

“夫将者，国之辅也，辅周而国必强，辅隙则国必弱。”可见孙子对选“将”的重视程度。

《三国演义》里，曹操对关羽的敬重想必大家记忆犹新。曹操攻徐州取下邳困刘备后，关羽也陷入包围无路可走，但曹操深知关大将军的带兵能力，认为得关羽一将胜得十万精兵，于是派张文远前去说服关羽投曹。关羽投曹后，曹操三天一小宴五天一大宴，自己好吃好喝的都会给关羽送去，曹操斩吕布获得的赤兔马，曹操的儿子曹丕想获此马，曹都没舍得给，却赠给了关羽。还有，官渡之战中，军师许攸向袁绍建议兵分两路奇袭曹军，没得到采纳，反而要寄其项上人头。许攸一气之下投奔了曹操，曹操听闻许攸投靠自己而来，激动得连鞋子都不穿出来迎接。最终曹操靠许攸的献计击败袁绍主力取胜。类似于此类重视将领的例子在三国里举不胜举。

《圣经·旧约·出埃及记》记载，摩西是以色列人早期的精神领袖和军事家。当年，摩西带领60万在埃及为奴的以色列人，出埃及去那“流奶和蜜”的迦南。路上经历40年的各种坎坷，一方面要面对埃及法老的军队的追赶，还要不断地面对本族人民的不满、指责和牢骚，事无巨细，“他独自一人怎能担当得起呢？”结果在他岳父叶忒罗的建议下立犹太十二支派中有智慧、有才能、众所公认的，为官长、千夫长、百夫长、五十夫长、十夫长，管理这支庞大的团队——“叫他们随时审判百姓，大事都要呈到你这里，小事他们自己可以审判，这样你就轻松些，他们也可以同当此任。”终于到达目的地——迦南，那个“流奶和蜜”的地方。摩西选用能人来管理团队的做法被后人称之为摩西法则，也被称为团队管理法则。

常言道，“没有不能打胜仗的军队，只有不能打胜仗的将军”。曾国藩在《曾胡用兵语录》里也说到，“有不可战之将，无不可战之兵，有可胜不可败之将，无必胜必不胜之兵”。

《孙子兵法》里在论述选“将”时说，“将者，智、信、仁、勇、严也”，在论说战争的胜负时，把“将孰有能”放在决定团队成败的第二位，仅次于“主孰有道”。这里的“能”不仅是指专业技能方面，更是包括智、信、仁、勇、严五个方面的综合素质。

何谓“智、信、仁、勇、严”？

北宋梅尧臣注曰：“智能发谋，信能赏罚，仁能附众，勇能果断，严能立威。”

《王皙注孙子》曰：“智者，先见而不惑，能谋虑、通权变。信者，号令一也。仁者，惠附恻隐，得人心也。勇者，徇义不惧，能果毅也。严者，以威严肃众心也。五者相须，缺一不可。故曹公曰，将宜五德备之。”

现今发行界里普遍存在着“管理四难”之说，所谓：人难招，兵难带，队难管，才难留，究其原因还是“将孰有能”的问题。

试想一个主管，与同辈争薪水，与士卒争毫厘，遇难则退，有利则争，遇险不是“跟我上”而是“给我上”又岂能取信于人，有威与卒呢？这样的将又怎能打造出一流的发行的团队呢？

曾国藩在总结选将时指出：“带兵之人，第一要才堪治民，第二要不怕死，第三要不急于名利，第四要耐受辛苦。治兵之才，不外公、明、勤三字，不公、不明，则兵不悦服，不勤则营务巨细，皆废弛不治，故第一要务在此。不怕死，则临阵当先，士卒方可效命，故次之，与同辈争薪水，与士卒争毫厘，故又次之，身体羸弱者，过劳则病，性神短乏者，久用则散，故又次之，四者似于过备，而苟阙其一，万万不能带兵。”（《曾胡用兵语录》）

第二节　练兵

练兵就是培训和操练发行人员。关于培训，想必很多公司都组织过各种各样的培训，一些公司的人力资源部门的工作人员将之视为职业，想必研究更深。笔者不能说专门研究过培训行业，但培训方面的书也看了不少。但多是八股文式的说教，无根无源，看完总觉得知其然而不知其所以然。

三国时，诸葛亮曾经对刘备说："成事在人，谋事在天。"又说过，"天下大事，逆所难分，臣当鞠躬尽瘁，死而后已"。所以，不敢说培训决定成败这句话，也不敢保证这样的团队一定能赢，因为决定成败的因素太多。但是，这样的团队一定不会输，起码可以立于不败之地。

因此，培训的意义，就在于把企业的理念和使命通过有效的培养和正确的训练灌输到每一个员工心里，激励每一个员工的潜能，凝聚人心，群策群力，把企业的目标、计划、战略落实到具体行动中去。

为什么要培训？先看理念、目标、考核以及培训的关系：

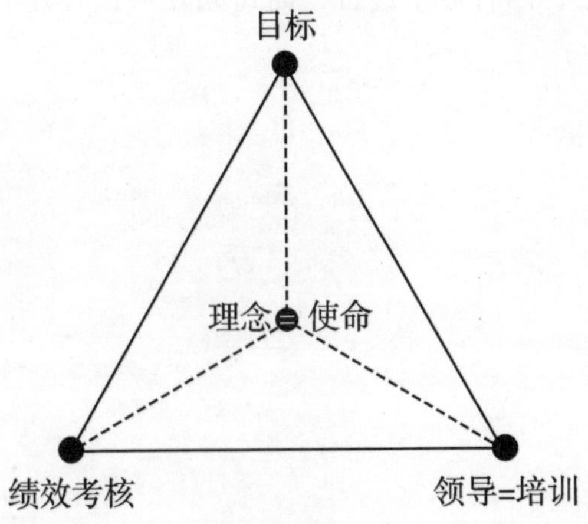

从图中我们可以看出，理念是企业的灵魂，它可以是无形的，理念要

通过企业的目标来体现出来，目标是企业经营的塔尖，企业的行为都要围绕这目标运行。为了实现目标，要靠全体员工的努力，员工为什么会努力，一是员工发自内心对企业理念认同的动力，一是绩效考核产生的竞争效应。培训就是领导，领导的作用就是管理理念、管理目标和对员工绩效考核。所以说培训是成功团队的引擎、加速器。舍此，再远大的目标、诱人的利益，再完美的计划、策略也只能是愿望而已。

笔者经过多年的实战，总结出了培训的三个要点：思想的培训、信心的培训、爱的培训。

思想的培训就是培训理念；信心的培训包括消极信念的去除、积极信念的重建、耐力的培养；爱的培训，包括爱心的培养、礼仪的培训、语言和技巧的培训。

思想的培训

团队的打造、企业的管理，说穿了就是管“道”，管好了“道”，就管好了“心”，也就管好了“人”。

何为“道”？老子认为“道”是“天地根”，其实就是自然法则，这个自然法则就是“天”，故又后人说的“顺天者昌，逆天者亡”。作为一个企业，其理念首先要是“顺天”的，也就是理念要有“道”。

《易经》里说，形而上为之“道”，形而下为之“器”。《孙子兵法》也说：“道者，令民与上同意也。故可以与之死，可以与之生，而不畏危。”

思想的培训，就是“道”的培训。“道”的培训就是要让被培训者明白企业的理念为什么是“顺天”的，以及如何让员工明白这个道理，并让员工将此“道”贯彻到工作中去。

古人说：“不谋万世者，不足谋一时。”《孙子兵法》在其决策的五个要素——道、天、地、将、法里，把“道”放在第一位，明确地指出战争的胜负，最终取决于“道”。在市场竞争中的企业，其经营的成败，关键还是在经营之“道”上。得道多助，失道寡助！

环顾今朝，那些能够让人称道的是成功的企业、成功的团队。他们成功的要诀和长盛不衰的原因，正是赢在“道”上。而那些曾经叱咤风云的“明星”、“巨人”的倒下，并不是他们缺少产品、技术、资金，甚至也不缺人才，却正是输在“道”上。

如何培训“道”？

要打造一流的团队就是要在“道”与“器（术）”这两个方面下工夫，并保持平衡，偏重哪方面都不能使团队健康发展。有着现代管理学之父的彼得·德鲁克在此说道：“效率是以正确的方式做事而效能则是做正确的事！效率和效能却不应偏废，但并不意味着效率和效能具有同样的重要性。我们当然希望同时提高效率和效能，但在效率和效能无法兼顾时，我们首先应着眼于效能，然后再设法提高效率。”（引自彼得·德鲁克《卓有成效的管理者》，1966年）。

千万不要幻想企业理念中抽象的文字、语言，员工都能心领神会。事实上，没有正确的引导和反复的沟通说服，那些抽象化的语言，恐怕永远只能停留在文件中、口号里、墙壁上。只有持之以恒的培养和训练，他们才能从那些漂亮的口号里、文件中、墙壁上跳跃出来、鲜活起来，焕发出无穷的奇妙效果。

打一个比方，企业就好比一艘轮船，航行在暗礁丛生、风云诡谲的商海之中，要到达理想的彼岸（目标），企业的领导好比是船长，而大副、二副、机轮长、水手，好比企业的经理、主管以及员工。船长必须向全体船员指明前进的方向、到达目的地的方式和愿景，这是船长的天职。但是，仅靠船长是不够的，他必须尽力向全体船员说明：我们为什么要到那里，描绘去那里的好处；怎样才能到达那里，并且回答下属的各种疑问、困惑；还要不断激励考核员工，奖勤罚懒，说服、督促甚至淘汰那些不称职的主管、员工，同心同德，以最快的速度、最有效的途径和手段到达彼岸。这一切其实就是培训。若非如此，员工何来动力呢？又如何能百分之百地执行公司的战略呢？

笔者一再提到，发行事业最大的“道”（使命和理念），也必然是媒体的使命——传递信息，播种文明，推动社会进步。发行的全部意义和价值就在于此。故使命和理念是打造发行团队动力之源和根本大法。

不能盈利的企业绝不是一个成功的企业，无论看上去他的理念有多崇高，尽管利润绝不是目的，就像人体需要氧气、食物、水和空气一样，这些东西不是生命的目的，但是没有它们就没有生命。利润背后应有其更高的意义，即贡献社会服务大众，“为人类谋福祉”（日本松下电器的理念）。

报业作为产业参与市场竞争，当然要讲究盈利，但有不只能盈利，我国报业发展的原则是：在追求社会效益最大化的前提下，追求经济效益的最大化，并保持平衡。正像乔治·默克（默克公司创始人）在1950年解释这对矛盾时说道：“……我希望……表明本公司同仁所必须遵循原则——简要地说，就是我们要牢记药品只在治疗和救护，我们要始终不忘药品只在救人不在求利。但利润会随之而来，如果我们记住这一点就绝对不会没有利润，我们记得越清楚利润就越大。”所以，我们越是牢记和遵循这个理念——传递信息，播种文明，推动社会进步——我们报业的效益就会越好，报业的社会效益和经济效益就越大。

广州日报报业集团连续多年广告收入全国第一，正是遵循着这样的理念——追求出色的新闻。

而作为中国最成功的发行团队之一的广州日报发行公司，其发行的理念和使命，更是可见思想的高远。

附：广州日报发行公司使命宣言

1. 党报发行是崇高的事业，我们传递信息，播种文明，推动社会进步。

2. 时刻把读者和顾客的利益放在心上。

3. 优秀的企业品牌源自令人满意的服务质量、令人赞许的服务效率、令人信赖的服务承诺。

4. 对订单获取的关注重于一切；对投诉的及时处理先于一切；对服务质量的确保胜于一切。

5. 竞争就是为了取胜，学习和创新是达到和巩固领先地位的手段。

6. 求新求变，求实求成。

7. 我们敬重人才，但我们更敬重业绩，敬重忠诚和创造力。

8. 创造价值是一个合作的过程，所以我们强调团队精神，而攫取价值只要通过竞争，所以我们鼓励拔尖。

9. 我们重视员工培训，提供机会使之成为公司未来的骨干人才。

10. 关注市场，关注成本。关注员工持久利益。

请牢记“尼希米定律”。

这个定律来源于古代巴勒斯坦地区。民族英雄尼希米带领众百姓重建耶路撒冷城墙，当工程完成一半的26天后，百姓开始灰心，想要就此放弃，情况非常糟糕。尼希米为了让工程能继续进行，于是重新规划，并将意象（使命）重新灌输给百姓，以此来复兴百姓的热情，继续开展重建工作。他提醒百姓们所做的事是何等的崇高和重要，并教导他们确信能完成这项神圣的工程。最终城墙在第52天完成了。52天完成的工程，百姓在第26天就开始灰心，尼希米不得不更新他们的意象，工程才能得以顺利进行。所以后人称之为“尼希米”定律。(引自《圣经·旧约·尼希米记》)

意象与目标，必须26天重复一次，否则，团队就会涣散。换言之，理念（道）至少一个月要重新灌输、传达（训练）一次，否则人就会懈怠！

一旦确立团队的使命和目标，你就必须不间断地训练，使得团队的每个成员都清清楚楚、明明白白，这是领导最主要的工作（通过训练理念来管理理念）。毛泽东更是深谙此道，每当革命处于关键时期，他总是训练理念、灌输理念，他知道这是他最重要的工作，如：在大革命处于低潮时期，他教导人们“星星之火，可以燎原”。抗日战争处于艰难阶段，他在窑洞里写出著名的《矛盾论》、《论持久战》，告诫共产党人：日本侵略者必然失败；解放战争时期，他又发出：“打过长江去，解放全中国！将革命进行到底！”的口号。

要打造一流的发行团队，就必须要求团队所有成员对发行理念和使命百分之百的认同，这方面的任何强调都不失为过分！团队最大的动力，只有来自全体成员的志同道合！

这些问题，看似简单，确是打造对的团队的关键所在，杰克·维尔奇说：“……与他们搏斗，烦恼不已……”

笔者于2002—2003年间受命指挥《广州日报》粤东会战，正是遵循了团队打造的培训之道，历时20个月连续拓展八个城市［汕头、梅州、兴宁、潮阳、河源、东莞（长安、虎门）、佛山、增城］获取订单2万余份，报款800余万元，无一份报款流失，克服多种语言障碍，直面挑战，敢打硬仗，取得了会战的全面大捷。每日早上必立队高呼，发行公司十大理念，高呼团队宣言“行万里路，访千万户，订万份报”，以及每日宣言“行百里路，访百家户，订三份单”。晚上，必讲解案例，分析市场，考核当日业绩，逐步上榜；次日，必奖励团队当日优胜者，始终把发行的理念和使命与每日行动结合起来，追求知行合一。

真知，才能真行，真行，一定真知。

从这个意义上讲，企业的CEO就应该是团队的首席培训师。

《东莞日报》副社长谭军波先生，曾在一本书上说过“发行行业，缺乏战术家，更缺少英明的战略家”，又说“在我看来管理才是发行的核心竞争力，想一些促销点子，把发行量提高到某个高度，还是容易的。如何将营销团队打造好，使其永远保持活力，永远沿着健康轨道运行才是最难的”（引自《报刊自办发行管理模式》）。如果我们没有理解错的话，谭先生这里所指的管理就是管理理念。

所以，与其说中国缺少发行的战略家和领军人物，不如说缺少的是一流的发行培训大师。

信心的培训

人的信心来源有四：一是环境，二是知识，三是过去某事的结果，四是头脑中的想象。前两个来源容易理解，第三个来源理解也不难，我们明白“一朝被蛇咬十年怕井绳”的道理也就理解了。

第四个来源是头脑中的想象，就是说你希望将来能体验到的东西好像现在就已经体验到了。正如你过去的经历可以改变你的想象，从而使你的信念成为可能一样，你对未来经历的想象性体验也能改变你已有的想象，我们把这叫做提前体验结果。

找到了影响人的信心的四大因素，我们对信心的培训只要一一对应地用新的内容去对抗和消解它们，也就能“破旧立新”了。

第一，营造新的积极向上的环境，对抗过去环境对自己形成的固有模式。

第二，用新的知识体系，冲击过去学习知识形成的观念。所以建立学习型团队比任何培训都重要。

第三，用行动对抗过去结果的影响。过去结果对信心的影响通常表现为恐惧，我们前面说过，消除恐惧的唯一最直接有效的办法是马上行动，让自己不去思考过去的结果产生的影响，代之以行动。

第四，运用吸引力法则，养成正面思考的习惯。

那么，作为发行来说，营造什么样的环境氛围，用什么样的观念灌输员工来重塑信心呢？

一是，竞。

竞争的意识对发行人来说，至关重要。当一个团队在工作和学习上形成了你追我赶的氛围，这个团队想不出业绩都难。笔者曾看到一个销售团队策划出一个业务竞争的旅游方案，其旅游线路是北京—承德—青岛—杭州—武夷山—桂林—九寨沟。公司在会议室墙壁的大黑板上，左侧罗列出每个销售人员的名字，右侧是旅游线路。然后设定季度销售业绩30万、50万、60万、80万、90万、100万，分别对应可以到达的旅游地点。比如说完成30万销售额的员工只能到达承德，然后自行折返；完成50万销售额的只能到达青岛，自行折返；完成90万的可以到达桂林并可以带一名家属；完成100万的可以到达九寨沟，并可以带两名家属。还有更绝的是，策划者让每个人假设都能带两名家属，然后上缴包括本人的三张照片。每次开会先让员工对着白板看两分钟。看自己的业绩排名以及自己相片所在的位置，如果自己完成了50万，照片就被移到青岛处贴着，完成了90万时自己和家属之一的照片贴到桂林处。这时领导会找该员工谈话了，选哪个家属贴桂林位置。有业务员说将女朋友照片贴过去吧，领导就说了：“你真没孝心，还没结婚就忘娘了！”如果业务员说：“还是将母亲照片贴过去吧。”领导就会说：“妈妈得罪不了，女朋友得罪了可会分手的。”业务员会问领导：“我该怎么办？”领导就说：“你再努力十万啊，将两个人都带上啊！”

结果这样一下来，大家都十分努力了，为什么？要面子啊。大家在一起聊天也都问对方“到哪里”了。

二是，勇。

勇者无惧，欲使其勇，必消其惧。关于消除恐惧的问题，我们在本篇第一章已经讲述了为什么人会恐惧和如何消除恐惧，此处不作赘述。

三是，耐。

培养发行人员的耐性，须从内心出发，改变其内在的概念，并保证其外在的行为，使心理有所准备，才能化解冲击。

1. 先从心理建设开始

（1）客户的拒绝是理所当然的反应；

（2）嫌货才是买货人；

（3）客户的拒绝是训练推销的机会。

2. 尽量减少挫折出现的机会

（1）调整销售策略；

（2）改变销售方式；

（3）修正自己的心态。

3. 抚平挫折的创伤

（1）避免积劳成疾，宣泄得宜；

（2）加强意志控制能力；

（3）消除挫折形成的原因。

4. 学会遗忘

（1）训练转变观念的功夫；

（2）尝试享受挫折的打击；

（3）认识到时间可以淡化挫折。

当然，还有更多的办法，去锻炼自己的耐力。笔者团队曾有个发行员比较特别，很多人都为自己树立日订多少份单的目标。他给自己订的目标是一天要接受多少次拒绝的“目标”。这种办法的确也是锻炼耐力、磨练意志的一个好方法。

爱的培训

爱，也能培训吗？

我们都知道爱情是可以培养的。我们父辈以及祖辈的婚姻大多是说媒而成的。据说在结婚前，双方甚至没见过面。这在当今看起来是很荒唐的。但他们大多能过一辈子，很多夫妻一辈子都很恩爱。为什么？这些夫妻有没有爱情？当然会有！

笔者只想以此说明，爱情是可以培养起来的。既然爱情是可以培养起来的，那么爱是可以培训的，想必不难理解了。那些未曾谋面就结婚的青年男女，是怎么从陌生到有爱情的呢？这值得去分析。

首先，在过去封建思想盛行的年代，经过说媒过程、结婚仪式和亲朋好友的一系列折腾，估计大部分的结婚对象也就“认了”。这“认了”其实就是“信了”。信了什么？信对方是自己妻子或丈夫了，信对方要陪自己过完一生了，信对方要跟自己过柴米油盐的日子了……所以，爱的培训的第一步是“相信”！

时下流行一句“日久不一定生情，但一定见人心”，不能生情的原因就是因为没有“要去爱的心”，“不相信”，心有旁骛，何来“生情”？所以爱的培训，其实最重要的是“爱心”的培训，就是培训“如何有爱”的心。

其次，接着上面的例子，这男女走到一起了，就要考虑彼此如何面对的问题。从早到晚，如何面对？新娘可能会想，不知道对方怎么样，我得谨慎行事，我得对他说话客气点。新娘这样做了，发现新郎对自己说话也挺客气，于是交流顺畅了（沟通能产生感情），慢慢也就有了感情。这里影射到发行业务培训上，也就培训爱的第二步，是语言或沟通！

再次，新娘可能还是觉得语言上的客气只能是表面现象，这人好不好相处还未必呢。自己必须在行为上，也要言听计从。妻子这样做了，效果居然不错。后来长期下去，夫妻也就举案齐眉，相敬如宾，恩爱有加了。

这影射到爱的培训上，就是，礼仪的培训也十分重要。

最后，夫妻二人结婚多年后，每天面对柴米油盐的平淡生活，渐渐没了激情。“摸着对方的手，如同左手摸右手”，妻子渐渐发现丈夫最近对自己好像不感兴趣了，于是怀疑是不是丈夫外面“有人了”，于是疑虑丛生，然后情绪低落，不思梳洗，甚至蓬头垢面，精神日渐憔悴。越这样丈夫回家的次数就越少了，沟通少了，矛盾随之越来越多了。眼看这日子要过不下去了，这时邻居一寡妇，给了妻子指点：“你男人不爱你，你自己要爱自己呀，再这样下去，你都成疯子了。女人离开男人难道还能活不成？给自己打扮打扮吧，别过得那么累。”听寡妇这么一“指点”，妻子觉得有道理，也就照办了，于是精心打扮一番，再勉强挤出一抹久违的笑容，对着镜子一看，“老娘还是有几分姿色的嘛！”

让妻子意想不到的是，丈夫晚上回来多看了自己好几眼，眼神都不一样了。妻子最终悟出了一个道理：原来婚姻是要经营的。这“经营”，也就是花点心思在技巧上做功课。

上面的例子兴许不是很恰当，但想说明的问题显而易见。就是，爱的培训需要在“爱心”、“语言”、“礼仪”、“技巧”等方面下工夫。

第一，“爱心”，包括爱自己、爱公司、爱产品、也爱客户。前面已经讲过。这里特别要强调的是爱产品。爱产品要对产品有足够的了解，所以要注重对产品的培训，产品的性能、制作流程、产品的优劣要了如指掌，并能总结出一套产品优势的说辞，流利地表达出来。

第二，语言，我们在上一章已专门讲述。

第三，礼仪，不要觉得是繁文缛节，不要以为君子成大事就可以不重小节，不要以为粗俗是一种个性。礼仪上的细节也常常决定成败。时代越发展，人们越注重个人的素质，而礼仪偏偏最能直观地体现一个人的素质。一个人由斯文变粗俗很容易，但粗俗惯了转到斯文却不容易。

礼仪培训其实就是从人的衣食住行方面进行规划。简单说就是：站有站相，坐有坐相，吃有吃相，穿衣佩戴有讲究，待人有礼节，个人生活不邋遢。此处不作详细叙述，但有一个原则只要把握了，就问题不大了：站在对方的角度去看自己！你作为上门推销的发行员时，你去别人家里推销产品时，你要考虑到，假如上门推销的是别人，而被推销的人是自己，自己应该怎么看发行员，发行员怎么沟通才容易被接受，希望这个发行员的言谈举止是什么样。多从这些方面去思考，问题就简单多了。

第四，销售技巧，其实最重要的还是沟通技巧。卖不出产品的十有八九是因为沟通不到位或沟通方式不对。这些内容在上一章“发行是说出来的”也已经详述过。

实战演练

没摔跤的人，学不会走路。没被伤害过的人，不懂得真爱。没开过枪的人，不会打仗。不“走基层、转作风、改文风”，是写不出好新闻的。没去订过报的人，不懂发行。真正的练兵，还是要到实战中去才最有效。

千万不要迷信那些书本上的营销技巧、秘籍之类，太玄了，他们帮不了你多大的忙，有些甚至是害人的。从来就没有一成不变的规条，一秒钟前你是对的，一秒钟之后，完全就不是那么回事了。很多案例，可能是杜撰出来的。所谓的绝招、宝典，待到用时，却派不上用场。就连笔者所述的一些法则，也不一定适合于你。发行是真家伙，是实战，就像一个初学游泳的人一样，无论教练如何，呛水甚至淹得半死，都是正常的。在实战中学习发行，才是真理!

——“凡兵之气，不见仗则弱，常见仗则强，久逸则终无用处，异日，则必不可临敌。”（引自《曾胡用兵语录》）。

——吴子曰：“夫人常死其不能，败其所不便，故练兵之法教戒为先，一人学战，教成十人，十人学战，教成百人，百人学战，教成千人，千人学战，教成万人，万人学战，教成三军，诸如：以逸待劳，以饱待饥，圆而方之，坐而起之，行而正之，左而右之，前而后之，分而合之，结而解之，每变皆习，乃授其兵，是为将事。”（引自《吴起兵法·治兵第三》）

表现在发行的实操上，队员如何面对顾客，如何面对拒绝，如何说服读者，投递、套报、拆报、开单、分析市场、如何认同发行理念和使命等，不日日教戒，时时训练，岂能取胜。

笔者在深圳带队之初，为了加强队员的应变能力，训练的科目，首先让队员从卖报开始，每天卖报70份（《广州日报》深圳版每份足有半斤重）要求上交当日报款 60.00元，余下留着午餐、饮水自用。90天时间内，我们做过统计，在深圳当时每平均卖出一份报纸，起码要遭遇20个人的拒绝，即一天之内队员起码要向1200余人推销，17.5公斤重的负载，4小时路程，90天时间，经过108000次人的拒绝，与108000个不同的人打交道，这样的强度训练和教戒，可以收到四个方面的训练效果。第一，发行的理念和使命，得到充分的体现和认可（不能适应的人，早已溜之大吉），团队的亲和力、凝聚力得到了加强。第二，充分地训练队员的业务技能——反拒绝能力、说服能力、市场分析能力。第三，体力、耐力程度得到空前提高。第四，甄别了不同的人才。试想一个队员，一元钱的报纸都卖不出，又如何向读者争取一个月、三个月、半年、一年甚至更长的订单呢？通过这样的训练，几乎发行过程中的所有问题和技能，队员早已烂熟于胸了。

兵是练出来的，团队是打出来的！练兵之法，教诫为先。曾国藩在此说道："人才乃陶冶而成，不可眼孔太高，动谓无人可用。"

何谓"陶冶"？就是通过烧造、冶炼，将泥变成陶，将石头变成钢铁！

第三节 军机

军机，即军事、战争，就是如何打仗。“商战胜于兵战”这句话最早出自我国古代春秋战国时期秦国著名军事家白起之口。类比当今中国报业形势，颇似当年的“春秋战国”。

要打造一流的发行团队，要在如此惨烈的竞争中取胜，就需要向先贤学习兵法——活用先贤兵法，武装发行团队。

《孙子兵法·计篇》中孙子说：

兵者，国之大事，死生之地，存亡之道，不可不察也。故经之以五事，校之以计，而索其情，一曰道，二曰天，三曰地，四曰将，五曰法。道者，令民与上同意也，故可以与之死，可以与之生，而不畏危。天者，阴阳、寒暑时制也；地者，远近、险易、广狭、死生也；将者，智、信、仁、勇、严也；法者，曲制、官道、主用也。凡此五者，将莫不闻，知之胜，不知者不胜。故校之以计，而索其情。曰：主孰有道？将孰有能？天地孰得？法令孰行？兵众孰强？士卒孰练？赏罚孰明？吾以此知胜负矣。将听我计，用之必胜，留之；将不听我之吾计，用之必败，去之。

《孙子兵法》被广泛运用于商业领域，并不乏国内外成功的典范。日本管理大师大前研一说：“我平时几乎不读书，除了一本书，它就是《孙子兵法》。没有哪一本书能像《孙子兵法》一样为我们提供如此丰富的竞争思想和战略理念。”

日本“经营之神”松下幸之助说：“中国古代先哲孙子，是天下第一神灵。我公司职员必须顶礼膜拜，对其兵法认真背诵，灵活运用，公司才能兴旺发达。”

本节结合《孙子兵法》对现代发行的“军机”作如下述说。

知己知彼，上兵伐谋——市场

“知己知彼，百战不殆”，出自《孙子·谋攻篇》的结尾句。但孙子在《谋攻篇》的前面又说“百战百胜，非善之善者也”，他赞成“不战而屈人之兵”，实在不得已才主张战争。

事实上，现代企业，除国企能在某些行业实现垄断外，多数行业是“军阀割据”状态。一家企业只有让自己的“地盘”更大一些，这才最为实际。想一家企业“独霸天下”垄断一个行业的可能毕竟少之又少。所以，“不战而屈人之兵”的想法多为天真。不战不可能扩大自己的“地盘”，问题是如何战，才能更有效地扩大“地盘”。

所以，现代企业，更多的是要想如何做到“百战百胜”。孙子说要“知己知彼”，用现代的话说，就是了解市场，并做SWOT分析，取得进入市场的机会，在商战之前，充分做好市场的分析，才有百战百胜的可能。

古人治国征战都重视谋略，谋士当必不可少，更有明主视得一谋士胜得十万兵甲。战国四君子，哪个不养个数百乃至数千“食客”，这些食客可不是吃白饭的，鸡鸣狗盗的人才都有。三国时期，各诸侯都有著名谋士相助，袁绍奉养许攸、田丰、郭图等谋士，曹操有荀彧、荀攸、贾诩、程昱、郭嘉五大谋士，孙权有张昭、鲁肃等相佑，辅助刘备的诸葛亮更是通天文、识地理、知奇门、晓阴阳。官渡之战，与其说是曹军的胜利，不如说是许攸献计曹操的谋略取胜；赤壁之战，与其说是孙刘联军的胜利，不如说是诸葛孔明智谋的得胜。连有草寇集结一起的梁山好汉，也设军师，宋江每每出战必问计于吴用。

如今商战亦如此，或设市场部、市场营销中心，或设顾问、顾问团、智囊团，此等均为谋略而设。

其实，不只是市场部门的员工才应该知道市场，作为销售人员甚至全体员工也都应该懂得市场，至少要有市场意识。

有这么一个小故事：

布鲁诺很不满意老板的不公正待遇。终于有一天，他到老板那儿发牢骚了。老板一边耐心地听着他的抱怨，一边在心里盘算着怎样向他解释清楚他和阿诺德之间的差别。

“布鲁诺，”老板说话了，“您去集市一趟，看看今天早上有什么卖的东西。”

布鲁诺从集市上回来向老板汇报说，今早集市上只有一个农民拉了一车土豆在卖。

“有多少？”老板问。

布鲁诺赶快戴上帽子又跑到集市上，然后回来告诉老板说一共有40袋土豆。

“价格多少？”

布鲁诺第三次跑到集市上问来了价格。

“好吧，”老板对他说，“现在你坐在椅子上别说话，看看别人怎么说。”

阿诺德很快就从集市上回来了，向老板汇报说，到现在为止只有一个农民在卖土豆，一共40袋，价格是一元一斤；土豆质量不错，他带回来一个让老板看看。这个农民一个钟头以后还会运来几箱西红柿，据他看，价格非常公道。昨天他们铺子的西红柿卖得很快，库存已经不多了。他想这么便宜的西红柿老板肯定会要进一些的，所以他不仅带回一个西红柿做样品，而且把那个农民也带来了，他现在正在外面等回话呢。

此时老板转向布鲁诺，说：“现在你知道为什么阿诺德的薪水比你高了吧？”

显然布鲁诺没有市场意识，而阿诺德市场意识很强。两人的办事效率显然不一样。阿诺德自然就比布鲁诺的薪水要高很多。但是，笔者最佩服的还是这位老板，他很会培训员工的市场意识，通过这么一教育，相信阿诺德一下子明白了自己的薪水少的原因，更是学习到了如何了解市场。布鲁诺会明白：要想有更高的薪水，必须向阿诺德学习，必须更认真地了解市场。当然，老板将员工培养成市场意识强的员工，也就省心了很多，赚得也会更多。

一个团队的市场意识强，那么这个团队了解的市场信息也必然更多，身为领导人，做出的决策也会更加准确，胜算也就更大。

如何培养发行人员的市场意识?

当然最好最有效的培训是走入市场中自己去体会，但仅此还是不够的，因为如果没有正确的指导，完全让员工去摸索，效率实在是太低。要做到快速提高发行人员的市场意识，至少要做到如下几点：

（1）参与促销，参加发行实战。

（2）组织市场调研，最好能独立组织市场调研，自己设立调查问卷，独立分析市场情况，并撰写调研报告。

（3）培训其市场营销知识。

（4）让员工独立策划和实施小型的促销活动。

（5）在发行过程中，让发行人员从客户了解尽可能多的市场信息。

排兵布阵，百战百胜——实战

一、兵贵神速，出奇制胜

遍览兵书战策，不出速度、奇正二词，目的只有一个赢字。赢是一切竞争法则的总纲，发行、兵战均是如此。

速度改变强弱——兵贵神速。

战略上持久，战役上速决。军事战略家毛泽东，特别强调游击战的灵活和快速，1938年，他在《抗日游击战争的战略问题》一文写道，“游击战争的基本方针必须是进攻的……而且这种进攻必须奇袭”。

2002年，《广州日报》发行公司为了尽快地扩大广州及珠三角地区的发行份额，使该地区的发行处于绝对优势，避免与其竞争对手打消耗战，策划并实施了“声东击西”、“围魏救赵”战略，决定派遣一支70余人组成的业务拓展特种部队，突然深入对手的老巢——粤东（汕头、潮州、梅州）。调动并牵制对手在广州及珠三角的兵力，使发行公司主力大部，乘势赢得战机，扩大市场。粤东会战就是在这种战略部署下打响的。

这支特种部队，又称粤东小分队，下辖6个作战小队，主攻收订，配合在当地的代理发行人，相机建立直属发行站。自2002年7月1日至2003年1月12日，第一战役结束，相继在汕头、梅州、潮州、兴宁建立了四个直属发行站点，获取订单1万余份，迫使对手慌忙抽掉广州珠三角的兵力，救火于粤东老巢，成功地实施了“声东击西”、“围魏救赵”的战略。

相关链接：兵机之兵贵神速

故兵闻拙速，未睹巧之久也。（《孙子兵法·作战篇》）

故兵之要，在于顺详敌之意，并敌一向，千里杀将，此谓巧能成事矣。（《孙子兵法·九地篇》）

游击队的作战，要求集中可能多的兵力，采取秘密和神速的行动，出其不意地袭击敌人，很快地解决战斗。（毛泽东《抗日游击战争的战略问题》）

出其不意，攻其无备——出奇才能制胜。

引例1：明修栈道，暗度陈仓

秦朝末年，民不聊生，人民揭竿而起，纷纷起义，志在推翻暴政，当时起义军约定，谁先攻入秦朝首都咸阳，谁为王，刘邦带领军队，走捷径，先攻下咸阳，但由于实力不敌项羽，不敢称王。项羽到达咸阳后，自称为西楚霸王，将刘邦封为汉王，刘邦去汉中时为了向项羽表达自己没有敌意，愿意臣服，故意派人将通往秦中的栈道烧毁，后来刘邦的力量有了发展，决定出汉中与项羽逐鹿中原，派大将韩信明修栈道，并散布要入关东的消息，项羽急派大将章邯，调集人马，严守栈道东口，韩信却西出陈仓，出其不意地进入关中。

引例2：冬天里的东风

三国时，曹操八十万兵马饮马长江，与孙刘联军在赤壁决战，试图一举占领江东。然而曹操万万没有想到，几十万人马、几千艘战船，竟然败在冬天的东风里，虽然有谋士告诉他，东吴可能会派人用火攻，但是，自负的曹操怎么会相信，冬天里会刮东风呢？一把火、一夜东风，多少英雄，折戟于浩浩长江。

这里的“死”是指对手意想不到的地方。意想不到的地方，就是对手思维上的盲区、死穴。采取出于对手的意料之外的行动，是战胜对手的重要途径，往往可以一战定胜负，特别是弱者对强者，更是如此。以上两个引例中，可以说明强势对手，正是输在“死”处。

2003年9月12日至9月20日，粤东三支小分队在东莞虎门镇，打破传统收订季节，一反常规，突然组织策划虎门电厂200多栋小区的收订攻坚，提前2个多月收订了全年《广州日报》订单500余份，留给对手一座空城。就是打了个对手出其不意。

相关链接：兵机之奇正

兵者，诡道也，故能而示之不能，用而示之不用，近而示之远，远而示之近，利而诱之，乱而取之，实而备之，强而避之，怒而挠之，卑而骄之，佚而劳之，亲而离之，攻其无备，出其不意，此兵家之胜不可先传也。

夫未战而庙算胜者，得算多也；战而庙算不胜者，得算少也；多算胜，也算不胜，而况于无算乎，吾以此观之，胜负见也。《孙子兵法·计篇》

凡战者，以正合，以奇胜，故善出奇者，无穷如天地，不竭如江河，终而复始，日月是也；死而复生，四时是也；声不过五，五声之变，不可胜听也；色不过五，五色之变，不可胜观也；味不过五，五味之变，不可胜尝也；战势不过奇正，奇正之变，不可胜穷也，奇正相生，如循环之无端，孰能穷之。(《孙子兵法·势篇》)

三军之众，可使必受敌而无败者，奇正是也。(《孙子兵法·势篇》)

二、打得赢就打，打不赢就走——走为上策

1964年毛泽东和罗瑞卿，在一起回忆作战体会时，曾说：打仗没有什

么，就是打得赢就打，打不赢就走。

这个“走”，不是逃跑，而是指运动战，是战术中的上策（三十六计，走为上计），其主动权在我，而不在彼。是指主动地在运动中调动对手兵力，寻找战机，使敌在被动中，暴露破绽，处于被动挨打地位。只有走出去，不断地运动，才能赢得战机。

运动战是速度与奇正的集大成，为什么要提倡运动的原则，而不提倡阵地战的原则呢？那是因为攻击强敌守备完好的阵地是自寻死路，无异于自杀，即使集中优势兵力，也会势成双方的消耗战。孙子所谓十倍围之，五倍攻之，其意义就在于此，一旦强势对手集中力量，则局面危矣，故兵法曰：“小敌之坚，大敌之擒也。”

走的战法强调通过运动来调动对方，在残酷的竞争中，一方能主动灵活有效地调动兵力，往往比优势兵力的一方，更占得先机。两强相遇，一方灵活，可使相对滞后的一方绝大部分实力空置，如此一来可抵上另一方实力的几倍甚至几十倍。

2002年11月，粤东六支小分队，在不到25天时间结束峡山战役，以迅雷不及掩耳之势，直扑粤东重镇梅州，一夜之间消失在对手视线内。当对手得知我们奔袭其老窝后，急忙从广州珠三角集调重兵，不救老窝反扑汕头，企图诱小分队回防，分兵梅州。经过分析，识破了对手的诡计，顺详敌意，佯动一支小队，前去汕头增援，而小分队大部抓紧进攻梅州，一个星期后，又突然调回前去支援的小队，直扑兴宁，徒使对手400余人坐困汕头，无法与之应战。

2002年11月1日至2003年1月12日，梅州、兴宁大捷，获取订单5000余份。

相关链接：兵机之走为上策

凡先处战地者而待敌者佚，后处战地而趋战者劳。故善战者，致人而不致于人。（《孙子兵法·虚实篇》）

进而不可御者，冲其虚也，退而不可追者，速而不及也。故我欲战，敌虽高垒深沟，不得不与我战者，攻其所必救也；我不欲战，画地

而守之，敌不得与我战者，乖其所之也。（《孙子兵法·虚实篇》）

三、明察情理，因利谋势

孙中山说：“天下大势，浩浩荡荡，顺之者昌，逆之者亡。”这是对“势”的诠释。

每个人、每个团队，无不处在“势”之中：在有利态势中，则如激水漂石，顺风顺水，一往无前；处于不利态势中，则有如泰山压顶，岌岌可危。作为领导者来说，必须善于组织有利的“势”，以此来获得竞争的胜利。脱离大的形势、态势，单纯渴求部属的行为，是注定徒劳无功的。

《孙子兵法·势篇》说：“激水之疾，至于漂石者，势也；鸷鸟之疾，至于毁折者，节也。是故善战者，其势险，其节短。势如彍弩，节如发机。”其意是，湍急的流水飞快地奔泻，以致能漂移石头，这就是“势”。雄鹰迅飞搏击，以致能捕杀鸟兽，这就是“节”。所以善于指挥作战的人，进攻时态势险峻，冲锋时节奏急促。险峻的态势就像张满的弓弩，急促的节奏就像击发的弩机，瞬间即到。

孙子又说，“善战者，求之于势，不责于人，故能择人而任势”。就是在指导和谋划竞争中，要将重心、重点放在谋划形势、态势上，而不是单纯地渴求人的行为。大势所趋，自然会人人奋勇。“择人而任势”就是选择人们的同一要求谋划成形势、态势。

以赤壁之战为例进行分析：先看曹操，曹操的目的是消灭刘备、孙权，实现统一中国，然而它的部属中与他的愿望相同的并不多，他当时的军队有四种成分：

青州兵——曹的基本力量；

袁绍旧部——人心尚未归服；

刘表旧部——形势所迫，并非真心；

新招兵力——尚未亲附。

权且各按1/4计算，与曹愿望相同的人数要大打折扣。加之北方军不习水战，人员素质又大打折扣。劳师远征，已成强弩之末，再打折扣。北方士兵水土不服，再打折扣。这样其号称80万士兵，实则其实力不足10万之众。

而孙刘联盟，虽然兵力不如曹多，但他们的愿望是谋求生存，不仅是军队，整个江南民众都会万众一心，同仇敌忾，无论欲望、迫切性都是曹方所不能比的。这是形势的实质，比表面上看到的要大得多。

正是这样的形势对比，才有了赤壁大战孙刘取胜的必然结果。

现代发行，也无不在“势”上下工夫。无论是新报上市，还是拓展发行，无不“下血本”率先“造势”，先是空中的狂轰滥炸，通过报纸、电视、网络、户外等媒体大做宣传，然后派出“地面部队”——促销队伍、拓展队伍进行地毯式“清剿”，短则数十天，长则数月，让百姓觉得到处都是该报。

目标管理，赏罚严明——管理

制度是一个标准而非一张网，仅凭制度创造不出效益。一个不能生发企业文化的制度，不可能衍生尽责意识，使员工普遍认知、认可、接受以达到自觉、自动和自发。按照制度要求规范其行为，完成他律到自律的转化，是构建制度文化的真正内涵。

“知行合一”，“知”是“行”的前提。当今迅猛发展的知识经济时代使得员工素质日益提高，自我实现意识日趋成熟，“民可使由之，不可使知之”的传统观念难以适应如今企业管理民主化的潮流。员工关注的不仅是埋头苦干，更关注干的目的、利益，有所求是有所为的真正动力。员工个体利益与企业整体利益不尽相同。

因此，企业不能尽靠整体利益（如“企业利润翻几番”）激励员工，而更多要注重“对员工个体受益具体承诺”的激励。“利之所趋”是人们的一种普遍的心理，企业应使员工明白，制度是企业整体利益与员工个体利益价值、利益的形式转换。强制性制度约束隐含着可取利益——只要付出就有回报，从而激发员工群体的尽责意识。

文武兼具。古代兵家“先廉耻而后刑法，先起亲爱而后律其身”的治军理念，对于今天企业制度文化构建具有积极的借鉴意义。文而化之，“强制性”是制度自身属性所决定的，但同时也表明了企业的价值取向，本身蕴含丰富的教育意义。企业必须通过对员工权利意识、自主意识进行教育、引导，通过架构尊重人、关心人、相信人的人文环境来提高广大员工尽责意识，借以强化执行的速度与力度。

一、因利导势

计利以听，乃为之势，以佐其外。势者，因利而制权也。（《孙子兵法·计篇》）

善战者，求之于势，不责于人，故能择人而任势。任势者，其战人也，如转木石，木石之性，安则静，危则动，方则止，圆则行。故善战之势，如转圆石于千仞之山者，势也。（《孙子兵法·势篇》）

我们每个人都有需求，都有欲求，团队成功的关键，在于是否顺应成员的共同利益追求，因其利而导于势，就像被洒了一堆汽油的干柴，只需要一把火，就可以燃烧成冲天大火。

“导”是方向，是火。“利”是资源，是被洒了汽油的干柴。而“势”就是结果，是冲天的大火，孙子形容如“转圆石于千仞之山”，顺之者昌，逆之者亡。只有把团队成员的共同利益，调动起来，才能无往不胜。

《吴子兵法》中记载这样一个故事：

魏武侯问吴起，怎样才能使军队战无不克、攻无不胜。吴起告诉他，军队的战斗力，关键在于因人利导。只要能顺应了人们的愿望，你发布命令，人们就会乐意听从；国家要打仗时，人们就踊跃参加；战场上两军交战时，将士就能前赴后继。

魏武侯又问，如何才能做到这三条呢？

吴起说，可以奖励有功将士，以激励无功将士。

按照吴起的主意，每年，魏武侯在宫中设宴，宴请历年作战中的有功将士，宴会厅内分为前、中、后三排，立上等功的在前排就座，使用贵重器皿，享用上等的食品；立有中等功的在中间排就座，使用中等器皿，享用中等的食品；立有小功的在后排就座，使用一般的器皿，享用一般食品。宴会结束后，在宫门外给有功将士的父母妻儿颁发赏赐，也按战功的大小，区分赏赐的厚重。同时，对阵亡将士的家庭，进行慰劳和赏赐。

上述办法实行到第三年之时，秦国出兵攻打魏国的西河地区，当地的军民不待命令就主动奋起抗击。

魏武侯听到这个消息，对吴起说，办法已经显示出来了。这时，吴起趁机向魏武侯请求批准由他率领5万名没有立过战功的人，去抗击秦国的军队。

魏武侯批准了吴起的请求，结果吴起率领着没有立过战功的5万人，经历大小76战，击败秦军50万人的军队！

二、一切用业绩说话

再动人的理念，再美好的愿景，行不出结果，依然是空的，“不结果子的树，把它砍了烧掉”。而理念和使命的优劣，只能通过行动来作见证。没有过硬的技能、方法、手段、激励的措施、考核机制，又怎能达成目标、实现使命呢？

所以理念和绩效考核之间，既不是“头痛医头、脚痛医脚”的关系，也不是“胡萝卜”和“大棒”的关系，他们之间的关系实际上是相辅相成的关系。（如右图）

发行也是销售，发行的理念体现，也只能通过绩效考核。直白地说，一个人对其团队理念的忠诚度的最直接表现方式，就是看他一天、一个月、一个季度、一个整年，到底完成了多少业绩，订了多少份订单，口袋里落了多少薪水。在公正的考核前提下，员工拿的薪水越多，说明他对企业的贡献越大，越能体现他是公司理念的忠诚执行者。

打造对的团队，必须强调绩效考核，我们越是重视它，越是能体现发行的理念和使命，体现发行人的价值。

后 记

今年3月，我和苏家翔应徐正龙邀请，去南京参加他的50大寿。古都南京曾是我们慕名已久却难以成行的地方。

3月的江南，油菜花开，春意盎然，古老的南京城沐浴在温暖的春风之中。徐正龙作为东家盛情邀请我们参观了总统府、中山陵、夫子庙、南京大屠杀纪念馆等。感谢此次南京之行，给我们留下了美好的记忆。

更应该感谢的，是这次南京之行让我们后来收获了一个灵感。

我们在南京期间，参观了一家科技公司，该公司是致力于为报纸数字化转型搭建发布平台的公司。该公司的先进技术让我们赞叹不已，我们对该公司为报业转型所做的努力由衷地感到敬佩。

回来广州后，我们三人还是经常在一起探讨发行之事。传统发行的艰难让身处发行一线的我们常常感慨万千。

徐数年来一直想着为发行业界做点什么，早在2004年就着手写了一本《发行有道》的书稿，那是一本纯粹的发行专著，但后来因为种种原因未能付梓，我和苏常常都能从徐的谈话中感觉到惋惜之情。所以当我提出我们应该一起把这个愿望重新付诸实施的时候，大家都十分赞同。

由是，开始起草书稿。我们本意只是对《发行有道》进行增减删改而已。事实上，真正打开电脑敲字的时候，才是思路和逻辑最为严密和谨慎的时候。我们发现，人类已经进入移动互联网时代，再去写传统发行，能有多大的意义？必须转而写数字化时代的发行。但数字化的发行却又完全不同于传统发行，它是个牵一发而动全身的问题，所以必须从报业转型的高度去写发行。报业转型问题，是近年来全世界报业界都十分困惑的问题，失败的教训一箩筐，成功的经验却少之又少。报业如何突围，没有借鉴，只有探索。探索就必须总结和梳理别人的成败得失，分析出其中最本源的东西作为“导盲棍”。而这一系列思考的灵感就是从南京之行中获得的。

如料想的一样，一些关心我们的朋友指出“中国报业突围”这个题目是不是“太大了”。的确，这题目由做发行的人来写，是有点不知天高地厚，为此我们也甚是诚惶诚恐，战战兢兢。但是当我们研究中外报业转型失败的教训时，发现大部分出问题的关键点就是在发行而非技术上。没有发行的转型，再好的技术却也只能在空中飘荡，报业的转型也最终归于惨败。随着研究的深入，我们的信心也就越大，于是，我们认为报业的第二次转型也必然像第一次转型一样从发行开始，于是《中国报业突围》的书名就产生了。由此，我们斗胆写下拙作，欢迎各界提出批评意见（邮箱：soobooks@126.com，QQ：382729588，手机：15815896158），徐正龙、苏家翔和文之强这三位“臭皮匠”一定洗耳恭听，虚心接受批评和建议。

不企望立下丰功伟绩，只希望能在报媒行业留点痕迹，也就不枉我们在报纸行业行走多年。所以本书若能带给发行行业一点启发，我们就满足了，若能给报业转型带来一点思考，我们就十分满足了。

从6月16日至今，已经历时130多天，再过一两个月，本书就和大家见面了。期间三人的苦思冥想，争论磨合，埋头劳作，欢声笑语，都还历历在目，想来甚为感慨！感谢我们三人写作小组的同心协力，希望多年以后本书也能成为我们三人友谊的一个见证。

最后，我们要特别感谢信息时报社的杨东升同志对本书提出宝贵意见，他的意见使得本书更为完善和缜密，真心感谢！

编　者

2013年10月28日于广州金丰花园